Jean Vilar

Mémento

du 29 novembre 1952
au 1er septembre 1955

PRÉSENTATION
ET NOTES
D'ARMAND DELCAMPE

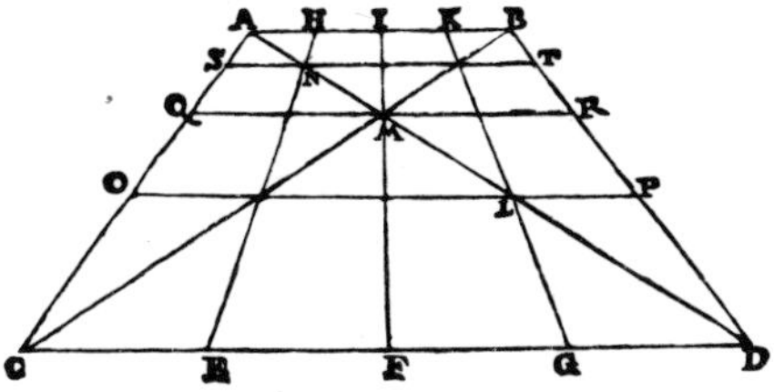

PRATIQUE DU THÉÂTRE

nrf

Gallimard

PRATIQUE DU THÉÂTRE

Collection dirigée par André Veinstein

7/81 90-

JEAN VILAR

Mémento

du 29 novembre 1952
au 1er septembre 1955

PRÉSENTATION
ET NOTES
D'ARMAND DELCAMPE

nrf

GALLIMARD

MÉMENTO

de faits survenus
dans l'histoire
du T.N.P.
au cours des années
1952, 1953, 1954, 1955
– très exactement du
29 novembre 1952
au 1er septembre 1955 –
et
aussi bien
MÉMOIRE
de suggestions, voire de
conseils, de rêveries et de regrets
exprimés de bonne foi par le
directeur d'un théâtre,
toutes choses
pouvant être fort utiles à
celles et à ceux qui se
destinent par le moyen
de l'Illusion
à enseigner et à divertir
leurs semblables.

Jean Vilar

laurice Clavel, Jean Vilar et Jean Giono.
o Agnès Varda.

2/ Jeanne Moreau et Gérard Philipe dans *La Nouvelle Mandragore*. Photo Agnès Varda.

2

4

ean Vilar et Jean Vauthier.
o Agnès Varda.

4/ Jean Vilar et Jean Rouvet.
Photo Agnès Varda.

5/ L'équipe artistique du Théâtre National Populaire.
Photo Agnès Varda.

5

6

7

8

9

6/ Jeanne Laurent.
7/ Jeanne Moreau et Jean Vilar dans *Le Prince de Hombourg.*
8/ Jean Vilar et Gérard Philipe dans *Lorenzaccio.*
9/ Jean Deschamps et Gérard Philipe dans *Le Prince de Hombourg.*

Photos Agnès Varda.

Gérard Philippe
Le Cid.
o Agnès Varda.

11/ Le dispositif scénique de *Ruy Blas.*
12/ Félix Labisse, Jean Vilar, Madeleine Renaud, Jean-Louis Barrault et René Besson.

Photos Agnès Varda.

11

13

14

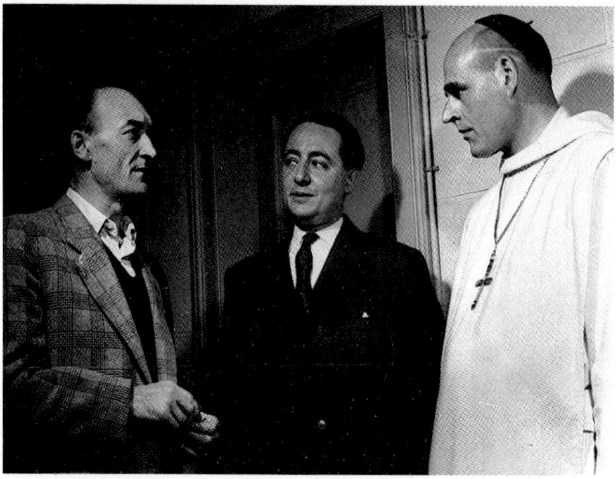

15

16

13/ De gauche à droite :
Jacques Le Marquet,
André Schlesser,
Pierre Saveron, Maurice J
René Besson,
Camille Demangeat,
Jean Vilar.
Photo Agence
de Presse Bernand.

14/ Jean Vilar en compa
d'Edouard Pignon,
Léon Gischia
et Pablo Picasso.
15/ Jean Vilar avec
J. de Broglie et le père a
de l'abbaye du Bec-Hello
16/ Gérard Philipe
et Andrée Vilar.

Photos Agnès Varda.

17/ Jean Vilar au bal
organisé avec le T.N.P.
lors du week-end à Charl
Photo « Le Soir », Bruxell
18/ Débat avec le public
Verger d'Urbain V à Avig
au 1er rang (au centre)
les parents de Jean Vilar.
Photo J. Rouvet.
19/ Jean Vilar
et Gérard Philipe
au bal des Catherinettes
à Chaillot. Photo Agnès V
20/ Jean Vilar
et Georges Wilson à Avig
Photo Agnès Varda.

21/ J. Dumazedier, M. Debeauvais, M. Rocard, R. Planchon et J. Ralite lors d'une rencontre à Avignon. Photo Samy Poliatchek.

21

22

22/ Elisabeth Barbier, Jean Vilar et le docteur Pons. Photo J. Cl. Autun.
23/ Michel Bouquet dans *La Mort de Danton.* Photo Agnès Varda.
24/ Jeanne Struby. Photo droits réservés.
25/ Jean Vilar à Sète. Photo Agnès Varda.

24

26/ Avant guerre,
avec la « piscine ».
Photo A.S.P.
27/ L'ancien dispositif
au début des années 50.
Photo Paul Surelle,
Avignon.

28/ La cour refaite en
1955. Photo
droits réservés.

54 - AVIGNON - Cour Intérieure du Palais des Papes

26

27

28

Toutes photographies,
droits réservés.
Archives T.N.P.-Jean-Vilar.

Je ne fais pas mieux que les autres, je fais autrement. Les quatre grands patrons du Cartel étaient parvenus à un point de perfection tant sur le plan de l'interprétation humaine que sur le plan purement technique.

Leur royaume, riche ou pauvre, bourgeois ou non, était la scène à l'italienne. Je décidai de l'éviter. D'où Avignon et sa plate-forme. N'est-ce pas simple?

Ici et là, on me dit « fils » de Copeau [1]. Qu'ai-je à voir avec le premier directeur de la N.R.F.? avec le croyant? avec son assurance? avec l'administrateur de la Comédie-Française?

J'ai été jadis un élève, assez ignoré par lui, de Charles Dullin. Et je conserve pour l'homme de 45 à 48 ans tel que je l'ai connu, une affection vive, souvent agressive, qu'éprouve le fils à l'égard de celui qui lui donna le jour. Mais Copeau? Ah, non.

A choisir, c'est à l'égard d'Antoine que j'éprouve la plus tenace admiration.

Mais pourquoi choisir?

1. Voir, notamment, l'article d'André Barsacq dans *Arts* du 17 septembre 1952 : « Il faut espérer [...] qu'une poussée en profondeur permettra de réviser définitivement la conception totale de nos salles et, balayant les principes périmés sur lesquels vit le théâtre d'aujourd'hui, fera triompher la dramaturgie nouvelle pressentie par Jacques Copeau, il y a presque un demi-siècle, et dont Jean Vilar aura été le plus sûr, le plus méritant et le plus talentueux des artisans. »

Samedi 29 novembre 1952 – Paris

Entre la création *libre* et le ou les pouvoirs la situation n'a guère évolué depuis la fin du XIXe siècle. Je lis en effet ces jours-ci – et pour la première fois – le journal d'André Antoine concernant sa première direction de l'Odéon (1896). Sa querelle, me semble-t-il, est identique à la mienne. Elle est mienne. J'ai souligné certaines lignes de ce journal, je les aurais au cours de ces dernières semaines volontiers écrites.

Depuis les dernières années de l'autre siècle, s'il est certain que les goûts et les styles ont changé, les conflits entre le responsable d'un théâtre national et les pouvoirs publics, entre ce responsable et les administrations – et une certaine presse – sont à quelque chose près identiques.

Depuis hier, l'inspecteur des finances Lagrenée contrôle mes comptes. A un centime près. En raison de certaines campagnes de presse, j'avais il y a huit jours proposé au Secrétariat d'État aux Beaux-Arts que l'on vérifiât ma comptabilité [1]. La première exigence de Lagrenée a été de demander l'ouverture du coffre-fort du théâtre. Ceci fait, m'assure Marionnet [2], l'on s'est mis à compter jusqu'à – je dis bien – la dernière pièce de vingt sous!

1. Voir, plus loin, p. 19.
2. Georges Marionnet, alors chef comptable au T.N.P. *(Note J.V.)*

Maurice Clavel depuis vingt jours est secrétaire général du théâtre. C'était bien l'ami et l'homme qu'il fallait à cette place dans la période trouble que nous traversons. Confiant en l'honnêteté de notre gestion, il est vif, déterminé, perspicace, calme. Et sa riposte est redoutable [1].

Début décembre 1952

A la vérité notre combat actuel participe *aussi* et sans que nous l'ayons souhaité de cet état d'animosité, d'inimitié qui sépare toujours une génération de celle qui la précède.

Fausse querelle, il est vrai. Cependant certains de mes propos les plus naïvement ou les plus franchement exprimés sont considérés par tel ou tel aîné comme des offenses, par d'autres comme des maladresses. Ici et là, je réponds qu'il n'y a de ma part nulle maladresse et je confirme le propos incriminé.

C'est ainsi que l'on m'oppose un texte ou une étude ou bien une conférence datant de cinq voire de dix ans.

Un certain exposé publié en 1946 sur *Les rapports du metteur en scène et de l'œuvre dramatique* [2] m'est particulièrement et une fois de plus reproché par le très influent Syndicat des Auteurs. Certains écrivains pâles du passé acceptent mal, je les comprends, d'être considérés comme des auteurs toujours aussi pâles du présent. « Reconnaissez vos erreurs (on ajoute aussi : " soyez modeste ") et vous aurez l'absolution. » Eh non, évidemment.

Ces querelles irritent parfois. Le plus souvent elles lassent. Elles distraient de l'essentiel. Il faut donc se garder d'y céder. Elles m'éloignent de plus en plus de certaines études d'architecture générale auxquelles je souhaitais m'exercer. Dans ce

1. Voir annexes, pp. 300-302.
2. Voir ce texte repris dans *De la tradition théâtrale,* Paris, 1963, Gallimard, coll. « Idées », n° 33, pp. 69-105.

MALAISE AU T. N. P.

OU ALLEZ-VOUS JEAN VILAR ?

Une enquête de Jean CARLIER

...inquiétudes sont nées après le départ de Mlle Laurent, des Spectacles à la Direction des Arts et Lettres. ...nir Jean Vilar et son T.N.P. ! Allait-on le laisser lancée ou au contraire en réduire la subvention, ou ...er purement et simplement ! ...e président André Marie n'est pas un des plus cha... du T.N.P. et il fut même un temps, la saison der... d'assez méchantes intentions à son égard. ...rrait bien que ces intentions-là le reprennent à ... ennemis bon teint du T.N.P. poussent quelques ...erpeller de façon indiscrète au moment du vote ...

...s de veiller au grain, d'autant plus qu'à ces ...ajoutent des dangers intérieurs dont se réjouis... ...nemis et que « Combat » veut ici mettre à ...

...emiers, consacré des pages aux week-ends, à ... « l'événement » « Nucléa », nous voulons la sonnette d'alarme et à crier amicalement Vilar.

Et d'évoquer Jean-Louis Barrault qui, après avoir couché sur le sommier de Volpone remisé dans les coulisses de l'Atelier, dort maintenant dans un lit choisi ...

Jean Vilar

...ensemblier Jansen, entre un ...et un Picasso. ...tout cela que pen... ...avalant ...

MALAISE AU T. N. P.

...AN VILAR pris entre ...rdet et les Épiphanistes

Une enquête de Jean CARLIER

« ...Nous sommes tous d'accord. Il faut que la mise en scène disparaisse... »

...n Vilar s'arrête sur cette phrase imprimée. Une phrase qu'il a dite, qui fut enregistrée par ce ...arquois, un peu agaçant, et de toute façon implacable qu'est le magnétophone. Une phrase qu'il ...et approuvée sur épreuves avant qu'elle ne soit imprimée dans un hebdomadaire spécialisé qui ...réuni à l'occasion d'une sorte de « Tribune libre » les « quatre Grands » de la mise en scène : Vilar, Jean-Louis Barrault, Raymond Rouleau et Pierre Fresnay. A cette phrase d'autres s'ajou... véritables prises de position :

...essentiel, (sous-entendu : de ... dramatique contemporain) ...se centraliser autour de ...udel et Giraudoux, c'est-à-di... autour d'une forme, d'un es... ...puis finalement d'une victoi... de la poésie au théâtre qui re... ...onte à l'effort de Copeau... » Et plus loin : « Il y a ...

...fichet, nulle tricherie esthéti... cienne, nul décor... » Alors ? Comment concilier hier et aujourd'hui ? Jean Vilar se prend à y réfléchir, adossé à sa bibliothèque surmontée ... l'année dernière ...

D'autant plus qu'autour de lui, certaines difficultés et non des moindres ne sont pas purement idéologiques. Nous y viendrons demain ...

...t du 17-11-52. ...esque dont les ...sont emparées ...e à plaisante... cet « à peu la bonne sou... : des subven...

(à suivre)

MALAISE AU T. N. P. (1)

100 MILLIONS ET CHAILLOT ...re un théâtre à la fois ...ational » et « populaire »

Une enquête de Jean CARLIER

BRANLE-BAS d'alerte dans les sous-sols du Palais de Chaillot ...T.N.P. : Le « Cid » n'a pas fait salle comble. Or la ...représentation de la saison précédente. Et, comme Jouvet comptait sur « ... ...neuve dont il disait encore l'an... ...che « trop » bien ... Or...

MALAISE AU T. N. P. (1)

Parlementaire en mal d'interpellation M. X... ENTR'OUVRE LE "DOSSIER T.N.P."

Une enquête de Jean CARLIER

Il est très flatteur pour Combat d'avoir ... Vilar à transformer sa conférence en un ... servi à se ressaisir que nous aurions att... « mépris de fer » à certains de nos argum... C'est pourquoi nous avons l'intention ... Vilar », sur son apport considérable au th... tons à jour certaines erreurs qui peuvent ... Evoquons auparavant l'une des réacti... cela n'était pas encore mûr, aurait di... de couper l'offensive que nous prépar... C'est le dossier de cette offensive ...

Sur son bureau M. X... vient ... d'ouvrir un épais dossier à la ... couverture rouge barrée de trois ... lettres majuscules : « T.N.P. » ... M. X... est parlementaire et ... les amis qui connaissent l'in... térêt qu'il porte aux choses du ... théâtre lui ont laissé peu de ... repos depuis le départ de Mlle ... Laurent. Ceux qui l'avaient as... sailli de coups de téléphone an... ti-Vilar à la fin du printem... dernier l'ont relancé ...

MALAISE AU T. N. P. (1)

LETTRE OUVERTE A JEAN VILAR : Voulez-vous prendre la direction du Théâtre National Populaire ?

Une enquête de Jean CARLIER

Monsieur le directeur,

J'AURAIS aimé pouvoir commencer cette lettre par : Cher Jean Vilar. Le langa...ge total et le contenu des articles que Combat vous a déjà consacrés auraient dû pouvoir m'y autoriser, mais au ton de votre récente conférence, j'ai cru comprendre que vous n'acceptiez les critiques qu'avec mauvaise humeur si vous cueilliez les louanges avec sérénité. Me voilà donc obligé de garder res... les distances. ... d'une ...

cela, il faut reprendre en main votre Théâtre National Populaire où vous avez la chance de disposer de pouvoirs presque dictatoriaux que vous envient sûrement M. Pierre-Aimé Touchard et, surtout, M. Pierre Descaves son successeur. Serez-vous-en s'il le faut sans jamais rien déléguer complètement de vos responsabilités, sans vous laisser tourner par votre « éminence épiphaniste » ou votre « ... financière » assez com... « marchands de ... »

(voir retranscription en annexe)

"Le Figaro" 13 Mai 1952

UN HOMME GRISÉ

par François MAURIAC

M. JEAN VILAR est un fort bon metteur en scène, comme il en existait avant lui, comme il s'en [...] après lui et qui, certes, mérite tout le succès qu'il a eu. Mais ce succès, qu'il le supporte mal ! Le voilà qui, dans un hebdomadaire, joue les Père Ubu, voue Edouard Bourdet à la casserole, après s'être donné le ridicule de comparer Claudel à Pichette et avoir averti les peuples étonnés que *L'Avare* n'est pas « un caractère ». Si personne, à mon sens, ne mérite plus de considération et de respect qu'un grand acteur qui se dévoue avec modestie aux grandes œuvres (la presse a trop peu parlé de l'admirable création que Fernand Ledoux vient de faire à la Comédie-Française dans la pièce de Pirandello), en r e v a n c h e, j'avoue que je trouve bien éprouvant pour les nerfs d'un honnête homme le genre « cabot sur le trépied » qui convient si mal à un artiste de votre

ne... » Toute la poésie française sort de ce grenier [...]geois de Rimbaud. Privi[lè]ge de l'argent ? Non, [...] plupart de ces famill[es] étaient pauvre[s] [...] avares, que, pour les e[n]fants poètes, cela revenait même... Mais je ne puis [dé]velopper.

J'entends bien que v[...] changer tout cela [...] s'exprime un de v[...] raires, M. Morvan [...] « Restituer au th[...] table dimension [...] trois siècles. » [...] bien lu : qui [...] que la Franc[e] [...] Vilar depuis [...] van Lebesq[ue] [...] est, quant [...] retour à [...] théâtre [...] sûr ! [...] un sec[...] deur [...] dép[...] ni [...] cr[...]

"France-Tireur"

M. Pinay va-t-il fermer le Palais de Chaillot ?

Une conférence qui sera présidée le 5 juin par M. André Marie, ministre de l'Education nationale, se tiendra à la direction des Arts et des Lettres, et décidera si le Palais de Chaillot, dirigé par Jean Vilar, obtiendra, la saison prochaine, la subvention nécessaire à la bonne marche des spectacles.

De son côté, le directeur du Palais de Chaillot, qui présentera, à partir du 5 juin, sous le chapiteau à la Porte de Montreuil, *Mère* [...] Brecht, tiend[ra] [...] ce

"ARTS"

"France-Réel" 23 Mai 1952

* La presse a cité longuem[ent] l'éditorial de François Mauriac c[on]sacré à M. Jean Vilar. To[us ses] lecteurs sans faire allusion [au] texte introuvable de l'acad[émicien] qu'un éditeur s'honorerait [de] mettre à la portée de tous.

* Le Théâtre National Populaire de Jean Vilar était fortement encouragé par la presse stalinienne. Les observateurs du parti n'ont pas caché leur peu de goût pour l'infantilisme libertaire de Nucléa.

D'autre part, Les Lettres Françaises ont montré de l'humeur en faisant remarquer que les « Amis du Théâtre National Populaire » avaient choisi le journal Arts comme organe officiel. Si cela continue, Jean Vilar et sa troupe n'auront plus de talent.

Dans les journaux progressistes.

9 Octobre 1952

Interdira-t-on à Vilar de montrer Danton au Palais de Chaillot ?

"Carrefour" 11/5/52

LE BAL DES SUBVENTIONS

Ou comment la Dragonne de Vilar a sauvé ses enfants

EN avril, les tambours roulaient pour l'exécution de M. Touchard. On a remis la cérémonie à plus tard et rangé les instruments de musique. Puis ce fut au tour de Jean Vilar. En un mois, il a reçu une large ration de compliments en paquets de douze et bien graissés [...] lève en passant [...] *gaspilleur, ho*[...] naît là [...]

beaucoup plus que M. Jaujard, qui était un remarquable conservateur de musée et qu'inquiète le théâtre, à cause de son côté remuant. La décentralisation [...] « chose [...] lor[...]

Jean Marchat directeur de l'Odéon ?

LA Comédie-Française conn[aît] maintenant son destin. Comme nous l'avions annoncé [au] mois d'avril, M. Touchard [...] son poste. On l'a seulemen[t] [...]idé, la semaine dernière, à [...] représenter l'année pr[ochaine] [...]ré que son contrat sera [...] s'occupe à lui che[...] [...]te équivalent et un [...] grand marathon d[...] [...]elles va donc se [...] envisagé, une [...]ration des [...] Richelieu [...]rées, on [...]uments [...]on. Q[...] cher[...] [...]p[...]

Combat 27/11/52

[A]PRÈS L'ENQUÊTE DE « COMBAT » SUR LE T.N.P.

[L]'ENQUETE de notre collaborateur Jean Carlier sur le T.N.P. n'a pas manqué, en raison de sa précision, de soulever des remous qui par là même attestent, si besoin était, de sa nécessité. « Combat », fidèle à son souci d'objectivité, résume, pour ses lecteurs, l'opinion de M. Armand Salacrou à ce sujet, exprimée dans Le Monde », et celle du principal intéressé, Jean Vilar, publiée par Arts ».

Armand Salacrou

Le directeur du Théâtre national populaire assure : « La période de 1920 à 1[...] Giraudoux mis à [...] plus impor[...] théâtral par [...] scène que par [...] Claudel et [...] mille [...]

Puis-je. imi[...] vous dire q[...] « Knoc[k] [...] milli[...] [p]our [...] dans l'hi[...] temp[s] [...]

Jean Vilar

« S'ils vivaient encore, Bourdet et Jouvet seraient avec nous. J'ai autant le droit de le prétendre que certains ont d'affirmer le contraire. Ceci dit, nous formons au T.N.P. une équipe, c'est qu'il importe de souligner, [...] pour les échotiers ! »

"Libération" 27/11/52

POLÉMIQUE AUTOUR DU T.N.P.

Roger-Ferdinand prend à partie Jean Vilar dans une allocution radiodiffusée

M. ROGER-FERDINAND, président de la Société des auteurs, a prononcé, hier, une allocution radiodiffusée répondant à de récents propos de Jean Vilar qui avaient fait rebondir la querelle metteurs en scène contre auteurs.

Voici les passages principaux de la déclaration de M. Roger-Ferdinand :

A quel titre M. Jean Vilar se permet-il de prêcher une cause qui n'est pas nécessairement bonne parce qu'elle est la sienne ?

Les auteurs, eux, n'ont jamais attaqué Jean Vilar. Ils n'ont jamais eu le mauvais goût de lui demander compte du choix des ouvrages qu'il lui plaît de monter. Ils savent bien que le théâtre est international et que le talent n'a rien à voir avec l'état civil. L'activité de Jean Vilar n'est pas en cause et encore moins la liberté qui est la sienne — mais qui est aussi la nôtre — de faire ce qu'il aime, d'autant qu'il lui arrive — car il faut être juste — de le faire mieux que bien et d'exercer avec bonheur son indiscutable talent d'animateur et de comédien aussi.

◆

Nous ne faisons pas ici le procès du Théâtre National Populaire, dont il serait aussi injuste que ridicule, de ne pas reconnaître les multiples efforts. Les auteurs sont reconnaissants à tous ceux qui les servent, et il n'en est pas un qui n'ait exactement mesuré ce qu'il doit à Antoine, à Gémier, à Lugné-Poe, à Copeau, à Dullin, à Jouvet, à Baty.

◆

N'allez surtout pas croire, Jean Vilar, que nous vous cherchons querelle, ni même que nous avons le goût de nous faire les alliés de ceux qui vous attaquent, ou de vous compliquer une tâche difficile à laquelle vous consacrez, avec loyauté sûrement, et désintéressement aussi, le meilleur de vos forces. Nous n'avons ni le droit ni l'envie de vous juger — encore moins de vous condamner. Et la Société des auteurs, vous le savez bien, a pour premier devoir de vous aider.

Mais s'il nous est permis de vous adresser une simple prière, laissez Edouard Bourdet en paix. C'était un grand auteur dramatique. Ne dites pas légèrement : « Depuis vingt ans, seuls les metteurs en scène ont bien travaillé pour le théâtre. » Et n'accablez pas d'un injuste dédain tous ceux qui, dans votre profession même, et chacun à sa place, travaillent utilement à la cause du théâtre. Elle est la même pour tous.

« Vive la poésie ! » répond Jean Vilar

Après cette causerie, M. Jean Vilar nous a déclaré :

Il faut louer M. Roger-Ferdinand du ton de son intervention. Elle me semble plus gentil[le que] celle qu'il fit [...] Il y a si[...]lo. [...], je me re[...] une fois de [...] enfin, le débat (ou le match) n'est pas entre le T.N.P. et la Société des Auteurs, mais entre le poète et l'auteur dramatique.

J'avais dit cela il y a sept ans. Et, me semble-t-il, fort clairement.

Cependant, écoutant mon arbitre j'arrête le match.

Vive la poésie, Messieurs.

◆

Signalons, d'autre part, que MM. Roger-Ferdinand et Jean Vilar, après un entretien téléphonique, ont convenu de se rencontrer vers le 15 décembre, après la générale de Meurtre dans la cathédrale.

Libération 27/11/52

VISAGES... Visages graves, visages nostalgiques, visages ang[oissés], visages sereins, paysages où la vie inlassablement inscrit ce qui vient du dehors, ce qui vient du dedans, monde de silence, hors du temps, visages présents dans l'absence, absents dans la présence, miroirs qui rêvent, s'entrouvent ou se referment sur ce qu'ils connaissent d'eux-mêmes ou sur ce qu'ils ne connaissent pas...

but, depuis octobre, j'avais pris sur mon temps. Dois-je me perdre dans ces zizanies quotidiennes et faut-il répondre?

Notons toutefois quelques-unes de ces querelles :

1° – Encore qu'il se défende d'être hostile à notre égard, attaques régulières à la radio du président du Syndicat des Auteurs dramatiques, Roger-Ferdinand, auteur des « J 3 ».

2° – Pressions d'ordre politique : « Vous êtes des staliniens, etc. » Jusqu'au président Pinay qui en est, paraît-il, convaincu [1].

3° – Mise en doute *publique,* dans tel journal [2], de l'honnêteté et du désintéressement de mes plus proches collaborateurs.

4° – Demande d'une sorte de censure contre les œuvres [2] ou contre les auteurs que nous jouons. Contre Brecht, contre ce triste « coco », responsable d'un théâtre en Allemagne de l'Est. Contre Pichette.

Peut-il être question d'éviter ces querelles? de transiger [3]? Cependant cela nous éloigne de nos tâches professionnelles. Cela occupe des heures que nous aurions accordées au travail des répétitions, à la recherche d'un public populaire. On nous contraint à sortir de notre atelier. On nous contraint à assumer des responsabilités publiques qui excèdent notre autorité et qui sont d'évidence du ressort de l'État : la défense et la protection d'une entreprise au service de la collectivité.

Mais, précisément, l'État, ou plutôt le gouvernement de Monsieur Antoine Pinay n'est pas notre cousin. N'est pas avec nous.

« Il n'y a pas de principes, dit Vautrin, il n'y a que des événements. »

1. Voir annexes, pp. 277-280.
2. Voir annexes, pp. 285-299.
3. Voir le texte d'une conférence prononcée par Jean Vilar à Chaillot, le 20 novembre 1952, à 18 h 15, répondant à ces querelles : *Le théâtre et la soupe,* repris dans *Théâtre-Service Public,* Paris, 1974, Gallimard, coll. « Pratique du théâtre » (pp. 148 et suivantes).

Nucléa. Reprise reportée au début de l'année prochaine. En mars [1]?

Faut-il ne garder de l'œuvre que la première partie qui, à mon avis, est à elle seule une pièce complète? L'élargir? Je ne sais. En bavarder avec Pichette et avec Philipe.

Samedi 20 décembre 1952

Répétition générale de *La Nouvelle Mandragore* de Vauthier.

Tout au long de la première partie, j'étais dans les coulisses. J'étais tout proche des rangs de spectateurs que nous avons, dans le dispositif scénique, établis sur la scène même. A présent j'écoute l'œuvre dans mon bureau.

Ils n'accepteront pas cette pièce. Que leur répondre sinon que j'offre à des écrivains *vivants* et jeunes ce dont je dispose : les meilleurs comédiens de ma compagnie, mes techniciens, mon plateau, tous mes moyens, y compris évidemment les plus larges moyens financiers? La distribution n'exige que sept interprètes. Ce sont Jeanne Moreau, Gérard Philipe, Daniel Sorano, Georges Wilson, Darras, Amyrian, Moulinot. Comme peintre : Édouard Pignon. Comme compositeur : Maurice Jarre. Peut-on offrir mieux à un auteur? A un public? Le travail une fois accompli, ai-je à juger des résultats, du divorce entre la salle et la scène?

... Ils rient. Enfin! Cependant l'œuvre est longue. Trop longue décidément. (Il y a quelques jours Jean-Paul Moulinot me suppliait que l'on obtînt de Vauthier des coupures dans ses répliques. Quel qu'il soit, cette attitude n'est pas fréquente de la part d'un comédien.)

Mais Vauthier – peut-être a-t-il raison dans le fond? – ne se décide pas à couper, à ôter une seule phrase. Se rappeler notre entrevue, hier au soir, après la répétition des coutu-

1. Œuvre d'Henri Pichette. Créée par le T.N.P. à Chaillot le 3 mai 1952. Elle fut reprise, à partir du 11 mars 1953, pour trois représentations. Voir plus loin, p. 26.

rières. Étaient présents : Philipe, metteur en scène de l'œuvre, les techniciens, les régisseurs. Il m'a été pour ainsi dire impossible de lui arracher un seul mot du texte. Nos exigences lui faisaient mal et nous faisaient mal.

Vauthier a d'évidence une vision très particulière de l'économie théâtrale. Elle n'est pas la mienne. Elle n'est pas la nôtre. Du moins ces querelles entre un écrivain de race et une compagnie sont-elles bénéfiques.

Cependant je n'oublierai jamais l'instant où, excédé en quelque sorte par nos réserves ou par nos demandes, il a jeté son manuscrit à terre en disant des mots que j'ai mal entendus. Je lui ai répondu – et je me suis étonné de mon calme – qu'en raison de ce geste de violence « je n'inscrirai plus au programme de ce théâtre une œuvre de lui ».

Certains soirs j'éprouve de l'affection pour ceux dont nous avons travaillé et jouons l'œuvre. (N'oublient-ils pas en vérité que nous témoignons de notre respect pour celle-ci au moment même où nous leur demandons des coupures ?)

Le lendemain je suis furieux et contre eux et contre elle. Enfin, quoi, bon Dieu ! contrôlent-ils la nécessité dramatique ? Mais cette *nécessité,* comment la définir, qu'est-elle en vérité ? Corneille dit bien : « Il est constant qu'il y a des préceptes, puisqu'il y a un art ; mais il n'est pas constant quels ils sont. »

Toujours dans mon bureau. J'écoute le quatrième acte. Il n'en finit plus. Autre chose : cette œuvre n'est-elle pas desservie par l'immense Chaillot ? N'est-ce pas cette démesure de la scène et de la salle qui a provoqué le divorce entre nous et le texte de l'auteur d'abord ? entre le texte de l'auteur et le public ensuite ?

Cependant quelqu'un s'est bien diverti en servant cette œuvre : Maurice Jarre le compositeur. Sa musique est folâtre, à souhait.

Samedi 17 janvier 1953

Il n'est pas bon d'être indifférent ou agressif à l'égard du sort et des ambitions des acteurs. Parallèlement aux querelles politiques ou administratives auxquelles il faut faire face, il est absolument nécessaire de veiller sur eux. J'ai tendance à éluder leurs demandes, à me « fermer », à me retirer dans mon repaire très personnel, dans ma coquille lorsque je devine dans le regard de l'un ou de l'une la convoitise d'un tel ou tel rôle. D'un côté comme de l'autre, il est difficile d'être raisonnable. Or, depuis quatorze mois nous passons toutes nos journées ensemble : ils me connaissent et je les connais *par cœur.*

« Il n'est guère facile de dominer un groupe d'acteurs quand ils sont en pleine tension nerveuse », écrit Stanislavski. « L'organisme capricieux de l'acteur a ses bizarreries et il faut apprendre à le maîtriser. Cela implique chez le régisseur une autorité qui, à l'époque, me faisait encore défaut. Mais j'eus raison de mes camarades à force d'amour fanatique, d'assiduité et d'abord, de stricte exigence envers moi-même. »

Donc, mémento :

1° – Ai dit à Françoise Spira : « La saison se terminant le 31 juillet prochain, tu es distribuée – et uniquement – dans *La Mort de Danton* (Büchner) : rôle de Lucile Desmoulins.

Quant à la Reine de *Richard II* (Shakespeare) : non.

D'autre part je te propose de prendre le rôle de Nathalie au cours des représentations à venir du *Prince de Hombourg.* Notamment, de celles qui seront données en banlieue, Jeanne Moreau devant nous quitter. »

2° – J'ai offert à Monique Chaumette – et elle a accepté – le rôle de Julie Danton [1]. Dans *Richard II :* le rôle de l'aide-jardinier [1].

3° – Jeanne Moreau [2]. J'interroge : « Veux-tu jouer Marion? » [3]. Réponse : « Je vais lire la pièce. » Moi : « Et la Reine de *Richard II?* »

1. En définitive elle jouera le rôle de Lucile Desmoulins et dans *Richard II* le rôle de la Reine. *(Note J. V.)*

2. Encore que très jeune, elle était alors de toutes les comédiennes du T.N.P. la collaboratrice la plus ancienne du fait qu'elle avait participé au premier Festival d'Avignon (septembre 1947). Elle nous avait rejoints en 1951. Elle nous quitta en février 1953. *(Note J. V.)*

3. Personnage de *La Mort de Danton* (Büchner).

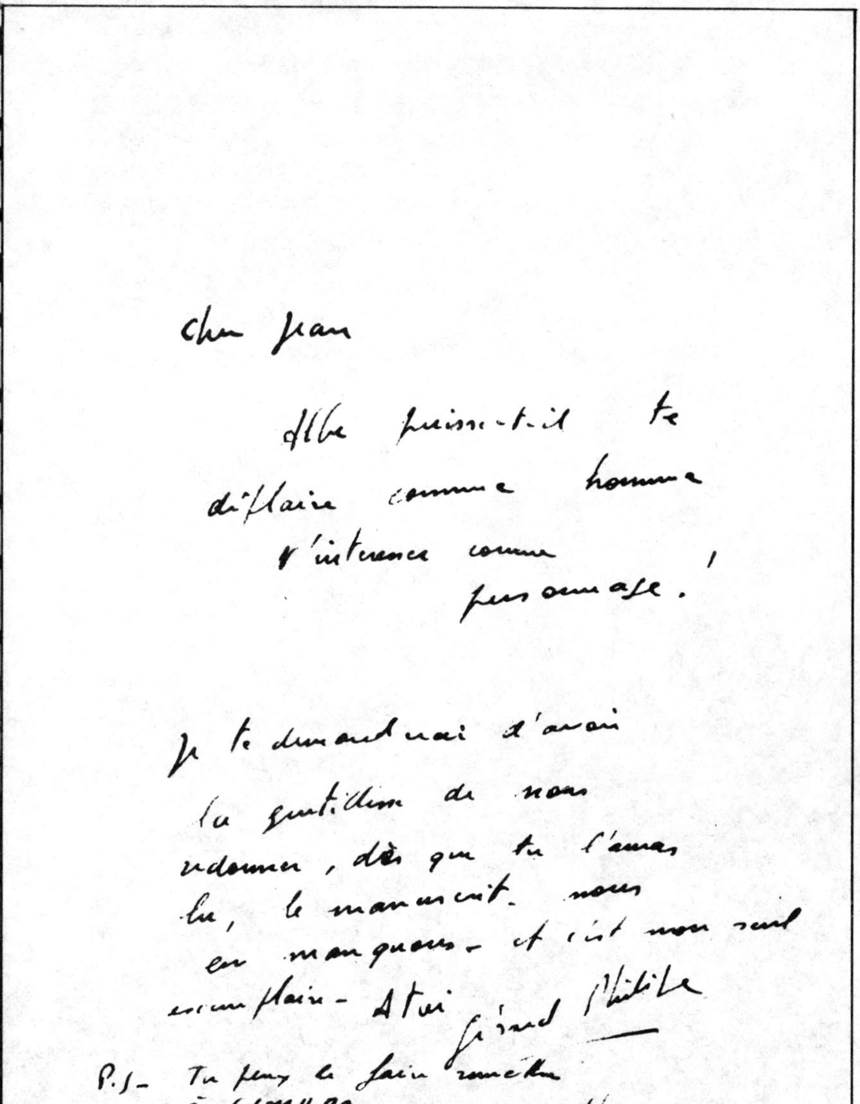

Cher Jean

Albe puisse-t-il te déplaire comme homme t'intéresser comme personnage !

Je te demanderai d'avoir la gentillesse de nous redonner, dès que tu l'auras lu, le manuscrit – nous en manquons – et c'est mon seul exemplaire – A toi

Gérard Philipe

P.S. – Tu peux le faire remettre à Cimura 49 bis avenue Hoche. Paris 1/56

Nouvelle adresse : 10 Rue Oudinot Paris (7e)

Lettre de Gérard Philipe à Jean Vilar lui proposant de jouer dans *Till l'Espiègle*.

Il est évident pour elle, du moins je l'imagine, que je souhaite la conserver dans la compagnie. D'où une question que je pose rarement : « Que souhaites-tu jouer? » Jeanne : « Marivaux. Mais Chaillot est immense. » Au cours de l'entrevue, je lui ai parlé du projet de réaliser à la scène les trois *Henri* de Shakespeare et je lui ai proposé le rôle de Marguerite.

4° – Lucienne Lemarchand : elle accepte de jouer les petits rôles de *La Mort de Danton* et dans *Richard II* la Duchesse de Glocester.

5° – Jean Négroni : Saint-Just[1] *(La Mort de Danton),* rôle qu'il a créé en 1948 au cours du second Festival d'Avignon. Reste dans la compagnie jusqu'au 31 juillet prochain.

Lundi 26 janvier 1953

Retour à Paris après conférences à Milan et à Rome.

Arrêt à Florence, sur demande de Francesco Siciliani, directeur artistique de l'Opéra de Florence. Suis présenté par lui à Meneghini-Callas. Elle doit interpréter dans le cours de la saison la *Médée* de Cherubini et Siciliani me propose de mettre l'œuvre en scène[2]. Dans l'après-midi de dimanche j'entends la chanteuse dans *Lucia*[3]. Une aisance vocale stupéfiante.

J'erre la nuit dans Florence.

Jeudi 29, vendredi 30 janvier 1953

Jean Rouvet me donne sa démission par lettre.

Lettre recommandée reçue le lendemain.

1. En définitive, le rôle sera joué au T.N.P. par Michel Bouquet. *(Note J. V.)*

2. Au cours de ses douze années de direction du T.N.P., Jean Vilar n'accepta *aucun* engagement à l'extérieur, ni au cinéma ni au théâtre, si ce n'est, par amitié pour Gérard Philipe, une participation à un de ses films : *Till l'Espiègle*.

3. *Lucia de Lamermoor* (Donizetti). *(Note J. V.)*

Nouvel administrateur à chercher. Interroger Mazenod à ce sujet. Voir le directeur de l'École d'Administration?

Mercredi 4 février 1953

Dans ce domaine éclaté qu'est le théâtre contemporain, il existe d'un côté une littérature dramatique *originale* et *nouvelle* et de l'autre un public populaire admirable du fait même de sa curiosité et de son intérêt pour toute grande œuvre inconnue ou oubliée. (Le choix des pièces présentées par nous confirme cela.) Je tente l'impossible afin que ce public nouveau et cette nouvelle littérature se joignent. C'est incommode et certains soirs désespérant.

Voici à peine un an et demi que je suis ici. Je n'aurais pas le goût, oui le goût, de poursuivre ma tâche si précisément n'existait pas ce public. J'irais alors retrouver dans un petit théâtre ceux qui cherchent. Qui cherchent autrement.

Évidemment le ministre ignore ce qu'est ce nouveau théâtre. Va-t-il d'ailleurs au théâtre? L'ignorent aussi bien les nouveaux administrateurs des Beaux-Arts. Vont-ils au théâtre? Jeanne Laurent, elle, fréquentait régulièrement les salles nationales, privées, régionales et municipales.

Elle en savait trop. On l'a donc limogée.

Mercredi 11 février 1953

Idiote, la bataille continue. Sourde. Elle rampe.

Ai reçu ce matin à ce sujet un journaliste de *L'Aurore*.

Fric : reçu au courrier de ce matin une lettre m'assurant du prochain versement (enfin) de la deuxième partie de la somme due par les Affaires Étrangères, en raison de l'occupation du

Théâtre de Chaillot par l'O.N.U. du 1er septembre 1951 à avril 1952 [1].

Près d'un an d'attente [2].

Autre fric : il y a six jours environ, avons reçu le complément de subvention réclamé par nous aux Beaux-Arts. Quatre millions. Intervention de Cornu ? Cependant il ne veut pas de *Danton* [3].

Toujours 11 février 1953

X... demande à me rencontrer. Au cours de l'entrevue il m'informe que depuis une semaine environ on constitue un dossier me concernant personnellement : « Détournement des fonds de l'État [4]. »

Demain première représentation à Issy-les-Moulineaux. Neuf représentations à la suite, du 12 au 19. A l'affiche : *Le Prince de Hombourg, L'Avare, Le Cid.* Le maire d'Issy-les-Moulineaux : Jacques Madaule.

1. Voir annexes p. 257.

2. En fait, nous percevrons cette somme seulement au cours de l'année 1954, si mes souvenirs sont exacts. Donc après un délai de trois ans. *(Note J. V.)*

3. Usant de mes droits ou en abusant, peu importe, le drame de Georg Büchner *La Mort de Danton* fut tout de même représenté. Et à la date prévue. *(Note J. V.)*

4. Le statut juridique de Jean Vilar, directeur du T.N.P. au Palais de Chaillot, était la concession à ses risques. Selon son premier cahier des charges, signé – trop rapidement! – le 1er septembre 1951 pour une durée de trois ans, il n'avait droit à aucun traitement ou rémunération autre que les bénéfices nets (éventuellement) réalisés au terme de sa concession. Donc, aucun traitement d'aucune sorte n'était prévu pour le directeur du T.N.P. même lorsque celui-ci, comme c'était le cas, était en même temps metteur en scène et comédien... (Voir annexes pp. 255-272.)

Pour sa subsistance propre et pour faire face à un problème de logement urgent, Vilar avait prélevé durant quelques mois une somme à valoir sur les bénéfices escomptés. Cette somme dut être, à la date du 8 novembre 1953, intégralement remise en caisse. Vilar devra attendre la révision du cahier des charges de 1954 pour que le principe des prélèvements mensuels en acompte sur les bénéfices soit admis par l'administration. (Voir plus loin, pp. 32 et 61.)

Ai reçu, il y a quatre jours, une longue et belle lettre d'Anouilh [1].

La ville de Hambourg d'une part et d'autre part le Festival des Syndicats miniers de la Ruhr nous pressent de donner des représentations dans leurs théâtres. Cependant le projet de spectacles T.N.P. à Londres a été étouffé par l'administration. Israël, la Yougoslavie nous invitent à leur tour. Leurs services culturels insistent. Comme pour la tournée Amérique du Sud, ces deux tournées ne se feront pas. Manque de crédits ou mauvaise volonté de l'administration centrale?

Ces tournées à l'étranger nous sont à tous points de vue nécessaires. Or, en seize mois, depuis le premier jour du T.N.P., c'est-à-dire le 1er septembre 1951 et compte tenu de nos représentations en banlieue (16 à Suresnes, 14 à Clichy, 17 à Gennevilliers, 14 à Montreuil, 9 à Montrouge, 10 ces jours-ci à Issy-les-Moulineaux), compte tenu de celles données à Paris (37 au Théâtre des Champs-Élysées, 26 à Chaillot dont 2 créations, 9 à l'Hôtel de Soubise), de celles données en province (Avignon, Lyon, Marseille, Montpellier, Alsace, Villeurbanne, etc.) nous avons d'autre part été invités par des villes ou des théâtres étrangers (allemands, italiens, suisses, etc.), par des festivals internationaux (Berlin, Venise). *Pour ces tournées à l'étranger, nous n'avons reçu aucune aide de la part de l'administration* [2]. Why? On nous contraint à être insupportables et nous le serons.

La Nouvelle Mandragore. Pour les représentations données en banlieue (Montrouge), Philipe a obtenu de Vauthier un

1. Voir annexes pp. 309-310.

2. De septembre 1951 à septembre 1953 le T.N.P. organisa 75 représentations à l'étranger devant 82 000 spectateurs.

Pour 11 tournées dans 7 pays étrangers et 30 villes visitées – dont les grands festivals : Berlin (1952 et 1953), Venise (1952 et 1953), la Ruhr (1953) et Edimbourg (1953) – le T.N.P. reçut des subventions du Service des Relations culturelles (Ministère des Affaires étrangères) d'un montant global de 3 400 000 francs, soit 45 000 francs par représentation. A l'époque, cette somme était dérisoire...

certain nombre de coupures. La durée de la pièce en est réduite d'un quart d'heure environ.

Jeudi 12 février 1953

Hier, coup de fil de Jaujard : « Mais non, le ministre n'a jamais interdit *Danton*... » Ah!

Lettre de Jacques Deval ce matin. Il me dit abandonner le procès qu'il nous faisait. En vérité, j'étais dans mon tort. L'homme agréable, mon Dieu!

Article de *L'Aurore,* ce matin.

Coup de téléphone d'Antériou. Charmant.

Toutes ces querelles m'ont fait perdre près de deux mois de préparation qui manqueront de toute façon à ma régie de *La Mort de Danton.*

Sans date

A son tour R.S. fait *des siennes.* Il se répand dans Paris et dit ici et là que si je ne monte pas sa pièce, il m'attaquera. M'attaquera dans son journal. Il y a huit jours je déjeunais très agréablement chez lui. Il était alors tout sucre tout miel.

Je ne me suis jamais engagé à représenter son œuvre. Les exigences et aussi bien les incertitudes de notre calendrier de travail m'empêchaient alors et m'interdisent encore de prendre une décision ferme.

Or, dans la journée même où favorable au projet je me pose la question : « Où et quand présenterai-je cette œuvre? », voilà notre auteur qui menace.

Sans date

Certaines maximes rassurent. Aident à vivre. Et notamment celles de Chamfort. Transcrivons donc et n'oublions pas : « Il n'est pas vrai que plus on pense moins on sente. Mais il est vrai que plus on juge, moins on aime. Peu d'hommes nous mettent dans le cas de faire exception à cette règle. »

Il dit aussi : « Il faut avoir l'esprit de haïr ses ennemis. »

Enfin : « Il semble qu'en nous payant les actions généreuses on nous les ôte. »

Sans date

Hier, un ministre en exercice vient à Chaillot en raison d'une grande vente organisée au profit des sinistrés de la Hollande, de l'Angleterre et de la Belgique.

Il passe devant le stand d'un romancier par ailleurs critique dramatique :

« Eh bien, monsieur (le ministre parle haut et éclate de rire), ne pensez-vous pas que le théâtre soit suffisamment mal en point ? pourquoi l'attaquer ? »

A Gregh qui lui demande doucement s'il a lu une œuvre de lui et laquelle, le ministre répond, s'interrogeant à haute voix : « Attendez, attendez. Voyons. Quel est le titre du livre ? » Le poète, obligeant et poli, cite un de ses ouvrages, puis un autre.

« Non », dit à chaque fois le ministre.

Le poète continue, avance d'autres titres.

« Non. Non », riposte le ministre. Puis :

« Ah ! j'y suis. Le livre s'appelle *Choix de poèmes.* »

Le poète reste là, debout, bouche bée. Le cortège passe.

Mercredi 18 février 1953

Et les arbres dans la nuit annonçaient le printemps.

Rester enfant. Rester enfant.

Une promenade nocturne, une ruelle déserte, le froid doux : et voici que l'on se ressaisit. Voici que l'on rejoint un certain domaine oublié, celui des sentiments spontanés qu'effaçait, dont vous éloignait la pratique constante, abusive d'un métier, d'un combat.

« Le cœur, Nathalie, le cœur. » Cette petite phrase de Kleist revient alors à ma mémoire. La nuit, une promenade solitaire et sans but, une heure de vagabondage et tout ce que l'on est, tout ce qui était de vous désassemblé se retrouve, se reconnaît et s'unit.

« Le réverbère clignait son œil.
impavide valet des sentiments urbains
L'adieu quotidien de la nuit
fut brisé comme jouet fragile
par les regrets de m'en retourner seul. »

Sans date (le 19 février?)

Jean Rouvet a repris aujourd'hui sa démission.

Sans date

Répondre à toutes ces attaques par un article, un seul? Le titre : Non.

Mars 1953

Note en vue d'une nouvelle rédaction du cahier des charges : demander (exiger?) la suppression de l'article me contraignant à présenter annuellement une œuvre lyrique. Cette obligation est déraisonnable, vraiment. Un théâtre dramatique, le « teatro in prosa » comme disent les Italiens, dispose-t-il du personnel et des moyens techniques – répétiteurs, régisseurs musiciens, artistes du chant, chefs, salles de répétitions, administration qualifiée, etc. – pour réaliser hautement une œuvre musicale, un opéra? Dispose-t-il enfin d'une subvention suffisante? Si l'Opéra de Paris vous paraît, à vous compositeurs, insuffisant ou n'accomplissant pas sa tâche, pourquoi le très modeste T.N.P., lanterne rouge (eh oui) des théâtres subventionnés, se chargerait-il des obligations et s'imposerait-il le devoir d'un organisme énorme, d'un organe national atteint d'éléphantiasis? Père Opéra, qu'y a-t-il de commun entre toi et moi?

Cette obligation faite au T.N.P. n'est qu'une lubie administrative, significative d'une ignorance absolue de la recherche et du travail artisanal au sein d'un théâtre authentique. Et en ordre. Cacophonie [1].

(Suite à ce qui précède.)

Pourquoi la IVe République n'imposerait-elle pas à l'Opéra de Paris, à l'immeuble Garnier, à ses techniciens, à ses artistes de représenter une œuvre de Sartre, par exemple? ou de Hugo, ou de Beaumarchais, ou de Claudel, que sais-je?

L'administration ne comprend ou n'admet parfois le ridicule que lorsqu'elle le *voit*. Sait-elle le prévoir? Il semble que cela lui importe peu. « C'est écrit. Il faut donc passer à exécution. » Réponse : Non. Pour un comédien, du moins, le ridicule tue.

Autre chose.

Me reprocherait-on par hasard d'être le responsable – et sur mes propres deniers – d'un théâtre dont l'exercice de l'année 1952 vient de se conclure par l'approche d'un équilibre financier? Évidemment, aux yeux de certains, cela est détestable. Je donne le mauvais exemple. Une régie nationale dont le bilan annuel n'est pas lourdement déficitaire, voilà qui est irritant, insolent et à abattre.

D'une étude sur l'œuvre d'André Antoine, j'extrais ces renseignements :

« Odéon. Première Direction d'A. A. Subvention 1896 :

1. Voir annexes, pp. 269 (art. 29) et 283.

RÉPUBLIQUE FRANÇAISE

MINISTÈRE DE L'ÉDUCATION NATIONALE

DIRECTION GÉNÉRALE DES ARTS ET DES LETTRES

RECTION DES SPECTACLES
ET DE LA MUSIQUE

REAU DES SPECTACLES.

JM/DG

53-55, RUE SAINT-DOMINIQUE (VIIe)
INVALIDES 99.30

PARIS, LE 16 SEPT 1952

Arrivée
20.9.52 / 21

Monsieur le Directeur,

Alors que j'examinais les programmes artistiques arrêtés par les théâtres nationaux pour l'année 1952-1953, j'ai constaté qu'il me manquait, en ce qui concerne le Théâtre National Populaire, un certain nombre d'éléments sur votre activité au cours de la saison qui commence.

Je vous serais très obligé de bien vouloir me les faire parvenir le plus tôt possible. Il s'agit d'une part de me préciser le nom du lauréat des concours du conservatoire engagé au Théâtre National Populaire, d'autre part de m'indiquer la nature et les dates des représentations lyriques entrant dans l'activité normale du Théâtre National Populaire. Si, en effet, des circonstances particulières firent que les représentations lyriques ne purent avoir lieu en 1951, celles-ci doivent figurer cette année au programme de votre théâtre, et j'ajoute qu'il serait très souhaitable que votre programme en comportât avant le 31 décembre 1952.

En outre, je serais heureux d'être renseigné sur les dispositions que vous comptez prendre pour donner au cours de l'année 1952-1953 dans la périphérie parisienne les représentations correspondant à vos obligations.

Enfin, j'appelle votre attention sur la nécessité de sauvegarder dans vos programmes une juste prédominance des auteurs français (classiques et contemporains) sur les auteurs étrangers, et de ne point orienter trop exclusivement sur les auteurs de langue allemande votre répertoire étranger, ce qui arriverait si votre prochaine création étrangère au titre du Théâtre National Populaire était celle de "LA MORT DE DANTON" de Georg BÜCHNER.

Veuillez agréer, Monsieur le Directeur, l'assurance de ma meilleure considération.

cent mille francs-or. » D'autre part, le tarif du prix des places n'est pas tellement éloigné de ceux des théâtres privés. Aucune politique d'action populaire. Aucune représentation en banlieue ou en province. Or, ces représentations sont toujours exagérément déficitaires, en raison du petit nombre de places et de leur tarif peu élevé.

André Antoine. J'aimerais tracer de lui un portrait imaginaire évidemment, ne l'ayant jamais rencontré. Le temps. Le temps me fait défaut.

Antoine et ses comédiens surmenés. Décidément, rien ne change. En 1896, les comédiens d'Antoine. En 1951-1952-1953, les comédiens, les galériens du T.N.P.

Toujours mars 1953

Arrive toujours le moment où l'on discerne sur le visage des autres que rien désormais ne peut être entrepris de concert. Alors il est raisonnable de se quitter. De choisir d'autres garçons. D'autres filles. Nouveaux. (Pourquoi ai-je envie d'ajouter : et naïfs?)

Avec le temps les Tébaldeo [1] se muent parfois en Shylock [2] au petit pied. Mais ce n'est plus un morceau de cœur qu'ils souhaitent, c'est le cœur tout entier. Ils ne sont pas astucieux : comme le Juif vénitien, ils sont voraces.

Toujours mars 1953

Trotte dans ma tête, de temps à autre, l'idée, la nécessité de créer l'ÉCOLE.

Une école sans hiérarchie. Les problèmes multiples du son (de la voix humaine au bruit à l'état pur, sans apprêt; bref tout ce que l'ouïe peut percevoir), les techniques de tous les

1. Musset : *Lorenzaccio,* personnage du jeune artiste peintre.
2. Shakespeare : *Le Marchand de Venise.*

modes d'éclairage (les Grecs jouaient à la lumière du jour, celle de midi), les techniques de la machinerie la plus complexe ou au contraire de l'illusion mécanique (je veux dire : de l'absence de toute mécanique) auraient en cette École la même importance que l'interprétation du comédien, que sa formation permanente.

Pas de cours ex cathedra.

L'équipe de direction serait restreinte. Trois ou quatre responsables : Demangeat, Saveron, moi, etc.

En ce métier de l'illusion et de l'invention qu'est le théâtre, certains vieillissent vite. Vieillissent mal. Le don de renouvellement de certains est court. Alors leur talent d'origine devient manie. Ou truc. Le responsable d'une équipe est donc contraint au changement.

Aussi bien l'arrivée de nouveaux venus est agréable. Agréable de découvrir la naissance d'une amitié toute simple et, semble-t-il, confiante entre Monique [1] et Christiane Minazzoli. Je les ai surprises au foyer des artistes l'autre jour. Monique conseillait Minazzoli en ce qui concerne le rôle de Marianne (de *L'Avare*), premier rôle important de la nouvelle venue (novembre 1952).

Jeudi 12 mars 1953

Hier soir, reprise de *Nucléa.* Accueil fervent du public. Gérard avait interverti l'ordre des deux parties. Celle écrite en alexandrins reste, scéniquement, faible. Jouée sur scène, l'autre est pathétique. Beau travail, une fois de plus, de Philipe. Il aime *travailler.*

1. Monique Chaumette. *(Note J. V.)*

Vendredi... mars 1953

Lorenzaccio. Rôle du cardinal Cibo. Ai manqué mon avant-dernière entrée en scène hier soir. De plus, ai failli manquer la dernière. Surmenage. Fatigue provoquée ou accentuée d'autre part par la chaleur sans aération du foyer des artistes. Quel théâtre, quel outil !

Toujours *Lorenzaccio :*

Cinq représentations louées à l'avance et Chaillot comprend 2 800 places environ. Le samedi 29 février : 2 900 spectateurs. Depuis la création de *Lorenzaccio* à Paris le 26 février 1953, le nombre de spectateurs oscille entre 2 660 et 2 900. La première « avant-première » *entièrement composée de membres de groupements populaires* a eu lieu le jeudi 26 février 1953.

Mémento : Le 1er janvier 1953 nous jouons encore à Chaillot et ceci depuis le 15 novembre 1952. Auparavant, depuis le 6 septembre 1952, représentations à Lausanne, Bienne, Zurich, Genève les 11, 12, 13 septembre. Berlin, le 15 et le 16 septembre. Francfort le 18, Darmstadt le 19, Nuremberg le 20, Munich le 21, Venise-Festival le 24 et le 25, Vicence le 26, Milan le 27, le 28 et le 29, Lyon du 3 au 9 octobre inclus, Villeurbanne ou Vilarbahn comme dit Léon Gischia le 11, le 12 (matinée et soirée) et le 13, le 15 et le 16 Montpellier, du 17 au dimanche 19 en trois jours 5 représentations à Marseille-Opéra.

Ensuite, répétitions à Paris du mardi 21 octobre au vendredi 14 novembre : trois semaines en tout. Préparation par Jarre et par moi de *Meurtre dans la cathédrale* qui aura lieu à Chaillot le 10 décembre 1952, et, d'autre part, préparation par Gérard de *La Nouvelle Mandragore* de Vauthier qui aura lieu le samedi 20 décembre 1952. (Deux créations à dix jours de distance, ce n'est pas bon.)

Donc le 1er janvier 1953 nous sommes encore à Chaillot. Mais le 5 janvier nous sommes à Nancy, le 6 à Metz, du 7 au 9 à Strasbourg, le 10 à Colmar, le 12 à Dijon, le 14 et le 15 à Mulhouse. Puis, à partir du 29 janvier nous devenons banlieusards, transportant et présentant quatre œuvres : *Le Cid, La Nouvelle Mandragore,* de Vauthier, *Hombourg, L'Avare.* Du 29 janvier au 5 février, dix représentations à Montrouge; du 12 février au 19, neuf représentations à Issy-les-Moulineaux. Et le 26 février retour à Chaillot : première à Paris de *Lorenzaccio.*

Tout cela pour quelques millions de francs-IVe République. C'est donné.

Jeudi 19 mars 1953

L'histoire invraisemblable de la Télévision et du Syndicat des Acteurs – *Lorenzaccio :* Salles toujours pleines cinq jours à l'avance – la location de *Nucléa* est faible pour le 25 mars. Cependant bel accueil des J.M.F. au cours de la dernière représentation, le 11 mars dernier – *Mère Courage* est aussi très applaudi sinon très fréquenté. Nous dépassons désormais les 1 500 spectateurs (1 824 spectateurs le 15 mars dernier). Certains soirs de représentation de *Mère Courage* en novembre 1952, nous avions eu dans la salle : 1 370 spectateurs le 15, 671 le dimanche soir 11, 1 040 le 20, 950 le 23 et 1 510 le samedi 6 décembre. Le dimanche 21 décembre en matinée : 1 004 spectateurs. Le mardi 30 décembre : 772 seulement.

Ce même soir, jeudi 19, après les deux représentations de *Lorenzo* de ce jour, j'entre enfin dans mon bureau. Le théâtre retrouve sa bonne solitude. J'écoute son silence. Puis : musique. Le 22e quatuor de Mozart. Il y a bien quatre mois que je l'ai entendu. Je ferme les yeux.

L'heure est tardive. Il faudrait rentrer. J'écoute toujours. Le profond, *l'inexplicable* amour de la musique m'aura saisi vers la quarantaine. Il y a pourtant déjà 35 ans que je sais ce qu'est une phrase musicale et que je sais la lire. Mais on peut savoir et n'être qu'un sot, n'est-ce pas?

Samedi 21 mars 1953

La location du prochain *Nucléa* ne va guère. Nous jouerons donc cette œuvre pour la dernière fois le 25 mars prochain. Pichette proteste. Sur le plan de l'emploi du temps (celui de la compagnie et le mien), sur le plan financier nous n'aurons jamais fait un tel effort.

Vu ce matin Villate, nouveau collaborateur du secrétaire d'État aux Beaux-Arts – entrevue sans histoire – il m'assure de la parfaite attention et affection de son patron.

Cependant, il me parle du mot que j'aurais dit en brandissant un télégramme lors du changement de l'avant-dernier ministère : « Enfin nous *avons* Cornu. » Suis-je si vain?

Il me parle de la création d'un théâtre lyrique populaire. J'aimerais bien avoir le temps de rédiger cent lignes sur ce sujet.

Dimanche 5 avril 1953

Prêté à Wilson : les huit volumes de *L'Ancien théâtre français,* les œuvres de Tabarin, l'œuvre de Gaultier-Garguille, *Les Vaux de Vire,* les *Scènes populaires* de Henry Monnier.

Prêté à Darras : les deux volumes du *Théâtre* de Regnard.

Mercredi 8 avril 1953

Hier soir, un collaborateur du *Figaro* téléphone à Clavel. « Nous avons la preuve – devant nous, assure-t-il – que le ministre va demain " démissionner " Vilar, car Vilar aurait tenu à la radio des propos inadmissibles à l'égard du ministre. Est-ce exact? »

Clavel m'informe, m'interroge, dément. Puis, en mon

nom, il demande au journaliste de téléphoner au ministère.

Le ministère répond : « Histoire absurde. »

Chaque semaine une histoire dite « absurde ».

Samedi 9 mai 1953

(*La Mort de Danton* au théâtre de Saint-Denis. Avant-hier en soirée : 147 spectateurs!)

Je ne tiens pas régulièrement ce journal. J'aurais trop de faits à mentionner. De tous ordres. En particulier ceux qui concernent nos rapports avec le ministère et l'administration.

Cependant, il faut noter ceci : hier un représentant officiel de la Biennale de Venise demande à me voir. Il me dit :

« Vous allez recevoir de la direction de la Biennale une lettre. Cette lettre vous informera que votre devis concernant le retour du T.N.P. à Venise est trop élevé et que, de ce fait, l'affaire ne peut être conclue.

« Je suis chargé de vous dire que là n'est pas la raison. La Biennale ne considère pas que votre devis soit trop élevé. La vraie raison est : un service administratif français – nous ignorons lequel – a agi auprès du gouvernement italien et a dissuadé celui-ci et certains services italiens, dont la Biennale a financièrement besoin, d'inscrire votre participation au programme. La direction de la Biennale ne peut rien contre cela. Pouvez-vous, de votre côté, vous informer et faire en sorte que votre retour à Venise en septembre prochain soit possible? »

(D'autre part : aucune nouvelle en ce qui concerne le Festival de Berlin. La direction nous proposait de nous inscrire pour la seconde fois à son programme. L'an dernier c'était *Le Cid* et *Le Prince de Hombourg*. Cet été, nous devons présenter *La Mort de Danton* et *L'Avare*.)

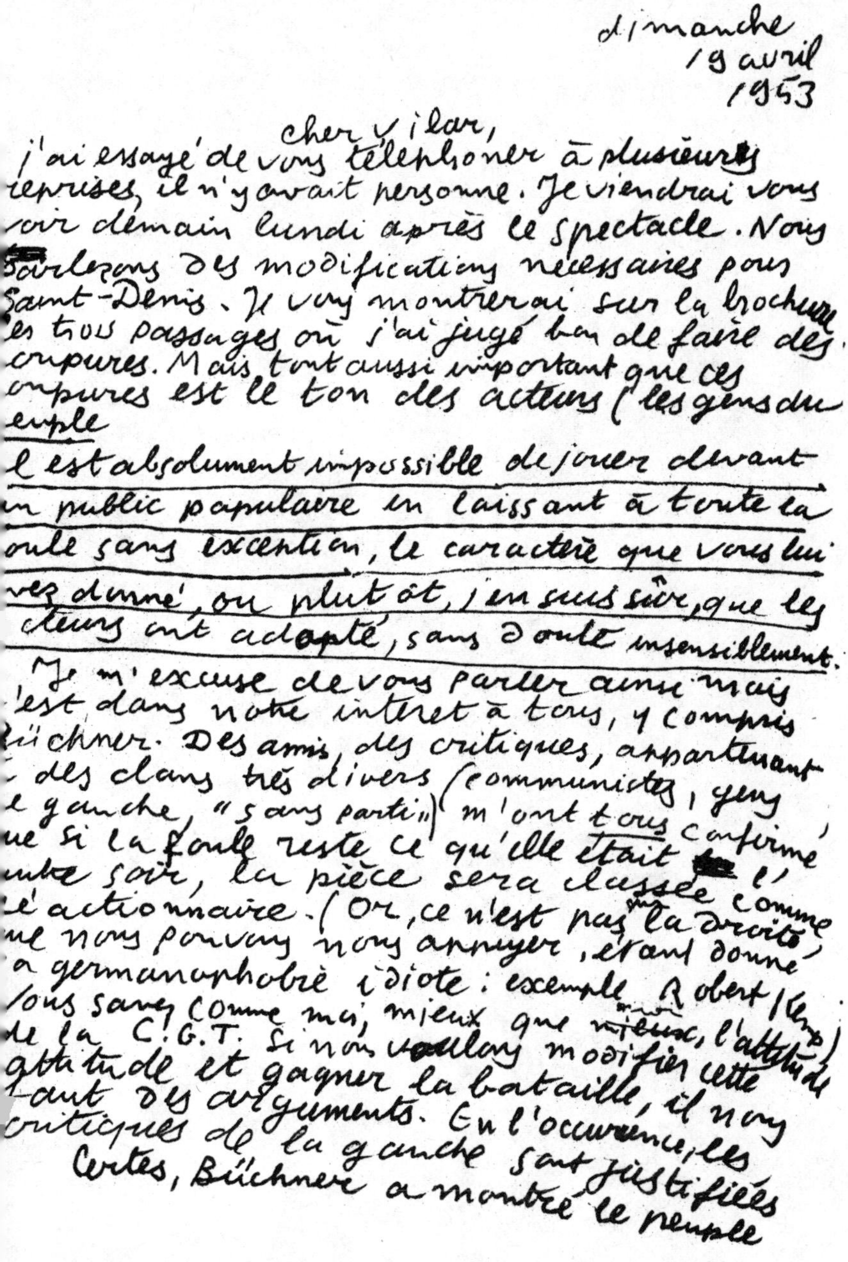

dimanche
19 avril
1953

cher Vilar,

j'ai essayé de vous téléphoner à plusieurs reprises, il n'y avait personne. Je viendrai vous voir demain lundi après le spectacle. Nous parlerons des modifications nécessaires pour Saint-Denis. Je vous montrerai sur la brochure les trois passages où j'ai jugé bon de faire des coupures. Mais tout aussi important que ces coupures est le ton des acteurs (les gens du peuple

Il est absolument impossible de jouer devant un public populaire en laissant à toute la foule sans exception, le caractère que vous lui avez donné, ou plutôt, j'en suis sûr, que les acteurs ont adopté, sans doute insensiblement.

Je m'excuse de vous parler ainsi mais c'est dans notre intérêt à tous, y compris Büchner. Des amis, des critiques, appartenant à des clans très divers (communistes, gens de gauche, « sans parti ») m'ont tous confirmé que si la foule reste ce qu'elle était l'autre soir, la pièce sera classée comme réactionnaire. (Or, ce n'est pas sur la droite que nous pouvons nous appuyer, étant donné la germanophobie idiote : exemple Robert Kemp) Vous savez comme moi, mieux que moi, l'attitude de la C.G.T. Si nous voulons modifier cette attitude et gagner la bataille, il nous faut des arguments. En l'occurrence, les critiques de la gauche sont justifiées

Certes, Büchner a montré le peuple

trait d'une lettre d'Arthur Adamov à Jean Vilar.

Mardi 12 mai 1953

Impossible de découvrir le bonhomme ou le service d'État qui joue ce jeu (disons : lassant) contre nous.

Au point de vue financier nous avons besoin de ces tournées. Un besoin essentiel, la subvention d'État étant insuffisante. Enfin, c'est nous interdire les grandes tournées internationales. C'est réduire sciemment le prestige de cette troupe.

Mais qui joue ce jeu secret? Nous pouvons désigner beaucoup de gens et personne.

Encore que je sois très occupé par les répétitions de la création à Suresnes de *Richard II,* que personnellement je n'ai pas interprété depuis 1949 (tout est à reprendre, la distribution étant nouvelle), encore que nous ayons été assez affectés par l'attitude de la municipalité de Saint-Denis [1] à l'égard de *La Mort de Danton* (« On ne présente pas de cette façon le peuple révolutionnaire »), Rouvet et moi décidons que l'affaire n° 1 au cours de ces jours de mai est l'histoire « Biennale de Venise ».

J'informe Chrystel de nos ennuis. Elle me conseille de voir Parodi [2] et Maurice Schumann [3]. Rendez-vous est pris jeudi avec l'un, vendredi avec l'autre.

Reçu cet après-midi une lettre, qui nous paraît arbitraire, de Cornu. Décide de prendre un conseiller juridique [4] et de lui soumettre toute notre affaire, depuis le texte du cahier des charges jusqu'à notre correspondance et nos rapports de tous ordres avec les services de l'État.

1. Voir sur ce sujet la note d'Adamov.
2. Alors secrétaire général du Ministère des Affaires étrangères. *(Note J. V.)*
3. Alors secrétaire d'État aux Affaires étrangères. *(Note J. V.)*
4. Maître de Segogne.

Mercredi 13 mai 1953

Ce matin, Ebner[1], dans mon bureau. Durée de l'entretien : deux heures. C'est, en quelque sorte, un interrogatoire que je subis. Cependant nous n'employons pas le même vocabulaire. Il est courtois. Il est incisif, mais... mais notre entretien a, ici et là, quelque rapport avec un dialogue de sourds. Ce n'est pas sa faute. Ce n'est pas la mienne. Je me laisse aller d'ailleurs à la plus extrême franchise. Je m'y abandonne même. Et comme je crois comprendre que cela est gênant, je m'y abandonne d'autant plus.

N'ai pas mangé de la journée. Ai répété *Richard* cependant.

Hier, la lettre signée par le ministre peut se résumer en une phrase : « Pourquoi avez-vous fait un prélèvement de 9 430 000 frs sur la caisse du T.N.P. ? » Régularisez d'urgence, ajoute-t-il, cette situation.

En quoi cela le regarde-t-il ! De quoi se mêle-t-il !

Je dirige une régie libre et je ne suis pas fonctionnaire[2].

Jeudi 14 mai 1953

A midi, vu Parodi dans son bureau quai d'Orsay. Je le mets au courant de mon histoire vénitienne. Il me répond très franchement et m'assure qu'il ne peut rien. L'homme est affable, simple, souriant. Je pars, quoi qu'il en soit, déçu. Dans le taxi qui me ramène à Chaillot, le conducteur me dit d'une voix claire dont la sonorité rappelle celle de la petite flûte : « Ça va mal, ça va mal. » A-t-il discerné quelque inquiétude sur mon visage ? Il répète cela si souvent que je finis par ne plus l'entendre. Au moment où je vais régler la

1. Alors contrôleur des dépenses engagées auprès des théâtres nationaux, donc du T.N.P. *(Note J. V.)*

2. Voir explications dans la note p. 19.

course : « L'intelligence, ça ne court pas les rues. Non, ça ne court pas les rues. Mais il y en a qui en ont.

– De l'intelligence? lui dis-je.

– Et le reste, ajoute-t-il. Seulement le temps est à la faiblesse. *A la glissade.* »

Vendredi 15 mai 1953

A 17 heures, suis reçu par Vincent Auriol à l'Élysée. Sur ma demande. J'expose l'affaire vénitienne. Et certaines autres histoires.

Il est bienveillant et vif. Sa courtoisie est d'une bonne et agréable rudesse. Je m'attendais à être en présence d'une marionnette et voici que je me trouve devant un homme aux réflexes prompts, à la voix ferme. Cette façon d'être me met absolument à l'aise. L'homme est moins méridional qu'on ne le dit. Un peu d'accent certes, mais très agréable. Je crois deviner, non sans plaisir, que la vie et les honneurs ne lui ont pas fait oublier ses origines modestes, ses combats.

Il téléphone à André Marie. Surprise, le téléphone présidentiel résonne à ce point que je crois entendre le ministre répondre : « Vilar? Mauvaise gestion. »

Il téléphone à Maurice Schumann. Je ne peux plus en douter : l'écouteur, pourtant placé contre l'oreille du président, me renvoie une phrase de Schumann : « Vilar? Vilar? Communiste. » Le président le coupe à son tour et d'une voix forte : « Non, non et non. »

Au début de notre entretien – est-ce un avertissement? – Vincent Auriol me dit : « Dès le premier jour de mon mandat, j'ai décidé de ne pas intervenir dans la gestion de mes ministres, etc. etc. » Plus tard : « Mon seul souci : défendre la Constitution et maintenir la communauté française. » Cependant, il me parle de son discours prononcé il y a deux ans où, sans en avoir informé les ministres, il prit position. Il me parle assez longuement de son défaut de pouvoir. J'écoute. J'écoute. J'écoute toujours. Je le remercie. Je sors.

Dans les grands escaliers le garde républicain, les gardes républicains, leur costume d'un autre temps. Ils sourient. Comme le Président. J'entends mes pas crisser sur le gravier de la cour... Je sors de l'Élysée. Et – pourquoi, mon Dieu, pourquoi ? – j'entre dans une galerie de peinture toute proche où, songeur et pensant au malheureux *Richard II* que je répète ces jours-ci, je regarde distraitement des tableaux conventionnels :

For heaven's sake, let us sit upon the ground
And tell sad stories of the death of kings...

Pour l'amour du ciel, asseyons-nous sur le sol
Et contons-nous la fin triste des rois...

Toujours le 15 mai 1953

Ai écouté ce soir le 22e quatuor de Mozart.

Paris-Presse annonce une fois de plus mon départ. Cette campagne a commencé, en ce qui concerne ce journal, le *29 mai 1952,* il y a donc un an [1]. Je transcris ici cet article de mai 1952. En vérité, il faudrait l'apprendre par cœur. Il est inscrit sous le label : « Première Colonne » :

PAR MESURE D'ÉCONOMIES

—

FERMETURE
du THÉÂTRE
NATIONAL
POPULAIRE
ENVISAGÉE

—

Jean Vilar saura jeudi prochain s'il garde la direction du Théâtre National Populaire. Une réunion administrative est prévue pour le

1. Voir annexes pp. 281-282, « La Lettre de Jean Vilar » à *Paris-Presse*.

PAR MESURE D'ÉCONOMIES

Fermeture du Théâtre National Populaire envisagée

JEAN VILAR saura jeudi prochain s'il garde la direction du Théâtre national populaire. Une réunion administrative est prévue pour le matin qui doit décider de son sort. Dans l'état actuel des choses, ses chances de maintien sont très faibles.

Cette importante nouvelle n'est qu'un nouvel épisode de la petite guerre des économies qui se livre entre les différents services des Arts et Lettres auxquels le président Pinay a « rogné » 120 millions.

... de la ... Palais de Chaillot.

« Jusqu'au bout »

C'est le secret de Polichinelle que Jean Vilar a été nommé au Palais de Chaillot sur l'initiative de Mlle Jeanne Laurent, dont il a toujours été le protégé. Il est donc très probable que les hostilités vont s'élargir et qu'à propos de cette affaire d'économies, M. André Marie voudra enfin briser toutes les résistances qui, depuis son retour à l'Education nationale, brident tenacement son autorité. Le succès que le ministre vient de remporter à propos de Jean Meyer est significatif, et certains de ses proches estiment que cette fois il ... être décidé à alle... bout ».

Le ...

"le Monde" 29/5/52

Enfin hier mercredi après-midi un quotidien du soir signalait que le Théâtre national populaire de Jean Vilar serait le premier atteint par les compressions budgétaires, et qu'une réunion administrative prévue pour le 5 juin au ministère de l'éducation nationale déciderait de ... réponse à cette nou... nuée de tou...

"L'Aurore" 29/5/52

Mais non, mais non... M. André Marie ne songe pas à fermer Chaillot

AUTRE fausse nouvelle, plus importante encore, peut-être. Un de nos confrères, généralement fort bien informé, annonçait hier que Jean Vilar avait toutes chances de se voir retirer,

... bref délai, la direction du T.N.P. à Chaillot. Jean Vilar serait sacrifié dans le nouveau plan d'économies pour sauver l'Opéra-Comique.

— Fermer l'Opéra-Comique, jamais ! se serait écrié M. André Marie. Mieux vaut sacrifier Chaillot !

Il y a généralement, dans les fausses nouvelles les plus audacieuses, une ...ère base de vérité. Ce qui est ... dans le conte (pas bleu) de ... confrère, c'est qu'en effet le m... de l'Education nationale ne ... de l'O... la ferm... envisagée ... ses ... affirmé ... usage ...

"Combat" 29/5/52

Conférence de presse au T.N.P.

« Quant au Théâtre National Populaire, a repris le président Roger Ferdinand, j'ai appris aujourd'hui que des informations (non vérifiées, d'ailleurs) le ...étaient menacé de fermeture... ...us savons rien à la Société ...ommes pour rien dans ... décision, qui ne

"Ce Matin" 30/5/52

Le Théâtre national populaire continue...

Devant la persistance de certains bruits, tendant à laisser croire que le Théâtre national populaire pourrait, un de ces quatre matins, disparaître, Jean Vilar a réuni, hier, dans son bureau, les membres de la presse, afin de procéder à une mise au point nécessaire.

Disons tout de suite que les bruits en quesiton ne reposent sur aucun fondement, que la T.N.P., si jeune encore, n'a pas envie de mourir, qu'il est, au regard des autorités et du public, plus solide que jamais...

... un ton calme et ...bilan de six mois ...

...nté cinq pièces, ...ns vingt et un ...ifférents, repré... le 142 représen... de 160.000 ...

"L'Aurore" 30/5/52

Jean Vilar se défend

Juste avant d'entrer en clinique pour être opéré d'une double hernie, Jean Vilar a réuni la presse au grand complet, hier, pour lui faire part des efforts qu'il a déployés en ... du Théâtre national populaire ... surtout pour exhaler ... contre un de ...

"les lettres Françaises" 29/5/52

Les Amis du Théâtre National Populaire

Communiqué hebdomadaire

CETTE semaine a été marquée par un nombre record d'adhésions, particulièrement au lendemain de l'allocution radiophonique de M. Roger Ferdinand, président de la Société des Auteurs, et après la matinée dominicale du Prince de Hombourg, où notre bureau reçut des adhésions pendant deux heures. Les chiffres seront publiés aussitôt après le classement définitif des cartes par professions. Nous rappelons ... aux amis ... leur ...s.

... s'agit de soutenir et de développer contre tous ses ennemis, avoués ou honteux, contre tous les intérêts en jeu, un véritable Théâtre populaire, ouvert à tous les publics.

Rendre le Théâtre au peuple de France, tel est notre but. Nos amis nous apporteront un secours puissant dans cette tâche.

NOUS rappelons aux amis qui désirent assister au Festival d'Avignon qu'ils doivent s'inscrire à notre ...reau, dans le plus bref délai. ...estival d'Avignon aura lieu ...au 26 juillet. Au program... ...ise du Prince de Hombourg de H. Von Kleist, dans ... et de ...

"le Figaro" 30/5/52

— Des informations tendancieuses ont été publiées sur le T. N. P. et gestion de Jean Vilar, ce dernier fait hier une conférence de presse il apporta certaines précisions dont nous donnerons demain l'essentiel. Ra... aujourd'hui que le directeur ... Populaire est ...

Jean Vilar quitterait le T. N. P.

JEAN VILAR quitte le T.N.P.

Cette nouvelle court de bouche à oreille depuis deux jours dans les milieux de théâtre parisiens.

M. Anthériou, directeur du cabinet du ministre des Beaux-Arts, que nous avons interrogé à ce sujet, s'est refusé à démentir ou à confirmer la rumeur.

Celle-ci, qu'il convient d'accueillir avec les réserves d'usage, fait état de certaines divergences de vues entre les Beaux-Arts et Jean Vilar au sujet de la gestion administrative du Théâtre National Populaire.

Un des collaborateurs de Vilar aurait été mis en cause et serait entièrement couvert par son directeur.

matin qui doit décider de son sort. Dans l'état actuel des choses, ses chances de maintien sont très faibles.

Cette importante nouvelle n'est qu'un nouvel épisode de la petite guerre des économies qui se livre entre les différents services des Arts et Lettres auxquels le président Pinay a « rogné » 120 millions.

Mlle Laurent, directrice des spectacles, avait préconisé la fermeture de l'Opéra-Comique six mois par an. Cette suggestion a fait voir rouge à M. André Marie.

« On se moque de moi! » s'écria le ministre de l'Éducation Nationale.

M. André Marie — la chose est assez rare — est un ministre de l'Éducation Nationale qui s'intéresse vivement au théâtre et possède des vues très précises sur l'art dramatique. Il a répondu avec fermeté que si un théâtre devait fermer ce ne serait pas l'Opéra-Comique mais bien le Théâtre National Populaire, dont le fiasco s'annonce sensationnel et hors de proportion avec l'importante subvention qui lui est allouée.

Il n'est nullement impossible qu'après Jean Meyer, Jean Vilar s'aperçoive à son tour que M. André Marie a des opinions personnelles et de la suite dans les idées. Ce n'est un secret pour personne que M. André Marie n'a apprécié aucun des spectacles de Jean Vilar, pas même Le Cid. *Il suit, de plus, l'évolution des recettes au jour le jour et estime que la moyenne, qui oscille autour de 80 000 francs, est absolument insuffisante pour une salle de la grandeur du Palais de Chaillot.*

« JUSQU'AU BOUT »

C'est le secret de Polichinelle que Jean Vilar a été nommé au Palais de Chaillot sur l'initiative de Mademoiselle Jeanne Laurent dont il a toujours été le protégé. Il est donc très probable que les hostilités vont s'élargir et qu'à propos de cette affaire d'économies, M. André Marie voudra enfin briser toutes les résistances qui, depuis son retour à l'Éducation Nationale, brident tenacement son autorité. Le succès que le ministre vient de remporter à propos de Jean Meyer est significatif, et certains de ses proches estiment que cette fois il paraît être décidé à aller « jusqu'au bout ».

Le contrat de Jean Vilar au T.N.P. est annuel. S'il n'était pas renouvelé on reviendrait à une simple exploitation commerciale du Palais de Chaillot, dont les revenus assez importants s'ajoutent actuellement à la subvention de Jean Vilar.

La réunion administrative prévue pour le 5 juin, à l'Éducation Nationale, décidera du sort de Jean Vilar. Deux thèses s'affronteront : fermeture totale du T.N.P. et économies immédiates, ou bien réduction générale des temps d'exploitation de tous les centres dramatiques et du T.N.P. afin de parvenir aux mêmes résultats.

La solution adoptée dépendra du climat qui régnera d'ici une semaine dans les bureaux. Ce climat est déjà très énervé et le torchon brûle à tous les étages.

(article non signé)

L'article de *Paris-Presse* d'hier est plus court. Mais il est gras. Je veux parler des caractères d'imprimerie. Le passage du conditionnel – du titre – à l'indicatif présent de la première phrase de l'article est intéressant. Et le dernier alinéa est venimeux : nous sommes des fripons. Voici le titre et l'article :

JEAN VILAR
QUITTERAIT
LE T.N.P.

Jean Vilar quitte le T.N.P.

Cette nouvelle court de bouche à oreille depuis deux jours dans les milieux de théâtre parisiens.

M. Antériou, directeur du cabinet du ministre des Beaux-Arts, que nous avons interrogé à ce sujet, s'est refusé à démentir ou à confirmer la rumeur.

Celle-ci, qu'il convient d'accueillir avec les réserves d'usage, fait état de certaines divergences de vues entre les Beaux-Arts et Jean

Vilar au sujet de la gestion administrative du Théâtre National Populaire.

Un des collaborateurs de Vilar aurait été mis en cause et serait entièrement couvert par son directeur.

(article non signé)

Décidément, ils sont têtus.

15-16 mai 1953

Ce matin, plusieurs journaux démentent la nouvelle.

D'autres la parent de quelques fleurs de politesse ou indiquent mon successeur (journal *Combat*). Ce serait A. M. Julien. En vérité, il y a bien d'autres candidats. Trois? quatre? cinq?

La meute attendra.

Téléphone d'Antériou [1]. Paraît assez contrarié par l'article d'hier soir *(Paris-Presse)* qui le met en cause. « J'ai téléphoné, me dit-il, à André Marie, puis au *Monde,* au *Figaro,* à *France-Soir,* afin de démentir votre départ. »

Lundi 18 mai 1953

Mémento :

1° – Chrystel d'O. a revu Parodi au sujet de l'affaire vénitienne.

2° – Léo Hamon – Me de Segogne.

3° – Les Avignonnais : un des frères de Cornu est établi à Avignon. Le docteur Bec, président du Comité du Festival,

1. Directeur du cabinet du secrétaire d'État aux Beaux-Arts, André Cornu. *(Note J. V.)*

me fait dire que ce frère de Cornu rendra visite à Antériou. Allons, bon!

Mercredi 15 juillet 1953 – Avignon

A 19 heures, j'apporte ma lettre de démission au maire, absent. (A 21 heures, ce même soir, création de *Don Juan* dans la Cour d'Honneur.)

Cette décision n'a aucun lien avec les histoires du T.N.P. La seule raison est : impossible de diriger une activité théâtrale s'il faut attendre toute décision d'un comité composé de « personnalités » dont chacun croit bon, à chaque fois, d'avoir à donner son avis.

L'an dernier, au cours de certaines soirées avignonnaises de *Lorenzaccio,* le pire a failli arriver. Intervention de la police devant la « boîte à sel » du contrôle assuré par les membres du comité, incompétents en la matière. Le T.N.P. et son administration et ses contrôleurs doivent seuls être maîtres de l'organisation ou je me retire.

Ma lettre au maire n'exprime pas cette alternative, le Conseil municipal étant au courant de mes différends avec le comité. La lettre annonce simplement mon départ.

Un double de cette lettre est envoyé au président du comité.

Le mot d'Aragon sur *Don Juan.*

La représentation terminée, j'ai rendez-vous avec Elsa Triolet et lui chez Hélène Cingria à Villeneuve-lès-Avignon.

Je dis à Aragon que j'éprouve de la gêne à claquer Piarrot le paysan.

Aragon surpris : « Pourquoi? Ce paysan mérite les claques que lui donne Don Juan. Dans cette histoire, le *libérateur* c'est Don Juan. »

TURBIGO 52-00
TURBIGO 96-80

Ce soir

GRAND QUOTIDIEN D'INFORMATION INDÉPENDANT
37, RUE DU LOUVRE, PARIS-2e

TÉLÉGRAMMES
SOIRNAL - PARIS

Excusez la dactylographie ! je ne m'en tirais pas autrement –

PARIS, le 20 Novembre 1951

Monsieur Jean VILAR

Cher Jean Vilar,

Je pouvais vivre avec une dette envers vous, mais pas avec deux. Ce que je vous devais tout d'abord c'était, depuis quelques mois, une réponse au mot que vous m'aviez envoyé touchant "Le Prince de Hombourg". Mais enfin qui ne dit mot consent. Mon absence de réponse signifiait : Bien sûr, je suis d'accord, prenez votre bien où vous le trouvez, cela ne valait même pas la peine de me le demander.

Mais depuis le dernier Week-End, je vous dois davantage. Je suis sorti du Cid, qui est le plus beau spectacle que j'aie jamais vu, dans un état d'enthousiasme qu'il faut bien que je vous dise. Et le lendemain, j'ai pris pour vous encore plus de sympathie après la représentation de La Mère Courage.

J'aimerais tout simplement que vous me considériez un peu comme votre ami.

Aragon
ARAGON

PS.

On me dit à l'instant que dans les journaux de ce matin il y a des plaisanteries concernant Elsa Triolet et moi-même, qui serions partis du restaurant de Suresnes en claquant les portes : premièrement, ce n'est pas dans nos moeurs deuxièmement c'est tout simplement faux. Il y avait beaucoup de monde quand nous sommes venus nous asseoir, les tables étaient pleines et nous avons été dîner un peu plus loin avec Fernand Léger. Je ne sais pas vraiment pourquoi je vous raconte cela, mais il pourrait vous arriver de croire ce qui est écrit dans les journaux,- ce qu'il ne faut jamais faire. Bien à vous.

A-

DIRECTION

4 décembre 1953 – Paris

Je propose, par lettre de ce jour, Pichette comme unique candidat du prix Del Duca, au jury dont avec Émile Henriot, Maurois, Kemp, Kanters je fais partie. « En raison de mon absence aux réunions de la Fondation je vous serais très reconnaissant de bien vouloir transmettre aux membres du jury mes sentiments quant à l'attribution du prix Del Duca 1953.

« Appelé à lire bien des manuscrits et hélas moins de romans que je ne le voudrais, je pense que l'œuvre d'Henry Pichette est de tout ce que j'ai lu celle qui me paraît la plus valable et la plus digne d'être encouragée... Connaissant bien la vie actuelle de Pichette, son désintéressement, sa volonté et, plus qu'on ne croit, son humilité devant la tâche, le montant de la bourse d'un million permettrait à un poète dans une situation très difficile de poursuivre cette conquête d'une forme moderne de la scène dont les rythmes expriment nos douleurs, nos joies, nos colères...

« Je serais heureux de faire valoir mes arguments en faveur de cette position, lors de la prochaine réunion du jury... »

Mercredi 16 décembre 1953 – Paris

Ce cahier-journal s'était glissé derrière des livres de ma bibliothèque, rue Franklin. D'où cette absence de notes depuis juillet dernier. Je le regrette. Bien des faits essentiels sont survenus depuis ce 15 juillet et plus particulièrement depuis le retour de nos représentations à l'étranger.

Du 7 au 9 septembre : Festival d'Édimbourg avec *Richard II* et *L'Avare* – Du 11 au 13 : Festival de Berlin, avec *La Mort de Danton* et *L'Avare* – Le 15, Wiesbaden, Munich le 16 et le 17 avec *Richard II* et *L'Avare,* Vienne (Autriche) le 19 et le 20 avec deux représentations de *Richard II* et une de *L'Avare.*

Ensuite – et malgré tout ! – Venise et Vicence avec *Richard II* (les 23, 24 et 25), Turin le 26 et le 27 (*Don Juan* joué à l'étranger avant d'être présenté à Paris; certains ne vont guère apprécier ce fait). Parme, Vérone et Milan, du 28 septembre au 4 octobre inclus, avec *Don Juan* et *L'Avare* – Grenoble, Villeurbanne (et non Lyon), Béziers, Nice, Toulon, Marseille, Montpellier, Carcassonne, Bordeaux du 6 octobre au 29 octobre. Nous jouons à Bordeaux ce 29 octobre en matinée pour les jeunes. Une heure après la représentation nous prenons le car pour Paris. Arrêt à Tours où nous couchons. Arrivée à Paris le 30 octobre, et le 4 novembre au soir, première reprise de *Lorenzaccio* à Chaillot (1 524 spectateurs), le lendemain jeudi en matinée (nombre de spectateurs : ?) et en soirée *Richard II* (2 700 spectateurs). Le lendemain vendredi toujours *Richard II* (2 900 spectateurs). Suis-je fatigué ? non. Et la saison Chaillot continue avec l'alternance des œuvres suivantes, histoires riches, longues et belles : *Richard II, La Mort de Danton, Lorenzaccio, Don Juan* (première à Paris le 7 décembre), dont c'est pour nous la 28e représentation et pour le public de Paris la première. L'équipe travaille bien et me paraît heureuse.

Deuxième entrevue avec Renée Faure cet après-midi. (Elle accepte toujours de jouer chez nous la Reine de *Ruy Blas*.)

Ensuite : entrevue avec Marie Bell. Le comité avignonnais lui offre la direction artistique du Festival. Très loyalement, elle vient m'en informer. Elle ajoute de sa belle voix ample et chaude : « Qui pourrait vous succéder ?

– Bah, il y aura toujours des candidats, ai-je répondu. Il y en a, il y en aura. »

Elle me parle de *Don Juan* ou de *Lorenzaccio,* je ne sais plus : « J'étais enthousiasmée par le spectacle et triste à la fois. Ceci, à la pensée que le Français ne joue plus de cette façon. » Ce qui n'est pas sans m'effrayer.

Voici dix jours nous avons choisi *Ruy Blas* comme pièce de rentrée à Chaillot, en février, le T.N.P. devant jouer au cours du mois de janvier à Gennevilliers, Villeneuve-le-Roi, Aulnay-sous-Bois, Choisy-le-Roy, Versailles, Tunis et au cirque d'Amiens : *Don Juan* et *Le Prince de Hombourg*. (A Amiens, *Richard II*.)

Pour les week-ends de Noël et du Jour de l'An, 1 300 billets vendus dont 300 par téléphone. Hier, réunion à Chaillot de toutes les associations culturelles qui travaillent avec nous. La maison fonctionne bien. Cinq salles ont été louées en « avant-première » par les groupements culturels pour les représentations de *Don Juan,* les 7, 9, 10, 11 et 14 derniers. Je ne sais quelle bonne et familière chance m'aide dans l'ensemble. A 15 ans, à 20 ans, rêveries et distractions de tous ordres. J'ai emporté avec moi à Paris tous ces songes. Ils ne me quittent pas. M'ont-ils jamais abandonné? Ils sont toujours présents à certaines heures et me contraignent à une halte au cœur de cette vie active, vive, objective, multiple. Est-ce que je ne rêve pas que j'agis? Cependant, depuis des années, depuis toujours peut-être, aux pires heures, une sorte de confiance dans l'enchaînement des choses et des événements, quels qu'ils soient, m'a toujours soutenu. (J'allais écrire : m'a toujours habité.) Confiance en la vie, oui. Et à l'égard des uns et des autres, certains fussent-ils des salauds.

Extrait d'une lettre d'une spectatrice de *Don Juan :* « Devant moi, au foyer, deux jeunes filles disent : " Il prend un escabeau, éclaire un projecteur et la scène se transforme en Palais. " »

Vendredi 18 décembre 1953

Vu hier pour la première fois Pierre Descaves. Le rendez-vous a lieu dans son bureau de la Comédie-Française. Je lui parle du projet Renée Faure.

Aujourd'hui, élection-deuxième journée président de la République : on m'assure qu'André Cornu est candidat.

Henry Bordeaux, ce matin, dans mon bureau. Il m'apporte un *Mystère de Saint Louis*.

Hier au soir, Anouilh dans la salle. Puis, dans ma loge. Il me dit ne pas avoir oublié mes pauvres représentations de *Don Juan* au Théâtre La Bruyère en mai-juin 1944. Et comme je critique assez vivement ces représentations d'autrefois, il m'arrête et les défend. Je crois comprendre – mais je viens de jouer et je suis un peu « ailleurs » – qu'il préfère ce *Don Juan* de 1944 à celui d'aujourd'hui.

Lassitude, lassitude. J'éprouve cela à chaque fois que je dois jouer *Richard* dans la soirée. A la réflexion, un homme qui interprète le soir ce type de personnage « out of joints » peut-il diriger *raisonnablement* une maison dans la journée? Je vais céder le rôle à Philipe.

Samedi 19 décembre 1953

Si Renée Faure ne peut pas interpréter chez nous la Reine de *Ruy Blas* en raison de ses « obligations » de sociétaire de la Comédie-Française, pourquoi pas *Nicomède?* Gérard jouant Nicomède, Marie Bell (ou de Bray?) jouant Arsinoé, Wilson Prusias et Toto interprétant Flaminius.

Ai envoyé hier lettre à Cornu : « Mon contrat de trois ans avec l'État se terminant le 1er septembre prochain, suis prêt à renouveler ce contrat et à poursuivre ma tâche..., etc. » (Copie envoyée à André Marie et à Jaujard.)

La répétition générale – à Paris – de *Don Juan* devant la presse a eu lieu le 13 dans la soirée, nous avons joué l'œuvre le 14, le 17 en matinée et en soirée et le secrétariat m'informe qu'aucun journaliste du *Figaro* n'a assisté au spectacle.

Projet pour la Comédie-Française.

Et d'abord, vous ôterez statues, tableaux et bancs dans les couloirs.

Ensuite, vous abandonnerez l'Odéon. Le théâtre contemporain a besoin de cette salle de bonnes dimensions. Laissez-la aux auteurs vivants. Et qu'un directeur de la nouvelle génération dirige ce théâtre (Barrault ou Mercure ou..., etc.).

Lundi 21 décembre 1953

Dans quelques instants il me faut recevoir un conseiller à la Cour des Comptes : de Shillaz. Le tiers de mon activité, de mon temps est pris par ces enquêtes, sur-enquêtes, post-enquêtes que l'État impose à ses propres théâtres. Après l'inspecteur Lagrenée, Ebner. Après Ebner, de Shillaz.
Après de Shillaz, demain re-Ebner?
Heureusement, ce soir, *Don Juan*.

Mardi 22 décembre 1953

Oui, re-Ebner.

Relisant ce journal, ce mémento, je me dis que je suis encore trop vif, que j'ai tort de ne pas savoir me résoudre volontiers à l'indifférence. Oui, être attentif mais indifférent. Et, aussi bien, oublier.

Cependant il est des blessures en quelque sorte morales dont la sensation douloureuse, fût-elle à certaines heures légère et imperceptible, ne s'apaise jamais absolument. On est là certain soir seul avec cet autre soi-même qui est la douleur et le dialogue s'engage. Comment oublier et faut-il oublier?

« L'empire appartient aux flegmatiques. » Mais quel empire? Et à quel prix? Et sur qui? Et sur quoi?

Autre chose.

Certains qui hier nous attaquaient ou doutaient de nous, de nos capacités, témoignent désormais de beaucoup de sollicitude. Ou du moins y inclinent.

Suis toujours en procès avec *Paris-Presse*.

Je pars tout à l'heure pour Dijon avec Demangeat.

L'autre mardi, jour de relâche, j'étais à Rouen. Mardi prochain, je passerai douze heures à Marseille. Entre-temps je joue tous les soirs. Soit le rôle de Don Juan, soit le cardinal Cibo dans *Lorenzaccio,* soit le rôle de Richard II. Ai-je vraiment une vie personnelle? Où se trouve Vilar? Quand je suis contraint de me regarder dans mon miroir d'acteur placé sur la table de ma loge, je n'ai ni le goût ni le temps de me regarder : je me maquille aussitôt. Ça fait du bien.

Cependant cette addition presque mécanique de gestes, de réflexions et d'actes est-ce action ou activisme?

Voilà longtemps que je me propose de rédiger un mémoire ou une sorte de monographie consignant les raisons de la nécessité d'un théâtre populaire permanent, *vingt-quatre heures sur vingt-quatre,* au sein du monde moderne. Des résultats désormais sont acquis. Mais les idées qui nous mènent sont-elles claires? Ce texte indiquerait les chemins nouveaux qu'il faudra bien un jour tracer. Cette recherche serait entreprise avec les groupements populaires. Directement. Je veux dire : sans intermédiaires. Cependant il faudrait dresser auparavant un plan de travail et de recherches de tous ordres pour les techniciens, les administratifs, les comédiens de la maison. Le temps! Le temps nous fait défaut.

Demander rendez-vous à de Bray, Marie Bell, Renée Faure, Casarès.

24 décembre 1953

Comme une bête retourne à sa tanière, une fois encore je reviens à cette idée qui n'a cessé de me soutenir jadis, dont je n'ai jamais cessé de rêver : une compagnie assez réduite de filles et de garçons solides, sans sotte humilité et sans orgueil, accrochés à la recherche, proscrivant de leur langage et de leur pensée la notion de génie ou de talent, travailleurs. Et, ordonnant la recherche : un patron [1].

Agir réduit à néant ce beau rêve.

Cependant, il faut à tout prix conserver dans une compagnie ceux qui ont du cœur. Ceux qui savent de quel prix est à certaines heures la tendresse. Ou l'affection. Ou le sens d'un regard furtif. Ce sont là des sentiments nécessaires à la pratique, je dis bien : à la pratique de ce métier. Il n'est pas une femme ou un homme de ma troupe qui ne m'ait inspiré un sentiment d'affection. Mais l'ai-je jamais exprimé vraiment? Je crains que la plupart n'aient jamais connu de moi qu'un visage aigre, un individu sur ses gardes, un regard distrait, un homme pressé. Et pourtant!

Avant-hier et hier dans la matinée, recherches de lieux scéniques en Bourgogne. Revu à Dijon la Cour de Bar, la Cour de la Préfecture (XVIIIe siècle). A 8 heures du matin, hier, départ pour Beaune (les Hospices), Clos-Vougeot, Savigny-lès-Beaune, Semur (Place de l'Église), Abbaye de Fontenay. Ah! le délicieux Château de Bussy (Rabutin). Rentrée à Paris à 20 heures. A 20 h 45 : Cibo dans *Lorenzaccio*. Ce soir, début du week-end de Noël. De nombreux provinciaux dans la salle.

Descaves a donné son accord de principe à Renée Faure.

Je compare nos recettes à celles de tous les théâtres nationaux : à notre avantage. Très nettement.

Samedi 26 décembre 1953

Résultats du week-end de Noël :
1° – le soir de Noël, *Lorenzaccio :* 864 000 francs
2° – l'après-midi du 25, concert de jazz : 955 200 francs

1. Voir illustrations.

3° – le soir du 25, *Don Juan* : 951 680 francs
Moyenne d'entrée des trois séances : 2 309 spectateurs.
L'année dernière, moyenne d'entrée du week-end de Noël : moins de 1 200 spectateurs!

Je m'étais trompé en écrivant il y a quelques jours que désormais l'« on » nous témoignait quelque sollicitude. Cette attention s'est traduite par la réduction des crédits.

Comme nous préparons une grande tournée nationale dans des lieux de plein air où l'on n'a jamais joué ou rarement (Normandie, Bourgogne, Midi de la France, c'est-à-dire Beaumesnil-Château, Rouen-Cour du Palais de Justice, Dijon-Cour de Bar, Savigny-Château, Marseille-Hôtel de Ville, Avignon, évidemment, Nice-Cimiez), je fais part de nos difficultés administratives au nouveau maire de Marseille, Gaston Defferre; à Médecin, maire de Nice; à l'adjoint au maire de Rouen. Rouvet soumettra à Gaston Defferre toute la documentation nécessaire.

D'autre part, Hébertot proteste contre notre venue en Normandie et le Centre Dramatique du Sud-Est s'effraie de nos représentations à Marseille et à Nice [1].

Cette plongée dans l'intrigue, ces bonheurs et ces salissures de la vie active, ces parades, ces attaques et ces feintes, ces silences de l'adversaire et ses brusques réveils, ce micmac d'une carrière politique me font rêver d'une vie de maquereau. Oui. Ceci afin de juger par moi-même jusqu'à quel point autrui peut devenir humble, serviable, salissable, jusqu'à quel point de corruption tel ou tel peut atteindre. Ou descendre.

Depuis deux ans mes rapports avec la politique et l'administration ne m'inspirent pas toujours de très nobles réflexions. Mais qu'est-ce qu'une réflexion noble?

1. Voir la lettre qui suit.

RÉPUBLIQUE FRANÇAISE

SECRÉTARIAT D'ÉTAT A L'ÉDUCATION NATIONALE

DIRECTION GÉNÉRALE DES ARTS ET DES LETTRES

reau des spectacles

JT/PF.

53-55, RUE SAINT-DOMINIQUE (VIIe)
INVALIDES 99-30

PARIS, LE 18 DECE 1953

Monsieur le Directeur,

Vous avez inscrit dans votre programme d'été un festival Corneille à Rouen.

M. Jacques HEBERTOT qui dirige officiellement le centre dramatique de Normandie depuis le mois d'octobre m'a fait savoir dans une lettre datée du 3 novembre qu'il avait fait le même projet.

D'autre part, vous devez donner des représentations de plein air dans le Midi de la France.

M. DOUKING, Directeur du centre dramatique du Sud-Est, a mis au point un programme de plein air.

Il me paraît raisonnable d'éviter que le Théâtre national populaire, qui dispose des moyens financiers les plus importants, fasse concurrence aux centres dramatiques qui poursuivent les mêmes buts culturels que lui. Je crois donc devoir vous recommander de vous concerter avec M. HEBERTOT et M. DOUKING de manière ~~à ce~~ que vos activités ne se contrarient pas.

Veuillez agréer, Monsieur le Directeur, l'assurance de ma considération très distinguée.

Monsieur le Directeur
du Théâtre national
populaire.

Le Directeur Général
des Arts et Lettres

J. JAUJARD

Arrivée
21-12-53 / 05

Dernier jour de l'année 1953

Sur ma table de travail, ce mot de Rouvet :

« Monsieur Vilar, j'ai une bonne annonce à vous faire. Toutes les factures (Rouvet souligne de trois traits " toutes ") reçues à ce jour 31 décembre ont été réglées. C'est la première fois que nous parvenons à ce résultat. Y compris bien sûr : impôts, taxes, Sécurité sociale, etc. »

Dans ce cahier-mémento, je transcris rarement et pour ainsi dire jamais de telles notes. Celle-ci et celle-là, après les avoir lues, relues à quelques jours de distance, font en définitive partie des Archives de la maison [1]. Cependant, c'est le dernier jour de l'année, on nous cherche toujours querelle, et cette note de Rouvet est agréable. La voici transcrite donc.

D'autre part, sur ma table de travail, je trouve le cadeau que me font et Rouvet et tous les administratifs de la maison : les *Mémoires* de Saint-Simon. Je feuillette, je lis vite. Dix lignes ici. Vingt lignes là. Je m'amuse et m'énerve à la fois. Je cherche la perle. La voici enfin : « La Reine disait de Madame de Montespan : " Cette pute me fera mourir. " » Mais c'était une bien belle pute. Voir tableau de Nicolas Mignard.

Week-end du Jour de l'An. Hier soir, 2 951 spectateurs *(Don Juan)*. Ce soir, *Le Prince de Hombourg* – inscrit au programme depuis deux ans ! – dépassera le chiffre de 2 800 spectateurs.

Sais-je prendre conscience des résultats, des résultats heureux ? Non. Je m'en fais le reproche et, aussi bien, je passe. A quoi bon s'arrêter ? Si je tiens, irrégulièrement d'ailleurs, ce mémento c'est parce que je n'ignore pas que la rédaction de ces lignes me contraint à la réflexion, affine la mémoire

1. Voir note de Jean Rouvet, annexes pp. 311-312.

et que, telles semaines et tels mois étant révolus, ces lignes mêmes me fourniront des chiffres, des faits, des preuves. Celles-ci rédigées, je ferme ce cahier-mémento et n'y songe plus.

A l'égard des sots ou des détracteurs, quelle attitude prendre? Vais-je dresser pour eux les beaux résultats de cette saison depuis septembre? Allons donc. Il faut passer. « Passer l'éponge et continuer », conclut le capitaine Edgar[1].

Je continue.

J'ai appris à aimer les choses qui passent. Le métier de comédien n'est fait que de choses insaisissables et fugitives. J'ai l'habitude.

L'éternité, cette connerie.

Samedi 2 janvier 1954

Résultats définitifs du week-end du Jour de l'An :

Don Juan, 2 951 spectateurs. *Hombourg,* 2 867 spectateurs.

Et cependant Chaillot contient moins de 2 800 sièges.

Début janvier – Cirque d'Amiens

Un quart d'heure avant de commencer *Don Juan,* Sorano malade. Coliques néphrétiques? Nous supprimons les représentations de *Don Juan* à Amiens (matinée et soirée du 7). Annonce au public. Loges glacées et odeur de purin. La face blême et tirée de Sorano, allongé sur un grabat. Ces quelques mètres carrés de terre battue, entourée de murs peints négligemment à la chaux. Peut-on penser, certains jours de représentations, que le théâtre est, pour nous comédiens, un divertissement?

Il souffrait. Silencieux. Ses pauvres regards. Je ne me souviens pas qu'il ait pu me dire un seul mot.

1. Derniers mots du capitaine dans *La Danse de mort* d'August Strindberg. *(Note J. V.)*

Le lendemain, 8 janvier, *Richard II*. C'est la dernière fois que je joue le rôle. Gérard l'interprétera à partir du 3 février prochain à Chaillot.

Samedi 9 : dans la nuit, retour à Paris. Je ne me couche pas et prends l'avion pour Marseille. Deux entrevues avec Gaston Defferre : préparation de « son » premier festival devant l'Hôtel de Ville.

Départ de Marseille le lendemain dimanche pour Tunis par bateau.

Mer agitée. Nous nous amusons sur le pont comme des gosses.

Du 11 au 19 janvier – Tunis

9 représentations (5 *Don Juan*, 4 *Hombourg*).

La salle comprend environ mille places. Prix populaires évidemment. Majorité d'indigènes dans le public. Ils exultent littéralement de joie aux balourdises de Sganarelle, aux querelles de Don Juan Piarrot, aux réflexions de Charlotte, en suivant la scène de Monsieur Dimanche Jean-Paul Moulinot.

Dans la journée, je me promène sur les terres où jadis Carthage...

Visite à Dougga, au Bardo, à Sidi Bou Saïd.

Cependant, à Paris, fréquentes visites de de Shillaz. J'en suis informé par notre Marionnet[1] qui le reçoit et lui fournit tous les documents et dossiers qu'il souhaite consulter. Rouvet décide de rentrer à Paris où il arrive le jeudi soir 15. Le rapport de de Shillaz serait terminé. Jaujard demande à me rencontrer dès mon retour de Tunis.

L'invraisemblable allocution d'un député au cours du souper offert par la Municipalité de Tunis aux artistes et techniciens du T.N.P. Il menace : « Cela ne se passera pas en Tunisie

1. Voir p. 11. *(Note J. V.)*

comme en Indochine. » Il menace toujours : « D'ailleurs en Indochine... etc. » Darras dont le frère est mort là-bas récemment baisse la tête. Je vois Monique Chaumette et Zanie Campan qui sont à la droite et à la gauche de Gérard lui tenir les poignets, lui parler à voix basse. Va-t-il se lever ? Vont-ils tous se lever, suivre Darras, Gérard... Je resterai. Je resterai à ma place, quoi qu'ils fassent.

A la sortie, lorsque nous nous trouvons tous sur le trottoir gras et humide, Gérard : « Pourquoi, Jean, ne t'es-tu pas levé ? Pourquoi n'es-tu pas parti ? Nous t'aurions tous suivi. »

Ai-je eu tort ?

Les 19, 20, 21 janvier 1954 – Paris

Deux jours de lit au retour de Tunis. Intoxication ou mauvaise conscience ?

Du samedi 23 au 31 janvier 1954

Don Juan à Versailles (2 représentations).

Don Juan et *Hombourg* à Choisy-le-Roi, à Aulnay-sous-Bois, à Villeneuve-le-Roi, à Gennevilliers.

Mardi 26 janvier : ai rendez-vous ce jour avec Jaujard.

En lisant le *Journal* de Vigny, Andrée tombe sur une savoureuse considération sur Don Juan, Oreste, Ajax. Je l'ai transcrite par ailleurs.

Dimanche 31 janvier 1954

Représentations de *Don Juan* et de *Hombourg* à Gennevilliers. Une cité de banlieue par jour. Semaine très dure pour les techniciens, électriciens et machinos en raison du froid (–15°) au cours des chargements nocturnes des camions, après les représentations. La seconde habilleuse n'est pas rentrée chez elle depuis cinq jours.

Les loges à Aulnay-sous-Bois et à Villeneuve-le-Roi sont ou étouffantes ou glacées. Dans tel théâtre, le réduit qui sert de loge, placé sous la scène, nous contraint au silence absolu. Ce réduit de 7 à 8 mètres carrés, occupé d'autre part par les tables de maquillage et par les panières des costumes, etc., nous sommes une douzaine à l'occuper. Les filles sont séparées de nous par un rideau. Je me cogne à des murs et à des plafonds bas pour parvenir jusqu'au plateau. Jeanne [1] a juste le temps de me brosser – ou plutôt de me donner des coups – avant d'entrer en scène (costume sombre du grand Électeur dans *Hombourg*). Je ricane. Jeanne se demande pourquoi. Du moins je crois le lire sur son visage. Je songe à ces cons qui jadis – et aujourd'hui encore peut-être – parlaient, parlent encore de la noble poussière des théâtres. Cela dit, le public est exemplaire : attentif, presque sérieux, il n'applaudit qu'à la fin des actes. A la différence de Chaillot, dont la salle est trop vaste, je le sens vivre et comme respirer. Non pas « communier ensemble » mais communiquer.

Note-mémento sur ma longue entrevue avec Jaujard et avec Coumet [2] le mardi 26 dernier. Trois thèmes de discussions :

1° – L'abattement de 12 millions sur ma subvention annuelle de 52 millions [3].

2° – Les rapports entre le ministère et le T.N.P. Ils souhaitent que ces rapports s'éclaircissent.

3° – Renouvellement assuré de mon contrat à partir du 1er septembre prochain, si je le souhaite.

1. Jeanne Allivellatore, habilleuse en chef du T.N.P. *(Note J. V.)*

2. Administrateur civil. Sous-directeur du Théâtre et de la Musique au Secrétariat des Beaux-Arts. A succédé à ce poste à Jeanne Laurent, « démissionnée » en octobre 1952. *(Note J. V.)*

3. Voir annexes pp. 313-315.

Quatre jours après, le samedi 30 janvier, je téléphone à Jaujard : « La presse me pose des questions sur cet abattement de 12 millions. » Réponse de J. : « Aidez le ministre et que la presse aide le ministre à rétablir ces 12 millions. » J. confirme le renouvellement de mon mandat à partir de septembre prochain. « J'en fais mon affaire », ajoute-t-il.

La voix est belle, assurée et le ton est éloquent. Soyons net : je suis séduit. Mais les 12 millions ! « Au voleur, au voleur, à l'assassin, au meurtrier ! Justice juste ciel ! Je suis perdu, je suis assassiné, on m'a coupé la gorge, on m'a dérobé mon argent. Perii ! Interii ! Obeidi ! Quo curram ? Quo non curram ? Tene, tene ! Quem ? Quis ? Nescio, nihil video, caecus eo !... »

N'ai pas encore trouvé de comédienne pour interpréter le rôle de la Reine *(Ruy Blas)* que nous présenterons dans 22 jours. Trop occupé par ailleurs. Caecus eo. Oui, je vais comme un aveugle. Cependant Sorano me confirme que la Comédie-Française a joint son impresario : « Sorano accepterait-il de venir chez nous ? » Ceci, au moment même où la Comédie-Française refuse à Renée Faure de jouer au T.N.P.

D'autre part, pourquoi ne pas m'informer de cette proposition ? N'ai-je pas, moi, tenu Descaves au courant de mon offre à Renée Faure ? Débauchage. Enfin ne savent-ils donc pas que notre compagnie est composée d'un nombre restreint de comédiens ? Que chacun, que chacune est ici indispensable ? Que nous refusons le système des doublures, trop facile moyen d'aller « cachetonner » ailleurs ! Sorano est l'unique interprète de cinq ou six rôles de premier plan dans des œuvres que nous jouons à longueur d'année. Cette attitude du « Français » m'écœure.

Je téléphone ce matin chez lui au doyen de la C.-F. Cette fois-ci la voix est trop noble pour que je sois séduit. J'y vais à mon tour de ma sonorité vocale la plus grave. Autre dialogue de sourds. Ou plutôt : nous savons d'emblée que l'un ne convaincra pas l'autre. Et nous bavardons. Et nous utilisons nos plus beaux registres, etc.

Cependant il m'apprend que Renée Faure est malade, qu'elle ne joue plus Marianne (*Les Caprices de Marianne,* de Musset), qu'elle affirme ne pas pouvoir reprendre le rôle de l'Infante de *La Reine Morte,* le 10 février prochain. « Vous m'interdisez de jouer dans le seul théâtre de Paris où un comédien du Français ait le droit [1] de donner des représentations. Pourquoi? Vilar cependant est prêt à adapter sa programmation à la vôtre. Je puis assurer donc mes services dans les deux théâtres. J'attends votre réponse. Vous ne voulez pas? Très bien. »

Entre eux et moi, entre professionnels, une explication était possible, se fût-elle terminée par un résultat négatif. Non, rien. C'est moi qui, à plusieurs reprises, ou bien téléphone, informe, pose des questions, ou bien rends visite. On ne m'oppose aucun argument. On élude. L'administrateur me renvoie au doyen, représentant du comité, lequel doyen me renvoie... me renvoie à quoi et à qui?

Bref, Renée Faure est malade, m'assure ce dernier. Comme je lui réponds que je connais un bon remède pour la remettre sur pied *immédiatement,* la belle voix me pose la question :

« Quel est ce remède, Monsieur le Directeur?

– Cela s'appelle " La Reine de Hugo ", Monsieur le Doyen. »

Mercredi 3 février 1954

Hier soir pour la première fois, Gérard dans le rôle de Richard II.

A chaque fois, je m'émerveille de ses dons, de cette grâce qui sait rester discrète, de cette technique si pure. Spectateur

1. Le Cahier des charges du T.N.P. stipule Article 31 que le directeur « peut en outre faire appel, avec l'accord des administrations des établissements intéressés, à des articles de la Comédie-Française ou de la Réunion des Théâtres Lyriques Nationaux ».

Voir annexes, p. 269.

perdu au milieu de cette immense assemblée, je regardais et j'écoutais.

Non sans inquiétude. A la lettre, ici et là, j'avais peur. Oui, peur. Pourtant est-il un comédien jouant sur ce monstrueux plateau qui m'ait jamais inspiré autant de confiance? Mais je connais trop bien le rôle; je le jouais encore il y a quinze jours. Attentif au moindre geste des uns et des autres – la mise en scène est nouvelle et a été conçue par Gérard – je revenais toujours à ce « roi des douleurs ». Jamais ne me fut plus évident que notre façon de servir un rôle est absolument différente. S'opposent absolument l'utilisation des moyens de chacun et, aussi bien, l'expérience des choses de la scène qu'avec le temps nous avons l'un et l'autre acquise. Enfin, là où il rit, je me laissais gagner par la peine. Il est attendrissant là où je passais en me moquant.

En définitive, ce drame est devenu pour moi hier au soir une autre œuvre. Je ne la reconnaissais plus et j'éprouvais ce sentiment assez étrange d'entendre un texte que je sais par cœur « sortir » à la fois d'un autre et de moi. Car à chaque phrase que là-bas sur le plateau prononçait ce nouveau Richard, jamais je n'oubliais ce que je faisais alors sur la scène. Chose bizarre, un certain fantôme venait se superposer à ce corps réel qui au loin sur le plateau allait et venait, s'asseyait, s'immobilisait, tombait avec le dernier mot. A me souvenir à ce point de ce que je faisais, faut-il donc en conclure que je conduisais le personnage plus que je ne l'étais?

Gérard, jouant tout à fait autrement ce magnifique rôle, troublait en définitive mon jugement, m'interdisait par ses trouvailles mêmes toute analyse utile et sérieuse de son jeu.

La représentation terminée, j'ai éprouvé un sentiment de vide extrême comme après un long et épuisant effort. (Mémento : Gérard savait son rôle par cœur dès la première répétition.)

Jeudi 4 février 1954

Depuis huit jours environ les journaux informent leurs lecteurs de notre « histoire ». Articles détaillés, précis, favorables. *Le Parisien Libéré, Le Monde* (lundi), *Arts, Le Canard enchaîné* (hier), *L'Aurore, Le Figaro, Franc-Tireur* (éditorial d'Albert Bayet), etc.

Je pressentais que cela allait dresser André Marie [1] contre nous. Eh! bien, oui. Il me fait appeler au téléphone. Par chance, je suis dans mon bureau. Avec Léon [2]. Nous parlons de *Ruy Blas*. « Jean, Jean, dis-moi, je t'en supplie, qui joue le rôle de la Reine? » Mais voici la voix du ministre. Monologue ininterrompu et vif. Ici et là, de l'humour. J'écoute. Pourrai-je caser une phrase? Je regarde Léon. Il rit. Il rit avec un bon gros plaisir qui éclaire son visage. Je raccroche. Il rit toujours. Puis : « La Reine, la Reine. Non, ne me parle pas du ministre! La Reine! »

Nous jouons *Ruy Blas* le 22 février, nous sommes le 4, nous n'avons pas encore commencé les répétitions. Hard-labour [3] à partir de lundi prochain.

Vendredi 5 février 1954

Déjeuner avec Albert Bayet au Royal Saint-Germain.

A 18 heures : dialogue avec les ouvriers et les employés des usines Renault dans leur local.

1. Le président André Marie, alors ministre de l'Éducation Nationale dans le gouvernement Joseph Laniel (juin 1953-juin 1954). *(Note J. V.)*

2. Léon Gischia. *(Note J. V.)*

3. Terme argotique qui signifie « réclusion avec travail disciplinaire ». Donc ici utilisation familière, dans le sens de « travaux forcés ».

Samedi 6 février 1954

A 11 heures, entrevue avec de Shillaz. La dernière.

Entrevue avec Édouard Daladier, nouveau maire d'Avignon, sujet : le Festival, le comité, mon retour. Cette seconde entrevue (la première avait eu lieu le 27 dernier) dure de 19 heures à 21 h 15. Rouvet présent. Conclusion : proposerons à Édouard Daladier par écrit un plan d'organisation du Festival. L'ancien système est dangereux. (Je rappelle les incidents au contrôle de juillet 1952 et, d'autre part, je conte l'histoire de ces Marseillais qui, ayant loué leur place, furent cependant refoulés et rejoignirent Marseille sans avoir vu la pièce. On ne s'improvise pas organisateur de spectacle, ni contrôleur, etc.)

Décide d'offrir le rôle de la Reine de *Ruy Blas* à Gaby Sylvia. Contrat proposé hier et signé dans les vingt-quatre heures, après deux lectures.

Hier, article de Devay dans *Paris-Presse*. Escarmouche d'arrière-garde.

Toujours le samedi 6 février 1954

Le conseiller à la Cour des Comptes, de Shillaz, a compris très clairement nos problèmes, ma situation, ma vie depuis ma nomination en quelque sorte abrupte il y a deux ans et demi. Je suppose qu'il lui est difficile d'admettre ce prélèvement de 9 millions [1]. Certes. Mais comment agir autrement? Je ne bénéficie d'aucun traitement de directeur du T.N.P. Je joue dans à peu près 180 représentations par an et il m'est interdit de prélever un salaire d'acteur, pour chacune de ces

1. Voir note p. 19.

représentations. D'autre part, en deux ans et demi, j'ai mis en scène *Mère Courage, Le Cid, L'Avare, Don Juan, Ruy Blas, Le Prince de Hombourg, La Mort de Danton, Richard II, Meurtre dans la cathédrale,* sans percevoir un seul centime. Je joue et ne suis pas payé. Je mets en scène et ne touche ni forfait ni pourcentage. En vérité, cette situation est anormale. Elle est contraire aux lois les plus élémentaires du travail. Le cahier des charges qui me contraint à cette situation, je l'ai signé en août-septembre 1951 faisant confiance à Jeanne Laurent, alors responsable administrative des théâtres nationaux. Au cours de mes entrevues avec elle à cette époque d'illusion lyrique, ô Malraux, elle assurait au garçon que j'étais, ignorant bien des choses et qui d'ailleurs ne souhaitait qu'à « foncer », que ce contrat avec l'État serait reconsidéré, qu'il ne fallait pas hésiter à signer aussitôt. (Je lui proposais en effet de prendre la direction de ce théâtre en février 1952 et non pas dans quinze jours, c'est-à-dire le 1er septembre 1951); que si j'attendais février 1952, les Finances supprimeraient tout bonnement à la fin de l'exercice 1951 les crédits accordés à ce théâtre alors appelé – ô sottise – Théâtre National du Palais de Chaillot et non pas Théâtre National Populaire. (Dès fin août 1951 j'ai demandé le rétablissement de ce label.)

Bref, j'acceptais. Le ministre-secrétaire d'État aux Beaux-Arts signait tout heureux son premier arrêté ministériel. Le ministre suivait les conseils de Jeanne Laurent. Le ministre était affable. Jaujard était tout sourire. Dans les rues de Paris, en ces semaines d'août, le soleil brillait. Jouvet subitement disparu, c'est sans tristesse aucune qu'en compagnie de Touchard et de Jeanne Laurent nous allâmes à ses obsèques, à Saint-Sulpice d'abord, puis au cimetière Montmartre. Touchard et Jeanne Laurent me conduisirent à Suresnes, à Fontenay-aux-Roses : premier coup d'œil sur les salles de fêtes de la banlieue. On retournait au ministère ou plutôt rue Saint-Dominique. Au couchant, à l'ouest de Paris, sur la colline, un bâtiment (comme on dit d'un navire) dressait sa masse. « Bien, me disais-je, voici la chance. Une fois de plus. »

Un an après, presque jour pour jour, Jeanne Laurent, Laurent la Magnifique, Laurent la Confiance, était affectée à un autre poste. Contre sa volonté[1].

Le cahier des charges, par contre, restait. Inchangé. Absurde en plusieurs de ses articles. Ceci, de l'avis même des quelques juristes auxquels nous l'avons soumis.

J'aurais pu ne pas jouer. C'était mon droit. J'ai joué et je joue toujours : pas de salaire. Je mets en scène : pas de forfait, aucun pourcentage. Si d'autres comédiens jouaient les rôles que j'interprète, réalisaient les mises en scène que j'assume, le T.N.P. évidemment payerait ces artistes. Alors je trônerais dans mon bureau, partirais en week-end, corrigerais les devoirs de Domi, Stef, Christophe, filerais à Pâques, veillerais à mes aises.

Nada. Le hard-labour[2]. Et comme récompense, une enquête administrative en plusieurs feuilletons qui, permanente, va sur ses trois ans d'existence. Nous étions, nous sommes encore suspects.

La patience, la chère patience. L'obstination. Poursuivre la tâche entreprise. Parce qu'on a quarante ans. Parce que céder impliquerait que l'on éprouve le sentiment de quelque faute. Parce que ce public que, jour après jour, nous avons groupé – ah, ce fut ingrat les premiers mois, la première année – me fait comprendre ou du moins entrevoir les problèmes sociaux. Lorsque je sors de scène, après les saluts; lorsque, arrivé dans ma loge, je me démaquille; lorsque les couloirs sont déserts et que je « fais surface » (nous travaillons huit à douze heures par jour par 25 mètres de fond, comme des mineurs ou des sous-mariniers), alors souvent une sorte de bonheur m'enivre un peu, me grise. Je ne regrette plus les théâtres de poche, les petites salles de soixante, cent, deux cents places. Non, je ne reprendrai plus *Orage* de Strindberg. Non, je ne jouerai plus *La Danse de mort*. J'ai comme un besoin

1. Voir en annexes le cahier des charges et une lettre de Jeanne Laurent, pp. 255-272 et pp. 283-284.
2. Voir note p. 55.

physique de ces vastes assemblées dont la majorité des spectateurs est composée d'hommes, de femmes et de jeunes dont les salaires – il suffit de dialoguer avec eux au cours des bals des week-ends pour en être assuré – sont parmi les moins élevés qui soient.

L'autre plaisir, c'est d'imaginer des perspectives nouvelles, d'inventer d'autres rapports que ceux du spectacle proprement dit.

Dialogues avec le public? Week-ends? Représentations de banlieue? Quoi encore?

Il faudrait s'éloigner de ce théâtre, pendant trois mois – et pas seulement le directeur – afin d'étudier, de reconsidérer tout.

Lundi 8 février 1954

Ce matin à 12 heures 15, entrevue avec Edgar Faure, ministre des Finances (auparavant je bavarde avec Jacques Duhamel)[1]. J'avais demandé ce rendez-vous car nous sommes toujours menacés d'un abattement de 12 millions.

Edgar Faure : « Les Beaux-Arts proposent aux Finances le budget de leur département. Ce n'est pas nous, ce n'est pas moi qui ai décidé de cette retenue sur votre subvention, de cet abattement. »

A 19 heures, André Marie. Vraiment la journée est politique. Cependant, ce soir je joue Don Juan. Je l'ai joué hier après-midi. Interlude politique donc entre deux louis d'or : « Va, va, je te le donne pour l'amour de l'humanité. » Ce n'est pas, hélas, un mot de ministre.

André Marie. Cocktail organisé par Théâtre et Université au 110, rue de Grenelle. On m'a conseillé d'y assister. Je vais donc à la Cour. Je bavarde avec l'un et avec l'autre. Silence, le ministre arrive. Il serre des mains, dit quelques mots à tel ou tel, puis presque aussitôt vient vers moi. Il parle haut.

1. Alors chef de Cabinet du ministre des Finances. *(Note J. V.)*

Tout le monde l'entend. « Je suis un fidèle du T.N.P.; je ne suis pas votre ennemi, etc. » (Voir la presse, certains journaux reproduisant certaines phrases du ministre.)

Mardi 9 février

Marie Bell. Rendez-vous dans mon bureau. Je l'informe du retournement du Comité du Festival d'Avignon. A l'unanimité, voici qu'il souhaite mon retour au bercail.

Sans que j'aie tenté la moindre action en ce sens, voici que je dispose le plus honnêtement du monde d'un très alerte service d'information et de renseignements. Je fais le tri évidemment et me garde de tout admettre. « Tel qui ne vous aime guère, me dit X..., et souhaite votre éviction reçoit régulièrement deux indicateurs de police. » Je ris. Et comme l'autre insiste, je songe à « Chichi-Fragi », truand « à la loyale », mon ami, deuxième classe comme moi à Hyères; à ces maquereaux bonasses qui, du temps où je vivotais au Théâtre de l'Atelier, m'invitèrent plusieurs fois à partager leur repas dans un petit restaurant désert de Montmartre. « Respect aux artistes » et ils levaient le verre.

Cependant, voici un mois sans répétitions, ou si peu. Quoi qu'il en soit, ces querelles étaient inévitables. Qui plus est, je les crois nécessaires. Peut-être même, faut-il les provoquer.

Mercredi 10 février 1954

Nos recettes sont toujours parmi les plus élevées des théâtres de Paris. Ceci, avec nos prix des places à tarifs populaires, maximum 400 francs; dans les autres théâtres, maximum : 1 000 et 1 200 francs.

Aujourd'hui, petite algarade avec Ivernel. Il m'aime bien, du moins je le crois; je l'aime bien. Mais il est vif et je suis surpris de ses reproches. Je les comprends mal. Sottement, je les prends de haut. Et que faire d'autre? En représailles, il décide sans avertissement de ne pas participer aux saluts. Gérard me surveille du coin de l'œil pendant que nous nous inclinons devant le public. Je m'embarrasse dans ma pourpre cardinale. Je crois lire un reproche dans ses regards. Je sors de scène, vexé.

Odyssée d'une subvention. La presse continue à donner des nouvelles de notre navire. On espère. On espère.

I know, Antonio
Is sad to think upon his merchandise.
Antonio
Believe me, no — I thank my fortune for it —
My ventures are not in one bottom trusted,
Nor to one place, nor is my whole state
Upon the fortune of this present year :
Therefor my merchandise makes not me sad.

(Je le sais, Antonio est triste de penser à son négoce)
Antonio — Non. Croyez-moi. Et j'en remercie ma chance. Mes risques ne sont pas confiés à une unique cale, ni à un seul port; ni ma fortune entière au seul hasard de la présente année [*« exercice »*, *traduirait un inspecteur des Finances*]. *Ce n'est donc point mon trafic qui m'attriste* [1].

(traduction de Jean Grosjean)

Déclaration du Secrétariat d'État : « Il n'a jamais été question... de ceci... et de cela. » Tiens, par exemple. Il n'a jamais été question de cet abattement de 12 millions sur la subvention accordée à ce théâtre national? Vraiment, il n'a jamais été question de me remplacer? N'ai-je pas été contraint, d'autre part, d'emprunter 8 à 9 millions, afin de restituer cet emprunt que j'avais fait à *ma* caisse, emprunt qu'aucun article de mon cahier des charges n'interdit?

1. Shakespeare, *Le Marchand de Venise,* acte I, scène 1.

Souper chez les Barrault, après le spectacle, hier soir. Présence de Madeleine, Léonard et Rouvet. Avons préparé les représentations d'*Hamlet* que Barrault doit donner à Chaillot pour le week-end que le T.N.P. organise pour Pâques – 18 avril. J.-L. B. est drôle, en bonne forme. Ses reparties nous enchantent, Rouvet et moi. S'il s'adresse de cette manière aux administratifs, ceux-ci ne doivent guère apprécier ce franc-parler.

Le renouvellement de mon contrat à partir du 1er septembre prochain doit être décidé dans quelques jours. En vérité si la colère des uns, si les intrigues de tels autres m'avaient chassé de ce théâtre, c'est avec plaisir que j'aurais retrouvé la liberté ancienne, la liberté. Ce même sentiment de délivrance je l'éprouvai jadis, autour de 1936, le jour où le directeur de Sainte-Barbe fut contraint de me signifier mon congé. (Chahut au quatrième étage dans les turnes des élèves préparant les grandes écoles. Inspection immédiate. On frappe à la porte du surveillant. Le surveillant est au théâtre de Dullin. Le directeur est obligé de sévir. Renvoi du « pion ».)

Au cours de ces journées donc et alors que le renouvellement du contrat est presque assuré, j'éprouve comme une nostalgie de ce qui est le destin même du comédien : l'attente d'une proposition, l'incertitude des projets, les promenades ou les conversations interminables avec tel ou tel dans un bistrot – écrivain de théâtre ou non, comédien, musicien, peintre, etc. Ah ! ce goût profond de l'aventure inconnue, de cette chose indéterminée que l'on discerne mal et qui cependant va vous saisir et vous conduire, quelque rétif que l'on soit ! Il faut avoir l'esprit d'agréer ce qui nous saisit.

Se lier une fois de plus pour trois ans, pour cinq ans ? A la sortie, 47 ans. Ce que ce corps peut accomplir de plus efficace et de plus assuré, voici que j'ai accepté de le consacrer une fois de plus à cet énorme vaisseau, à cet instrument ingrat, à cette quête d'un public populaire.

Cette délivrance à laquelle je songe, en vérité je ne la souhaite pas. La nostalgie de la liberté s'efface au contact de ces chaînes acceptées, de ces contraintes qui soumettent les caprices nocifs, imposent une discipline, vous unissent à une mission. Il faut savoir accepter à jamais, n'en doutons point, les résolutions que l'on a prises, ce oui qui pour longtemps vous engage et vous lie.

Exemple : Si une leçon peut être dégagée des mille et une actions de Don Juan, n'est-ce pas celle-ci : il est infidèle – « Quoi tu veux qu'on se lie au premier objet qui nous prend? » – il est parjure, déloyal, perfide, négligent, mais il n'est jamais frivole et jusqu'au dernier mot (« Ma main? La voici ») il est constant en sa mission.

Il faut bien que les personnages du théâtre soient au moins utiles à celui qui les joue.

Jeudi 11 février 1954

Le dégel. Ça fond de toute part.

Je ne déteste pas les pédés mais enfin quelques-uns me rendaient la vie impossible. Et Dieu sait, si à l'encontre de notre désinvolture, certains ne lâchent guère leur proie. Ils nous aiment autant qu'ils nous haïssent. En vérité, ils sont plus sentimentaux que nous.

Vendredi 12 février 1954

Apprenant que son journal est en procès – depuis environ un an – avec le T.N.P., le rédacteur en chef de *Paris-Presse* me fait appeler au téléphone. Finalement, j'ai au bout du fil l'ami Favalelli : « Jean, c'est invraisemblable. Nous apprenons l'existence de ce procès juste au moment où j'allais écrire un article sur vous, vos camarades, etc. »

Ma première réaction est de promettre l'arrêt de la procédure. Cependant je demande à réfléchir. Rendez-vous est pris avec le rédacteur en chef dans le bureau de notre avocat. Apprendrons-nous des choses intéressantes? Je m'aperçois, non sans amertume, qu'à mon tour, je ne sais pas oublier ou pardonner.

Coup de téléphone de Jean Serge. Même sujet que Favalelli : le procès *Paris-Presse* - T.N.P.

Ce matin, dans mon bureau, première rencontre avec le professeur Pautrier, président du Festival de Strasbourg, entouré de ses principaux collaborateurs. Un grand vieillard jovial, facétieux et cependant extrêmement poli. Des « mots » sur notre travail qui m'émeuvent. Je dois me défendre contre ce séducteur. Cependant, oui, nous irons jouer à Strasbourg, cet été.

A midi, au Sénat, rendez-vous avec Debû-Bridel.

A 18 heures, Parinaud.

Hier, jeudi, visite de Defferre. Je lui dis tout le plaisir que j'éprouve à revenir à Marseille, ville populaire par excellence. Son visage s'épanouit.

Demain, le rendez-vous chez Me de Segogne est renvoyé, Rouvet étant malade. Enfin, je tente de placer tous mes rendez-vous après la première de *Ruy Blas* (le 28 prochain) et n'y parviens pas toujours.

Note sur l'entrevue avec Debû-Bridel au Sénat. Sur sa demande. Je n'oublie pas son attaque contre nous, à la tribune du Sénat précisément, en décembre 1951, trois semaines à peine après nos premières représentations à Suresnes. Alors que nous faisions nos premiers pas [1]. Or, comme ce soir-là nous jouions *Le Cid* à Nuremberg, le rapporteur des Beaux-Arts au Conseil de la République lançait de la tribune entre autres phrases : « On sait qu'il y a entre les organisateurs pleins de talent (de ce théâtre)... et un certain parti politique des liens certains. » Seigneur, pourquoi ne pas dire tout bonnement le mensonge : Vilar inscrit au parti communiste ?

1. Voir annexes, « Lettre ouverte à M. Jacques Debû-Bridel », pp. 277-280.

Pourquoi ces : « organisateurs »? Car enfin, il n'est qu'un seul *responsable* du T.N.P. et c'est moi. Et pourquoi « un certain parti politique »? Ah, ce maccarthysme qui n'ose pas dire son nom.

Cependant, ce 12 février 1954, Debû-Bridel parle et ajoute :

« Il y a un an environ quand je me rendais au Secrétariat d'État aux Beaux-Arts pour m'informer, en tant que rapporteur, de l'activité et des projets des scènes nationales, si j'en venais à vous et à votre théâtre, on me répondait : " Ne vous occupez pas du T.N.P., Vilar sera liquidé d'ici un mois. " Comme je protestais et réclamais d'autant plus des informations, on m'assurait que l'étude que je ferais à votre sujet serait absolument inutile. Absolument inutile. Absolument. »

Il ajoute :

« A votre avis, qui a provoqué contre vous cette querelle? »

J'ai évité de répondre. S'il ne le sait pas, je ne le sais point. S'il le sait, pourquoi le lui dirais-je? En vérité, comme en toute affaire publique, le camp adverse est composé non pas d'un, de deux ou de trois ennemis mais d'une bonne compagnie de demoiselles, de dames et de garçons. Avec les semaines et les mois la compagnie augmente ses effectifs, grossit. La voici qui draine à sa suite des incertains, des bavards, des échotiers, des « à la recherche » d'une fille ou d'un adolescent, des faméliques, des lopes, de braves gens qui eux s'insurgent contre ces « communistes » du T.N.P., qui non seulement obéissent à Thorez mais encore volent l'État, etc.

Allais-je expliquer cela au conseiller de la République?

Je répète *Ruy Blas* cet après-midi et les questions auxquelles je dois répondre sont autrement pressantes. Gérard, inquiet, me supplie de ne m'occuper désormais de rien d'autre que de l'œuvre de Hugo. Hors de scène, quand je l'aborde, je ne sais plus lire sur son visage que reproches. Ce n'est pas très agréable.

Nous jouons dans dix jours. Nous répétons depuis huit. Or, il faudrait au moins quarante jours de travail. Il faut se rendre à l'évidence, j'ai très mal ordonné le plan conjugué des représentations et des répétitions. Mais ce théâtre dévore des cohortes entières de spectateurs. J'hésite à programmer soit une reprise *(Richard II)* plus de huit fois sur un mois, soit une œuvre créée l'an dernier *(Lorenzaccio)* et jouée plus de vingt-quatre fois sur deux mois. Compris les représentations données à Avignon, en banlieue, à l'étranger, à Paris enfin, *Don Juan* d'autre part en est à sa cinquante-huitième représentation.

Il faut hélas! à ce théâtre en cette année 1954 une pièce nouvelle chaque trois semaines. Malgré les publics et les heureux résultats financiers de *Lorenzaccio,* de *Richard II,* de *Don Juan,* du *Cid,* nous avons peine à rassasier ce théâtre-Minotaure. De guerre lasse, nous avons annoncé vingt-deux représentations du père Hugo sur une durée d'un mois.

Et demain, en matinée, première du *Médecin malgré lui.*

Les hebdomadaires, à leur tour, défendent l'existence de ce théâtre populaire, louent son activité depuis septembre 1951.

Il est près d'une heure du matin. Très bonne représentation de *Lorenzo,* ce soir. Créé à Avignon le 15 juillet 1952, nous en sommes à la 58ᵉ représentation – Darius Milhaud dans la salle. Douce paix du soir après la journée tracassière. Amusant ce gardien de nuit qui, toujours sérieux, le visage frais, rasé de près, veille à ma porte. Et il est armé, diable!

Samedi 13 février 1954

Notes sur le spectacle Darras (mise en scène du *Médecin malgré lui*) :

1° – Et d'abord le plateau de Chaillot « refuse » l'œuvre. Elle s'y perd.

2° – Le rideau de fond de scène : pourquoi gris? D'autre part, il est trop « à la face ». Les silhouettes, le jeu, les couleurs des costumes se détachent mal sur cette grisaille.

3° – Pourquoi ces jeux des valets de scène au début de l'œuvre? Pourquoi jouer avant que Molière ne joue?

4° – Le rythme des motifs musicaux, Maurice[1] n'est pas assez vif. Ça paresse.

5° – Pourquoi utiliser le plateau dans toute sa largeur?

6° – Pourquoi certaines scènes importantes sont-elles placées et perdues à l'extrême cour?

7° – Dans la scène de la consultation médicale, Sganarelle n'exprime aucune inquiétude. Crois-tu qu'il soit aussi sûr de lui? de son imbroglio? Ça n'est plus un dialogue. Le jeu est frivole et trop léger.

8° – Pourquoi tous ces « gags »? On ne voit plus que ça.

9° – Ce qui est grave, c'est le manque absolu de *réalisme* dans le jeu des acteurs. Ils « indiquent », ils ne jouent pas « vrai ». Faut jouer réel. Faut coller à l'objet, « s'accrocher » aux autres interprètes, enregistrer réellement les événements qui surviennent.

10° – Quelques défauts d'éclairage m'ont gêné. La densité lumineuse est légèrement plus forte sur les jambes des comédiens que sur leur visage.

11° – Trop de finesses. Le style de jeu n'est pas assez dru, net, dense. Ce qui provoque à peu près certainement cette articulation parfois indécise, le texte paraissant importer moins pour vous que les effets et les gags qu'il vous a inspirés. Laissez à Molière les effets. Ne l'accablez pas des vôtres.

12° – En définitive, il faut se rendre à l'évidence. Une comédie-farce est une œuvre extrêmement difficile à régler, à régir et à jouer du fait même que le « gros », « l'énorme », l'invraisemblable doit paraître vraisemblable.

Ce matin : coup de fil du sénateur Lamousse. Propose un rendez-vous pour nous entretenir ensuite avec Cornu du renouvellement de mon mandat.

Rouvet malade.

(Suite à la note-mémento sur le spectacle de Darras :)

Oui, je crois que dans la farce (je dis « je crois » car je n'ai

1. Maurice Jarre. *(Note J. V.)*

jamais régi une farce, *L'Avare* étant une grande comédie drôle, non une bouffonnerie) le comédien doit, je le répète, coller à l'objet, jouer réel, objectif. Ne pas se perdre – ou se faire valoir – dans les détails. Le « gag » dans Molière, c'est la réplique elle-même et rien d'autre, c'est-à-dire : son sens, sa drôlerie, le ton. Ajouter à cela est dangereux. Et putain. Certes, il ne faut pas mettre en scène « sec » et sans quelques inventions. Mais d'abord – et toujours – la réalité, la réalité, la réalité.

La réalité c'est aussi bien la présence des choses et l'existence des personnages-comédiens qui avec vous jouent sur le plateau. On n'est jamais trop sensible à cette présence et à cette existence.

Autrement, le jeu devient un ballet inutile, un exercice d'acteur jouant à fleur de peau.

Dimanche, 14 février 1954

Accompagnés par des amis, André Cornu et sa femme dans ma loge après la représentation du *Prince de Hombourg,* hier soir. Je n'avais pas été averti par les services du théâtre de leur présence dans la salle. Le ministre a dû se rendre directement à sa loge, sans passer par le contrôle.

Nous parlons de l'entrevue prévue pour demain lundi dans mon bureau avec le sénateur Lamousse.

Lundi 15 février 1954

Donc, entrevue à 11 h 30 avec Lamousse. Il m'annonce et confirme ce que Jaujard, puis Edgar Faure m'ont dit :

1° – Rétablissement du chiffre de la subvention, l'abattement des 12 millions étant annulé.

2° – Offre de renouvellement de mon contrat.

Comme j'ajoute que ce théâtre est encore démuni, après trois ans de travail permanent, de certains instruments ou appareils nécessaires à un fonctionnement normal, que des crédits d'équipement devraient être inscrits au budget et accordés à ce théâtre, il m'assure de son appui.

D'autre part, il me propose un rendez-vous rue de Valois avec le ministre demain mardi à 11 heures. J'accepte évidemment. Encore que je trouve le délai un peu court. D'autant plus que la raison fondamentale du rendez-vous concerne le Cahier des Charges, les obligations qui en résultent, les conséquences dont depuis près de trois ans nous connaissons les dangers et certaines obligations absurdes [1].

Devrais-je rappeler que ces prélèvements que je fais, que j'ai faits sur la caisse du T.N.P. sont inévitables du fait même que je n'ai droit de par la rédaction même de ce Cahier des Charges à aucun salaire d'acteur ? Qu'il m'est interdit de toucher des honoraires de mise en scène ?

Il me faudrait préparer mon dossier. Mais c'est impossible : je répète Hugo cet après-midi et je joue Cibo [2] ce soir.

(Je griffonne à la hâte quelques lignes.)

Mardi 16 février 1954

Entrevue banale.

« Les sentiments que j'éprouve pour votre théâtre, pour vous, sont excellents. Avez-vous donc vraiment pensé que je n'étais pas votre ami ? En vous nommant à la direction de cette scène nationale, n'ai-je pas signé mon premier arrêté ministériel ? etc. »

J'écoute et me laisse convaincre, doucement dorloté par ce ton obligeant, affable. Il a raison. Ce qu'il dit me paraît évident.

Cependant, l'aménité des propos, l'assurance de l'homme, ce visage ample et offert qu'encadrent de beaux cheveux blancs, ce sourire léger autour des paupières qu'il me faut

1. Voir en annexes les tractations pour le renouvellement du Cahier des Charges, pp. 320-327.

2. Le cardinal Cibo (*Lorenzaccio,* Musset). *(Note J. V.)*

aller chercher derrière d'assez fortes lunettes, tout cela me surprend. Ce n'est pas que j'éprouve quelque méfiance dans les propos qu'on m'adresse. Une seule chose me gêne et c'est moi. Oui, moi. A la vérité, si depuis plus de deux ans je me suis trompé à ce point en toute cette affaire, c'est qu'à la lettre je suis ou un pervers ou un malade, ou, plus exactement, un tordu. Alors, il faut me renvoyer.

Toutefois – mais je ne m'en rends pas compte sur-le-champ –, je m'initie au style et aux manières dont il faut user quand on souhaite tourner un obstacle ou bien abandonner une position devenue intenable sans donner cependant le soupçon à autrui que l'on s'en évade.

Écoutant ces propos qui ont la sonorité la plus juste, je songe au nombre incalculable d'esprits bizarres qui m'entourent. Je songe à Jean Rouvet, à notre conseil juridique, à Jeanne Laurent, à tel ou tel de mes collaborateurs, à tel ou tel de nos amis fidèles qui nous mettent en garde ou nous informent. Enfin me reviennent en mémoire les très récentes affirmations de Debû-Bridel.

Oui, il faut tous nous renvoyer. Il faut ruiner cet établissement populaire. Il faut disperser ces assemblées populaires de Chaillot, de la banlieue et de la province, il faut...

J'écoute. Ici et là je réponds. Le ministre se lève, je me lève, je sors. Et je rejoins Chaillot-la-prison :

Maison mystérieuse et propre aux tragédies.
Portes closes, volets barrés, un vrai cachot.
Dans ce charmant logis on entre par en haut.

(*Ruy Blas,* acte IV, scène II.)

Construire, bâtir. Peut-on édifier quelque chose de neuf, de moderne, une œuvre collective avec le concours, je veux dire de concert avec les politiques, les responsables de la cité? Que nous soyons courageux ou non, irascibles ou d'esprit posé, si nous entreprenons un ouvrage qui s'adresse à tous et ceci, sur proposition de l'État et avec ses deniers, alors le patron de l'œuvre créée, que ce soit plan d'urbanisme ou habitations pour tous ou bien théâtre populaire, a besoin non pas seulement de l'attention du responsable de la cité, autrement dit du ministre ou de l'administrateur civil mais plus encore de son affection.

Fraternité – ce qui est écrit sur les édifices publics – n'est pas un vain mot. Depuis que je dirige cette maison et encore que je paraisse à beaucoup un taciturne, ce mot a pris pour moi toute sa valeur. Cependant, j'ai joué le jeu contraire, j'ai joué le jeu incertain, vain, étranger à mes goûts les plus profonds, du citoyen contre le ou les pouvoirs.

Peut-on bâtir de compagnie ? Faut-il bâtir donc à l'encontre de ces pouvoirs ? Désormais, je réponds oui.

Mercredi 17 février 1954

Lassitude. « Désintérêt. » Répulsion à l'égard de la tâche quotidienne et des répétitions. Sensation d'être « out ». La compagnie travaille bien pourtant et l'esprit d'une discipline générale, familière, bon enfant habite chacun. Tous les services, ceux de l'administration comme ceux des techniques, tentent de rattraper le retard. Cependant ce mercredi 17, ai-je été utile, ai-je conduit, facilité les recherches ? Tout mon savoir consiste à oublier ou à cacher mes préoccupations. Rien n'y fait. Ne devrais-je pas éprouver pourtant quelque satisfaction d'aider à la naissance de ces personnages dont, gamin, j'ai tant rêvé, lisant l'œuvre à la lumière de la lampe à pétrole dans la cuisine, père et mère étant allés se coucher : les Casilda, les Guritan, les Don César de Bazan et ces ministres mêmes : « Donnez-moi l'arsenic, je vous cède les nègres » ?

La verve, la vivacité de l'inspiration, l'alexandrin maîtrisé, cette syntaxe qui se joue avec bonheur des contraintes de la rime donnent à l'œuvre dramatique, au thème politique aussi bien qu'à l'histoire des cœurs une efficacité particulière, un ton original et persuasif, une musique nouvelle.

Hugo a enfin réussi l'œuvre qu'il souhaitait écrire en

1830, alors que naissait la nouvelle école. Il ne doit rien à personne. Il ne doit plus rien à personne. Ni au Corneille du *Menteur* ou de *Cinna.* Ni à Molière dont il admirait tant les vers de *L'Étourdi.*

Ruy Blas est de 1838. Sur le trône : Louis-Philippe.

Sur les scènes parisiennes : de pâles écrivains. Quelle colère soulève donc ce Hugo de 36 ans? Cette satire sans pitié des ministres d'un certain roi d'Espagne lui fut-elle inspirée par les malversations des hauts responsables de son temps? Presque tout l'acte III a un accent *moderne.* On oublie à l'entendre que l'œuvre est un drame historique. L'alexandrin devient une arme.

Toujours mercredi 17 février 1954 (première de **Ruy Blas** *le 23 février)*

Wilson, merveilleux Guritan.

Hier, Gérard a à demi joué, à demi indiqué tout son troisième acte. Ne paraissant jamais aller à la recherche de l'émotion, obéissant au chant profond du poème sans cependant se laisser gagner par celui-ci, éclairant ou l'idée ou le thème ou tel vers, sans heurts, sans faux effets (ô merci), il respectait ainsi – le savait-il? – le style aisé, que celui-ci s'envole ou retourne aux réalités, du poète.

L'interprète, indiquant donc plus que jouant, était beau. De cette beauté qu'accorde au visage, à la taille et aux gestes d'un comédien doué une interprétation débarrassée des appoggiatures trop personnelles et qui, confiant et fidèle, se laisse guider par les vertus, par l'humanité et par les bonheurs d'un texte inspiré (cependant au cours de ces quatre derniers jours il a joué les rôles de Hombourg, Richard II, Lorenzaccio).

Un mois avant la première, près de trente mille membres des groupements populaires ont loué leurs places. Ni *Lorenzaccio,* ni *Le Cid,* ni *Don Juan* n'ont provoqué ce petit raz de marée. Cher Hugo.

Il est vrai que nos moyens d'information à l'égard de ces associations étaient jusqu'ici incertains. Ces groupements populaires hésitaient à nous suivre. Aussi bien nous bénéficions aujourd'hui de ces représentations que nous avons données régulièrement dans la difficile et ingrate banlieue; nous bénéficions de ces dialogues avec le public; enfin chacun de nous, à son poste, a plus d'expérience. Hugo, inscrit en cette troisième année de défrichement, vient à son heure.

Ne pas oublier que c'est Aragon qui, l'an dernier, m'ayant murmuré au cours d'un entretien chez lui : « Et *Ruy Blas?*, etc. », m'avait en quelque sorte suggéré de relire et de présenter l'œuvre. Il avait doucement insisté lisant dans mes yeux, je suppose, un certain étonnement, une certaine crainte. (Quoi, jouer une pièce de Hugo? C'est pas sérieux.)

Au cours des répétitions, écoutant donc ce *Ruy Blas* et laissant aller sans l'arrêter telle ou telle scène, l'œuvre s'attache à moi, m'agrippe, ne me lâche pas. Ah! oui, combien il serait désastreux de jouer à l'épate, de « miroboler » ce texte, de le dire en débit-fleuve.

Il faut découvrir le mouvement naturel des humeurs du poète qu'expriment et le sens et les cadences. Il faut prendre soutien sans l'écraser sur le rythme et voici que le cœur toujours présent de Hugo fait son office.

Samedi 20 février 1954

Tous ces matins, à partir de 10 h 30, répétitions avec Gaby Sylvia [1].

Plus comédien peut-être que technicien, j'ai trop tendance à oublier ces folles et multiples tâches des derniers jours. On ne les prévoit jamais suffisamment. Cependant, en pré-

1. Voir annexes p. 317.

vision de ces journées chargées ou obsédantes, j'avais tout aussitôt offert le rôle de Don Salluste à Jean Deschamps. (En vérité, j'aurais aimé interpréter le rôle.)

Donc, avant même les premières répétitions il faut indiquer et afficher au tableau de service *l'emploi du temps* des 7 ou 8 dernières journées de travail qui précèdent la première représentation. Sur ces feuillets affichés, il faut détailler l'emploi du temps non seulement de chacune de ces journées mais encore noter qu'au cours de telle répétition telles et telles choses seront exécutées et rien d'autre. En vérité, c'est revenir ainsi aux vieilles formules des usines théâtrales, celles que j'avais appris à mépriser au contact de Dullin. Ce carcan horaire tue toute invention et il m'a toujours paru que Dullin n'en voulait pas. Mais Chaillot n'est pas l'Atelier, hélas ! ni le Sarah-Bernhardt. C'est un ensemble industriel où je tente d'imposer les méthodes artisanales. Céderai-je ?

L'ami Favalelli a vu Rouvet à Chaillot jeudi dernier. (Affaire *Paris-Presse*.)

Lundi 22 février 1954

Au cours de la répétition du soir et les photographes étant admis dans la salle, éclat vif et subit de Gérard à l'égard du photographe de *Paris-Presse* (ceci au beau milieu d'une réplique).

D'autre part : rappeler une fois de plus à toutes et à tous que l'accès des répétitions est interdit à toute personne, quelle qu'elle soit, qui ne fait pas partie de la maison. Interdire l'accès à nos répétitions des épouses, époux, parents des artistes.

Mercredi 24 février 1954

Hier, première représentation. Salle composée uniquement des membres des groupements populaires. Le public a admirablement joué sa partie. Au cours des dernières heures de travail je craignais le pire.

Cependant ils rient en entendant certains apartés au cours de la première rencontre de la Reine et de Ruy Blas du second acte :

R. B. (à part) :
Où suis-je? – qu'elle est belle – Oh! pourquoi suis-je ici?
LA REINE (à part) :
C'est un secours du ciel...

et beaucoup plus loin :

R. B. (à part) :
C'est la femme d'un autre! ô jalousie affreuse
Et de qui! Dans mon cœur un abîme se creuse.

Ce n'est évidemment pas du meilleur Hugo. Cela sent son école et le système. Rester attaché à un système – littéraire, philosophique ou autre –, est toujours un risque sur une scène, carrefour de vérités, de contradictions et de faits que rien ne peut jamais expliquer. Ils rient donc. Et franchement. Écoutant et suivant le spectacle du redan des coulisses, j'éprouve comme une humiliation. Pincement au cœur.

Chose surprenante et que j'allais oublier de noter : ils applaudissent dès le lever du rideau le décor du deuxième acte, décor fait de riens : d'un châssis à trois ouvertures sans aucun enjolivement, de trois marches, d'un prie-Dieu, d'un fauteuil. En quelque sorte, rien ou si peu. Mais il y a les éclairages. Mais il y a les costumes de Léon.

A entendre les applaudissements, je suis à la fois irrité et heureux. En vérité, il n'y a pas de décor.

Bref, tout au long du spectacle, j'ai l'impression d'assister à un match de « foot » où, spectateur obscur, je compterais les avantages, protesterais contre les coups francs, tremblerais, me réjouirais, m'épuiserais.

La découpe du châssis et des trois portes dans ce même châssis de fond, exécutée par Camille Demangeat, de par le rapport même des mesures est parfait. Avec l'équipe technique dont dispose actuellement le T.N.P. il nous serait évidemment extrêmement aisé de séduire les uns et les autres par la construction de décors. Ce à quoi nous nous refusons. D'où ma surprise, faite à la fois de colère rentrée et de contentement, en entendant le bruit de ces paumes qui se heurtent à plaisir.

Est-ce que cette œuvre supporte qu'on la cerne de musiques d'un acte à l'autre? Je réponds oui, je réponds non. Cependant Hugo indique par la bouche de Casilda :

Ce sont les lavandières
Qui passent en chantant, là-bas, dans les bruyères.

et plus loin, la Reine :

Le beau soleil couchant qui remplit les vallons,
La poudre d'or du soir qui monte sur la route,
Les lointaines chansons que toute oreille écoute
N'existent plus pour moi, j'ai dit au monde adieu.

(Déjà le ton des *Contemplations.* A quelque chose près.) Le chant du regret, de la douleur surmontée mais jamais maîtrisée. Celui, mélancolique et grave qui, un an après le drame de Villequier, s'élèvera sans heurts et sans cris inutiles, mezza-voce :

Demain, à l'heure où blanchit la campagne
Je partirai. Vois-tu je sais que tu m'attends
Etc.
Je ne sais demeurer loin de toi plus longtemps...

Le savoir-faire précède toujours, longtemps à l'avance parfois, l'explosion des sentiments provoquée par l'événement majeur et inattendu. La douleur vraie, indéracinable ne fait alors qu'épurer la technique et légitimer sa nécessité.

Écoutant donc Hugo, je songe à Rostand et à tous les cascadeurs de la rime et du rythme, qui tenteront par la suite de retrouver ce ton simple et ces musiques à la fois savantes et populaires.

Dans cette obscurité des coulisses que troublent à peine les éclairages du plateau, j'éprouve un sentiment de tendresse profond et plein pour ce poète que j'avais oublié, dont mon père m'apprenait les « Waterloo, Waterloo, Waterloo morne plaine » à un âge où je savais à peine lire. J'en oublie de temps à autre ce qui a lieu sur la scène. J'oublie les camarades qui, sans surcharge aucune, à la fois hauts en couleur et naturels, jouent juste. Et notamment : Wilson, Riquier, Moulinot, Sorano, Mona Dol, Noiret... et tous « mes » ministres.

Ici et là, certains autres jouent à ras de terre, jouent « vrai ». Les têtus. Pas de vain lyrisme, certes. Cependant doit être proscrit le ton de tous les jours. Hic jacet lupus, je veux dire la contradiction.

Ici et là, je discerne à travers son jeu la fatigue de Gérard provoquée par cette dernière semaine de labeur incessant. Je suis un criminel. Les trois ou quatre dernières répétitions ont été enchaînées de trop près l'une à l'autre. Dès cette première représentation, il est cependant émouvant au cours de certaines scènes; cependant je ne retrouve pas le bonheur d'interprétation de l'après-midi du 17 février dernier. Ces premières représentations sont toujours cruelles.

Travail de nuit pour les menuisiers au cours de cette dernière semaine. Le fait de toucher des heures supplémentaires de nuit – donc au tarif le plus élevé – ne les satisfait pas tellement, me semble-t-il. Certains aiment fignoler leur tâche. Les machinistes n'aiment pas être des *machines*. Comment ne pas admettre qu'ils ont raison?

C'est bien la première fois que je prends note aussi longuement d'un spectacle. En général, lorsque le travail scénique me saisit, alors « noter » ne me vient pas à l'esprit. Particulièrement lorsque je joue, cherche un personnage, apprends un texte.

Cependant, nécessité de ce journal-mémento. De ce mémento. Fût-il tenu très irrégulièrement. Telle phrase rédigée en hâte, à l'emporte-pièce, à pied, en voiture, en car ou en avion – ou dans le train – me rappelle presque en son entier, banale ou non, l'histoire qui l'a provoquée.

Il faut donc s'imposer de « noter ».

De rage, je m'en prends non à un comédien en retard mais à ma meilleure pipe et devant tous j'écrase celle-ci contre un fauteuil. Je ne fais que perdre ainsi un objet précieux. Ces actes vains sont dérisoires. Et ils témoignent de la plus naturelle et de la plus bête impulsion.

Le soir, chez moi, rue Franklin, l'absence de l'objet choyé et serviable entretient ma colère. Lorsqu'on est surpris par l'événement, le premier mouvement n'est pas nécessairement le bon.

Mardi 2 mars 1954

Je n'ai pas éprouvé le besoin ni le goût de noter ici au cours de ces derniers jours la conclusion aux querelles et aux combats publics de ces deux dernières années.

Notons ceci cependant. C'est par les journaux que j'ai appris le renouvellement de mon contrat. On informe d'abord très officiellement la presse et par écrit. Parce qu'on la craint. Ensuite on informe l'intéressé. Par téléphone, s'il vous plaît. C'est Coumet qui me l'annonce. Je ne remercie pas.

Invraisemblable cheminement des choses officielles. Passons.

Camille Demangeat lassé, écœuré, du moins je le suppose, par l'emploi du temps absurde de ces derniers mois, m'annonce par lettre sa démission. Il restera, indique-t-il, jusqu'au 1er septembre prochain. Il ajoute : « Les raisons de ce départ sont strictement personnelles. »

Il n'est pas agréable d'apprendre ce genre de nouvelle. Il

m'avait averti de cette décision, voilà cinq ou six jours. Il me disait alors ne pas pouvoir s'habituer à travailler avec des brigades trop nombreuses. Il préfère les équipes artisanales, composées seulement de quatre ou cinq machines ou menuisiers, bref les équipes réduites des scènes évidemment moins vastes que celle de Chaillot. Si c'est là la vraie raison de ce départ, alors nous différons totalement en ce qui concerne le fonctionnement et le rôle *actuels* du théâtre. J'ai trop de reconnaissance envers Camille pour ne pas souhaiter que cet ancien collaborateur de Jouvet admette un jour l'aspect anachronique, le rôle désormais inefficace de ces théâtres de chambre où l'ouvrier et l'artiste et le technicien fignolent à perte de temps la chose qu'ils aiment. Les vrais problèmes du théâtre moderne, aujourd'hui et pour longtemps, sont posés ici chez nous, quelle que soit l'incertitude de notre réponse et *au moment même où nous doutons de notre aptitude à savoir les résoudre.* Impuissance passagère ne signifie pas erreur. Car nous sommes impuissants, oui, à résoudre tous les problèmes qui se posent à un théâtre social, à un théâtre politique, à un théâtre populaire, à un théâtre de masse en butte d'autre part à tant d'intérêts contraires ou ennemis. N'allons-nous pas à contre-courant de l'actuelle société?

Je m'emporte. C'est que ce départ de Camille m'afflige. L'équipe, tous les services et moi-même avions encore un besoin permanent de son savoir, de son expérience, de sa dextérité aussi bien. Mais que faire! La résolution est prise. Vais-je prier ceux qui ont résolu de s'éloigner, de rester malgré tout? Avec chacun de ceux qui sont indispensables à cette maison, le destin c'est aussi bien l'heureuse et inattendue rencontre de jadis que le départ d'aujourd'hui ou de demain. Camille a décidé de partir. Camille partira donc.

Autre nouvelle grave. Léon [1]. Aucune nouvelle de lui depuis sept jours. Pour la première fois depuis... depuis toujours, il n'assiste pas à la répétition générale du 26 février. Jean Rou-

1. Léon Gischia. *(Note J. V.)*

vet, que je vais voir le soir dans son bureau, comme à l'accoutumée, me tend, silencieux, une lettre. Je reconnais l'écriture de Léon. La lettre est adressée à Rouvet. « ... les décors de *Ruy Blas* ont été exécutés sous ma direction et je tiens à en assurer l'entière responsabilité... » J'avais fait libeller ainsi l'affiche et les formulaires d'information : « Costumes de Léon Gischia, dispositif scénique de Camille Demangeat. »

Erreur de ma part? Oui, peut-être. Cependant, dans cette association permanente des tâches des uns et des autres qui, chez nous, est comme la marque originale, très particulière de notre méthode; dans cette union « un peintre-un constructeur », il m'apparaissait normal – cela avait été déjà fait pour *Don Juan* – d'attribuer les costumes au peintre, le dispositif au constructeur.

Le ton de la lettre est sévère. Cette nouvelle me préoccupe à ce point que j'écoute mal ce que me dit Rouvet. Je suis déconcerté par le moyen « administratif » qu'emploie Léon. Ai-je à ce point commis une erreur? C'est la première fois qu'entre lui et moi, officiellement en quelque sorte, sur le plan de la tâche commune, naît un tel divorce. A-t-il tort? A-t-il raison? Ce n'est pas seulement l'amitié – d'aîné à cadet – qui nous lie depuis plus de dix ans qui est remise en cause, c'est le fonctionnement même de l'équipe technique (le peintre Gischia, le constructeur Demangeat, l'éclairagiste Saveron, le musicien Jarre, le metteur en scène) dont les usages sont à reconsidérer[1]. Sur le coup, c'est cette révision qui me paraît impossible. Aurions-nous réalisé *Ruy Blas* en si peu de temps, si l'équipe technique et le peintre n'avaient travaillé selon ces usages éprouvés, nés de la confiance de chacun dans le savoir de l'autre?

Ça craque.

Camille s'en va, je reçois une mise en demeure de Léon. Vais-je recevoir de quelque autre l'avis d'une obligation à respecter? l'annonce d'un départ?

1. Voir en annexes un texte de Léon Gischia, « Notes d'un peintre en marge des spectacles d'Avignon », pp. 307-308. Voir également les illustrations.

Or, je viens d'accepter le renouvellement de mon contrat. Pour trois ans.

Repos. Repos. Repos. Pourrai-je partir demain mercredi pour Florence? Vais-je écrire à Léon? Vais-je lui téléphoner?

Procès *Paris-Presse* - T.N.P. classé hier au cours d'une entrevue dans le bureau de notre avocat. Présents : Massot directeur, Mac Corb rédacteur en chef, leur conseil, Jean Rouvet et moi. Nous avions juridiquement toutes les chances d'avoir gain de cause en cette affaire et cependant nous décidons, Rouvet et moi, d'en arrêter la procédure. Mais certains journalistes savent-ils vraiment, ont-ils vraiment conscience du mal qu'ils peuvent faire? Il faut en prendre son parti : non.

Lectures et lectures : de Gobineau (ses dialogues des « génies », papes et artistes de la Renaissance) à Diderot *(Est-il bon? est-il méchant?)*, de Pouchkine à Strindberg *(Le Chemin de Damas)*. Les deux premiers actes des *Burgraves*. *Les Géants de la montagne*[1]. *Intermezzo*[2] (deux fois). *Mithridate*. *La Mort de Pompée*. Je résiste au désir de relire *Le Mariage de Figaro* et prends le livret de *Don Giovanni* de Mozart. Je suis surpris de l'enchaînement un peu trop facile, voulu de l'intrigue. Encore que bâtie à la diable, l'œuvre de Molière paraît un chef-d'œuvre de logique en comparaison du livret de Da Ponte (et de Mozart, certainement). Puis je me dis que « le lien » est créé en ce *Don Giovanni* plus par la mélodie que par le texte. Remarque banale, mais un artiste dramatique l'oublie souvent et je viens de l'oublier. Quelques accords au clavecin entre un récitatif et un aria, un tutti d'orchestre entre un tableau et le tableau suivant, alors la vraisemblance, en ce qui concerne l'enchaînement des faits, des humeurs et des passions, s'impose. Et l'intrigue poursuit son chemin.

Étrange pourtant, qu'à l'audition musicale de l'œuvre, le

1. De Pirandello. *(Note J. V.)*
2. De Jean Giraudoux. *(Note J. V.)*

livret me soit jusqu'alors apparu comme une œuvre extrêmement solide, menée avec rigueur.

Après les avoir sérieusement et parfois longuement étudiés, les créateurs se moquent de l'enseignement ou de la leçon de leurs meilleurs prédécesseurs. Une chiquenaude et ils inventent. Autre raison de ne pas suivre les brechtiens. Ni les leçons de Brecht.

Du 3 au 10 mars 1954 – Florence

A mon retour à Paris :

1° – Causer avec Saveron [1]. Il me paraît découragé. Songe-t-il à démissionner lui aussi?

2° – Camille Demangeat. Sa démission. Étudier avec lui les suites de cette décision. Comment il envisage sa collaboration avec nous jusqu'à Avignon (juillet prochain). Qui, à son avis, peut le remplacer? Et désigner aussitôt ce successeur. Étudier les rapports professionnels entre Camille et nous après son départ, le 1er septembre 1954.

3° – Rencontrer Léon. Pendant mon absence, Rouvet, que notre différend afflige, est allé le voir chez lui. Connaître le point de vue de Léon sur ceux qui créent, ceux qui exécutent.

4° – Week-end organisé par nous à Charleroi en collaboration avec les groupements populaires et miniers du Borinage. (Organisateur : M. Philippart.)

5° – Rencontrer Jeanne Laurent qui s'étonne aimablement que je n'aie pas pris rendez-vous avec elle avant de quitter Paris. Elle écrit son livre [2].

6° – Rouvet a étudié avec Édouard Daladier la nouvelle alliance ville d'Avignon - T.N.P.

La formule est simple;

La municipalité nous délègue tous pouvoirs administratifs,

1. Pierre Saveron, maître des éclairages. Un des cinq ou six membres de l'équipe de direction. *(Note J. V.)*

2. Paraîtra en 1955 sous le titre de *La IIIe République et les Beaux-Arts*. Écrira-t-elle jamais *La IVe République et les Beaux-Arts? (Note J. V. du 3 avril 1970.)*

artistiques et d'organisation. Nous traitons directement avec le maire. Pas de comité, pas de personnalités entre nous et le maire – ou son adjoint. Rapports avec Daladier excellents [1]. Nous ne sommes guère exigeants d'ailleurs en ce qui concerne le concours financier de la municipalité : deux millions au total pour les trois œuvres programmées dont une création; en outre, deux millions pour des crédits d'équipement. Le comité est définitivement « out ».

Je reçois rue Franklin une lettre du préfet du Vaucluse datée du 5 mars que je comprends malaisément. « Mes intentions », écrit-il. Un moment, s'il vous plaît.

Gaston Defferre. Demande que l'un de nous discute à Marseille même du budget de nos représentations. Ceci, devant la commission des théâtres.

Nice. Médecin nous laisse le choix du lieu des représentations. Plein air. Août prochain. Après Avignon.

Voyage de Rouvet à Bruxelles, Charleroi, La Haye. Depuis plusieurs mois nous préparons notre périple d'été. Dispositifs de la scène mais aussi de la salle construits sur système tubulaire par Camille Demangeat. En plein air. Dans des lieux où l'on n'a jamais joué. Dans des villages aussi bien que dans de grandes villes.

Ce périple d'été comprend :

La Normandie (le Château de Beaumesnil, le Palais de Justice de Rouen où nous jouerons pour la première fois une œuvre de Corneille).

La Bourgogne (la Cour de Bar à Dijon; les jardins du Château de Savigny).

Genève – Parc Lagrange. Strasbourg.

La Haye, Amsterdam.

Le midi de la France. A Marseille les représentations seront données devant la façade de l'Hôtel de Ville, sur le quai du Vieux-Port.

1. Voir, à titre d'exemple, une lettre de M. Daladier en annexes, p. 333.

A Avignon : VIIIe Festival – Palais des Papes avec une création et deux reprises.

A Nice, enfin, du 5 au 8 août, représentations devant la chapelle de Cimiez.

Les œuvres à emporter dans nos bagages sont :

Le *Don Juan* de Molière, *Le Cid, Le Prince de Hombourg, Ruy Blas, Meurtre dans la cathédrale*. Les créations seront certainement *Cinna* et *Macbeth*.

Cent quarante personnages environ. Autant sinon plus de costumes. Et en onze lieux différents, *sept constructions originales, inédites d'une scène et d'une salle*. Cependant, l'équipe au complet (artistes, administrateurs, techniciens) comprend seulement une trentaine de personnes. Nous sommes contraints à l'économie.

Ah, comme je comprends de plus en plus profondément les mobiles et les terreurs d'Harpagon.

Nécessité d'avoir avec Gérard une conversation d'ordre général.

Les « invraisemblances », les maladies de notre, de mon système : Collet, adjoint de Saveron, garçon compétent et dévoué, gagne moins qu'un électricien ordinaire du théâtre. Ce dernier touche le surplus de nombreuses heures supplémentaires. Collet, non.

Les méthodes, les usages les plus profitables servent un certain temps. En définitive, il ne se passe guère de jours entre l'époque de leur bon rendement, de leur équité et celle de leur injustice, de leur usure, et j'allais écrire de leur pourrissement. En définitive, changer de principe est une loi. Et s'accrocher à un système est une faute.

D'autre part, tout est à créer et à recréer en ce théâtre moderne, étant les esclaves volontaires de ce nomadisme qui nous conduit du vaste et monstrueux navire à tel palais, ou, au contraire, à telle salle de la banlieue dont la scène est exiguë.

En vérité, existe-t-il une recette, un usage durables en ce

métier du mouvement, de l'action permanente, de l'incertitude des résultats, en ce jeu de poker, où l'audace est nécessaire et le bluff proscrit. *Tout est à revoir chaque année :* les méthodes de travail, le système de fonctionnement, la composition de l'équipe des comédiennes et des comédiens, *nos rapports avec les groupements populaires.* La stabilité qui est la loi majeure de bien des entreprises humaines est ici la pire des choses peut-être. Plus encore, mieux encore : être sûr de soi est-ce une vertu ? une qualité ? une nécessité ? Il me paraît que non.

Cependant, il est des heures et des situations où l'on ne peut transiger. Ni céder. Sûr de son jugement ou non, nous voici contraint à la fermeté. Sans vaine autorité, si possible. Sans hurlement. Sans colère. C'est difficile.

J'ai plus de quarante ans et j'ai l'impression d'être un adolescent qui cherche et se cherche, condamné à hésiter et à cacher ses hésitations. Il arrive qu'enfin on trouve un jour un système, une façon de travailler en ce métier. On crie « eurêka ». Les circonstances alors ne tardent guère à vous confronter à l'échec.

Entrevue avec Saveron. « Je renouvelle mon contrat pour trois ans », dit-il. Et il ajoute en souriant : « Avec plaisir. » Au moment où nous allons nous séparer : « Je n'ai envie de travailler qu'avec vous. » Il se tait puis il ajoute : « Et le plus longtemps possible. »

Seul enfin, je m'efforce de ne pas me laisser gagner par l'émotion.

Cette équipe, notre équipe – de l'administrateur au plus jeune des comédiens – est réunie et comme soudée par des liens d'une certaine sentimentalité. Ce n'est pas que je l'aie souhaité. Je n'ai pas agi délibérément en ce sens. Mais le fait est là. Je n'oublie pas non plus qu'une blessure, qu'un coup porté à ces sentiments sont d'autant plus douloureux et parfois inguérissables. Ces sentiments sont de tous ordres.

Vendredi 12 mars 1954 – Paris

Déjeuner chez Julien Cain. Andrée est présente. Tout de suite nous sommes saisis par l'aspect familier des lieux, par l'affabilité des hôtes, par la vivacité d'esprit de notre hôtesse. Elle est enjouée et l'on a l'agréable impression que l'on vient ici depuis toujours. Elle parle et Valéry en ces lieux murmure et va et vient comme une ombre souriante. Ai-je dit que je suis né à Sète comme le grand Paul? Je ne sais plus.

Cependant, il y a Mauriac.

Mauriac, tout aussi vif que notre hôtesse, pétulant, gamin. Eh oui, gamin. En présence de ce visage attentif et moqueur, de ces mains alertes et qui ponctuent ici et là des discours impromptus, je sens que je suis resté un garçon corseté, figé, passablement contracté. La voix blessée ajoute au charme du séducteur. On ne peut pas ne pas écouter cette voix qui, pourtant sourde et comme écrasée, se faufile à travers tous les dialogues des uns et des autres. Il s'amuse et il cède comme à plaisir à la joie qu'il éprouve. De temps à autre j'écoute Émile Henriot, Maurois, Beuve-Méry, Edgar Faure. Le ton devient sérieux. De temps à autre je jette un regard sur Julien Cain. Mais je reviens toujours au jeune homme élégant et à l'œil pénétrant qui là-bas a cru bon de se faire un visage de vieil homme.

Déjeuner terminé, on revient au salon. Je ne quitte pas mon Méridional de l'Ouest. Et le voici qui exulte en disant son admiration pour Hugo. Il s'afflige de ce que Raymond Queneau souhaite voir interpréter *Ruy Blas* en style de parodie. « Ah non, non et non! » Il adore Hugo et affirme ne pas vouloir discerner les raisons de son affection pour le poète.

« A 18 ans, ajoute-t-il, c'est ainsi que j'étais amoureux. » Puis, le voici qui à nouveau s'épanouit et répète : « La marmite infâme!! La marmite infâme!! » Puis, d'un trait : « Eh bien nous y sommes plongés. » Il saute sur son siège comme un cabri, affirme que nos ministres ne valent guère mieux que les ministres de Hugo puis subitement s'arrête. Il met la main devant sa bouche. Il vient de s'apercevoir que Mme Edgar Faure est là, son mari étant parti après le déjeuner. Il ne me donne pas l'impression que cette présence le gêne tellement. Elle l'invite d'ailleurs à poursuivre. Et il continue.

Rentré à Chaillot, je me fais donner la composition politique du gouvernement. En ce mois de mars 1954 il est présidé par Joseph Laniel. Il est composé de onze indépendants, d'une dizaine de radicaux, et d'autre part, de républicains populaires, de gaullistes déclarés et enfin de gaullistes dissidents. Cependant, j'hésite, ô Mauriac, à désigner lequel d'entre eux trafique du poivre, de l'indigo, du tabac, de l'Indochine ou des nègres : mon Moulinot, mon Noiret ou mon Darras ?

Tout se fait par intrigue et rien par loyauté.
La France est un égout où vient l'impureté
De toute nation. Tout Seigneur, à ses gages,
A cent coupe-jarrets qui parlent cent langages.
. . . .
L'alguazil[1]*, dur au pauvre, au riche s'attendrit.*
. . . .
L'État s'est ruiné dans ce siècle funeste
Et vous vous disputez à qui prendra le reste.
Hélas notre héritage est en proie aux vendeurs.
Nos rayons, ils en font des piastres !

Toujours vendredi 12 mars 1954

Vu Casarès. Lady Macbeth, en définitive.

Philipe me dit : « Après ce *Ruy Blas,* je ne pourrai participer à aucune création. » Il ajoute : « J'assurerai l'interprétation des rôles déjà créés, mais seulement au cours de la

1. Évidemment, l'agent de police. *(Note J. V.)*

période qui va du 3 novembre au 31 décembre prochains. Je serai absent toute l'année 1955[1]. » Rouvet et moi, encore qu'exercés depuis quelques semaines à subir l'avalanche des mauvaises nouvelles concernant la vie intérieure de la maison, faisons grise mine. J'en oublie Mantegna, la Santa..., l'Arno, Donatello, etc.

Ai-je jamais vu Florence ?

Mercredi 17 mars 1954

(Parti hier pour Dijon à 19 heures, suis de retour à Paris aujourd'hui mercredi à 13 h 30. En vue du premier Festival de Bourgogne, conférence d'information à Dijon. Présence de 200 à 300 personnes environ. Dans le train, je feuillette certaines scènes de *Rodogune* et un livre de Taschereau sur Corneille.)

Il nous faut tout reconsidérer. Ma vision des choses est comme figée. Le hard-labour accentue l'esprit de système. Tout remettre en cause. Il est douloureux d'entendre quelques-uns des meilleurs (Léon, Demangeat, Gérard) prendre des décisions définitives et aussi fermes, d'être contraint de les accepter et en conclusion de se résoudre au : « Ça ne fait rien, on continue. »

Sans trop engager l'acquis, tout en poursuivant la même mission (populaire est un bien mauvais mot désormais pour la qualifier), sans porter atteinte à l'équilibre des rapports entre nous et le bonhomme-public, il me faut, il nous faut trouver un autre mode de travail et en définitive une autre façon de faire.

1. Gérard reviendra sur ces deux dernières décisions. Cependant il ne créera plus aucun rôle entre le 22 février 1954 (*Ruy Blas* donc) et le 15 juillet 1958 *(Les Caprices de Marianne)*. Il meurt le 24 novembre 1959, après avoir créé sous la direction de René Clair : *On ne badine pas avec l'amour*. Ajoutons qu'entre ce 22 février 1954 et novembre 1959, il participera à de très nombreuses représentations, en France et à l'étranger, tenant ainsi ses engagements, ne jouant dans aucun autre théâtre. Malgré des offres fréquentes et importantes. Fidélité. *(Note J. V.)*

J'accepte mal cette longue absence de Philipe. J'accepte mal le non-retour de Moreau. J'accepte mal d'ailleurs l'extrême difficulté de traiter avec certains comédiens, dont le style est « vrai », juste, direct, sans emphase : Perrier par exemple que j'ai rencontré, sur ma demande, samedi dernier. Ce n'est pas une question d'argent qui nous sépare. Pas du tout. C'est une question de calendrier, de libertés. « De telle date à telle autre, j'ai telle obligation; en octobre prochain je suis lié avec... » Une fois seul, je tente de concilier les deux emplois du temps et la plume me tombe des mains.

Rouvet, submergé de travail. Moi, accablé, malgré la présence parmi nous du fantôme Hugo, par cette incertitude des chances, par cette idée fixe – ou privilégiée, comme dit Popaul – que rien n'est sûr en ce métier de con. Désormais le devenir de notre activité ne repose plus sur une dizaine de femmes et d'hommes, mais sur quatre ou cinq. Cependant je ne peux pas me reprocher de n'avoir pas fait confiance aux plus jeunes, à de très jeunes soit en ce qui concerne les mises en scène, soit en ce qui concerne les grands rôles. Les belles soirées de Hugo effacent les tristesses du jour mais l'aube qui suit est toujours incertaine.

En vérité je suis furieux contre les meilleurs et je dois m'efforcer de leur cacher mes ressentiments, qu'ils soient justifiés ou non. Mes rancœurs. Mes aigreurs. Ne pas parvenir à effacer, à oublier ces colères secrètes m'irrite. Me blesse. J'en éprouve un sentiment d'indignité. Cela indique trop la faiblesse du caractère. Le soir, je vais dans le bureau de Rouvet et, terminées les informations que nous nous donnons l'un à l'autre, je m'abandonne et me livre.

Il va falloir reconsidérer la composition de l'équipe et je ne parviens pas à accepter cela. Cette communauté de travail aura-t-elle existé en vain? Dépendre à ce point des décisions des autres me dresse contre les exigences de ce métier, de notre entreprise, où le plus esclave de tous est encore le patron. Ce n'est pas le mot « directeur » qu'il faudrait inscrire sur les affiches après le label du théâtre, c'est l'expression : Premier esclave : X...

Vendredi 19 mars 1954

Harassé.

Pourtant, depuis le 21 février, je n'ai joué qu'une seule fois? Joué le rôle le plus agréable et le moins lassant qui soit : le Tenorio[1].

Je m'impose de m'absenter du théâtre pour pouvoir lire. Je lis, je lis, je relis. Mais l'attention souvent s'évade. Les charges quotidiennes, dont je tente de me défaire à la fois hâtivement et par des résolutions justes, dévorent les trois quarts de mes journées. Rouvet, de son côté, travaille trop et ne peut faire face à toutes ses tâches. Quant à moi, je ne vois plus clair. Si bien que je suis tenté de créer deux œuvres nouvelles cet été, alors que la raison s'y refuse.

Si je n'étais pas enchaîné à cette vaste scène, si j'étais débarrassé de toutes ces contraintes de la programmation et de celles qui naissent comme inévitablement de la permanence d'une compagnie et d'une équipe, si j'étais libre donc, peut-être serais-je plus utile au théâtre? Et plus heureux? Rêverie. Rêverie.

Me décharger des grands rôles, désormais. Ne pas jouer Macbeth, par exemple – Wilson, Macbeth?

Mardi 23 mars 1954

Le plus difficile, ce n'est pas de trouver – et de déplacer – l'homme indispensable à tel ou tel poste. Le plus incommode c'est de le garder. C'est aussi bien de le maintenir à ce poste et non à un autre qu'il ambitionne. De le maintenir au sein de l'équipe non pas un an ou deux mais indéfiniment.

1. *Don Juan* (Molière). *(Note J. V.)*

A Venise, l'an dernier, Le Corbusier, à qui je faisais part des problèmes intérieurs d'une compagnie, me disait qu'il avait passé beaucoup de sa vie à réunir l'équipe qu'il avait autour de lui et qu'en définitive elle était composée d'un nombre réduit de collaborateurs.

Je me dis : nous sommes des « chefs de bande » pacifiques qui avons *loué* pour un certain temps notre personne à l'État ou au directeur d'un théâtre ou d'une entreprise privés (les autres metteurs en scène). Comme les chefs d'une bande du passé, nous livrons nos batailles, nous assumons des querelles faisant en sorte toutefois, comme ces mêmes petits « condottiere », comme ces mercenaires de jadis de ne pas perdre trop de nos bonshommes, de ne pas détruire trop de notre matériel.

Cependant, la notion, le fait « populaire » du théâtre ne peut être du seul ressort d'une « bande ». C'est un phénomène collectif et il dépasse le pouvoir de quelques artistes et de quelques jeunes femmes dévoués. C'est à la lettre un problème d'État. Je bute contre cette évidence. Et, par ailleurs, comment avoir confiance en l'État, celui-ci ou autre chose? Alors?

Par orgueil peut-être, par goût de l'impossible, par ambition certainement je me suis lié une fois de plus à cette tâche populaire dont la collectivité d'abord, à défaut de l'État, devrait être responsable. D'autre part, je ne sais désormais ce qu'est la liberté d'errer, de lire, de trouver, de chercher encore. Si je trouve, si l'un d'entre nous invente, c'est dans l'action. « Eh bien, voilà qui est bien. Voilà qui est heureux! Jérémie! En vérité, avez-vous le droit de vous plaindre? » Cela est vrai. Cependant je n'avais jamais imaginé qu'il pût survenir au sein d'une entreprise collective, à laquelle la réflexion longue et isolée est aussi essentielle que la mise en œuvre proprement dite, un enchaînement de tâches tel que celui dont depuis des mois, depuis bientôt trois ans, nous sommes devenus, chacun à notre place, l'indispensable serf.

Agissons-nous, en vérité? Nous sommes agis, au contraire.

Entre ce côté ouvrier de notre emploi du temps et la performance – et de qualité – qu'il faut chaque soir accomplir en présence du public se glisse parfois dans mes journées un impératif que j'accepte, plus souvent qu'il ne le faudrait, avec plaisir. Cela tient à la fois de la ruse et de l'acrobate. Cet impératif ou plus exactement ce savoir-faire consiste à jouer au torero d'emprunt. Jouer au torero avec le labeur. Je l'esquive ici et l'abandonne à mon quadrille après deux ou trois passes, je le cadre là, je le provoque s'il s'immobilise trop – je le crains, pourtant –, je le pique s'il le faut, je le mate, etc.

Il faudra bien que je trouve un jour la bonne méthode, sinon une discipline. A la vérité, je sens bien qu'un certain ordre s'est à moi imposé, qu'il est certain jour et certaines semaines rigoureux. Mais c'est alors que se réveillent en mes sens toutes les révoltes, les plus naturelles et aussi bien les plus folles. Tant travailler – l'ai-je ici noté ? – m'écœure. A la lettre, oui, le cœur en est soulevé. Cependant vaquer à tout et à rien – ce qui pour certains est précisément diriger – m'oblige. Ai-je éprouvé le sentiment que passaient trois années ? Qu'elles se sont éloignées ? Non. Ai-je vieilli ? Je n'en sais rien. Heureux homme, en vérité. Cette sensation physique que le temps court, qu'il est le mécanisme inexorable, cette sensation de la durée qu'adolescent rêveur j'aimais éprouver est bannie de ma mémoire. Ainsi un jouet d'enfant a été déposé un jour et à jamais dans le grenier familial.

Au cœur de ces contradictions, une chose fixe : la troupe me manque quand je suis éloigné d'elle.

Nota bene : Faire traduire les *Quatro libri dell' Archittetura* de Palladio. Michel Arnaud ? Éditeur Voisin ?

Toujours mardi 23 mars 1954

De la banlieue.

Au cours de la première année, nous avons donné un plus grand nombre de représentations en banlieue et hors des lieux traditionnels du théâtre qu'à Chaillot (26 seulement) ou au grand Théâtre des Champs-Élysées (37 représentations). Exactement nous avons assuré 76 représentations à Suresnes (16 r.), à Clichy (14 r.), à Gennevilliers (17 r.), sous la toile d'un cirque à la Porte Maillot (6 r.), et à la Porte de Montreuil (14 r.). Et dans la cour du Palais de Soubise (9 r.).

« Parfait, parfait! » dit l'État qui en vérité n'en demandait pas tant.

La deuxième année, nous ajoutons à ce tableau banlieusard quatre ou cinq cités de la région parisienne.

« Ah! » murmure le responsable politique ou administratif. (En vérité exhale-t-il même ce « ah »?)

Nous poursuivons au cours de la troisième année cette exploration. Et plus nous accomplissons cette tâche, plus nous nous apercevons que ces expéditions ne peuvent être le fait d'une seule équipe, que cette banlieue est immense, là un désert, ailleurs une cité morte à partir de 21 heures, c'est-à-dire au moment même où nous commençons, nous, à travailler pour les autres, c'est-à-dire : à jouer.

(Ici, le responsable politique ou administratif plonge la tête dans ses dossiers, se lève et va pisser.)

Pendant que l'autre se soulage, nous préparons la suite de l'entrevue. Il faut que la conclusion de notre exposé soit claire, courte si possible, chiffrée.

Le responsable politique ou administratif est enfin de retour :

« J'ai parfaitement saisi vos problèmes. (Il reste debout.) La banlieue, en effet, c'est capital. (Joue-t-il sur le mot?) Vous aviez droit à la Légion d'honneur. »

Ça ne se passe pas très exactement de cette façon en une demi-heure d'entretien. Mais c'est là, en vérité, le résumé et la conclusion du dialogue avec l'administration centrale.

Existe-t-il des théâtres dans la banlieue parisienne? Non. Ce ne sont que salles des fêtes à l'acoustique déplorable, à la scène exiguë, dont les moyens mécaniques sont extrêmement réduits. En comparaison de ces tristes habitats, la salle de la Municipalité à Paris est un chef-d'œuvre technique.

Il faut croire que les maires qui ont décidé de la construction et admis le style de ces salles ont pensé non au théâtre mais aux meetings politiques d'abord. A la campagne électorale.

Il est 1 heure du matin. Le bureau, les couloirs d'alentour, trop sonores dans la journée, sont à cette heure silencieux. Le veilleur est toujours là, de l'autre côté de la porte à double battant. Il y a un mois, à la suite d'une fausse manœuvre, due au tremblement de ma main, à ma maladresse, qu'importe, j'ai grillé le mécanisme de mon tourne-disque. Cela a fait un bruit sec, considérable. Un coup de revolver. Dans l'instant, je me suis précipité vers la porte afin de rassurer – pourquoi ? – le veilleur. Immobile, assis, serein, une fois de plus rasé de frais, il a tourné vers moi son visage. M'attendait-il ? Je lui dis : « Ce n'est pas le bruit d'une arme à feu. » Croyant nécessaire d'ajouter des considérations personnelles, je dis le mot suicide.

« Mais je ne crains pas un pareil acte de votre part, monsieur Vilar. »

Perplexe, je le quitte, retourne à mon bureau puis décide presque aussitôt de rentrer à la maison.

« Bonne nuit, bonne veillée, monsieur Défendini.

– Bonsoir, monsieur le Directeur. »

Je me plonge dans le long couloir de sortie, je fais surface place du Trocadéro et respire. Je traverse la place déserte à cette heure, songeant à la perspicacité naturelle et bonhomme de ce solitaire nocturne, de ce veilleur dans la nuit.

Jeudi 25 mars 1954

Correspondances sonores entre le vers de Corneille et celui de Baudelaire. Et, parfois, même dignité dans la douleur ou en présence du malheur. Il semble enfin qu'ils utilisent le même instrument. Du moins, dans l'œuvre de Corneille, lorsque chante Émilie ou Chimène ou Rodrigue ou l'Infante :

Et vous, voiles, habits, lugubres ornements...

. . . .

Pleurez, pleurez mes yeux et fondez en eau
La moitié de ma vie a mis l'autre au tombeau.

. . . .

J'irai sources cyprès accabler ses lauriers

Et avant Corneille, Agrippa d'Aubigné.

Vendredi 26 mars 1954

Hier soir, vers minuit, je commence à lire le livre que Maurois a écrit sur la vie de Hugo. De page en page j'arrête finalement ma lecture vers 2 heures du matin. Ce plaisir de lire tard dans la nuit. Ce vice en vérité, puisqu'on n'oublie pas que la matinée du lendemain, toute proche, vous attend avec ses rendez-vous, ses préoccupations, ses petits tumultes. Les très profitables lectures nocturnes. Cette plongée à la fois dans la nuit, dans le silence du lieu, dans l'œuvre ou la vie d'autrui.

Hugo. Affection, tendresse pour cet homme, pour l'homme. Manie ou déformation mentale du lecteur-comédien, le sais-je? abandon trop entier à la lecture? adresse du conteur (Maurois)? il me semble dans cette nuit que Hugo est là tout proche. Cette vie admirable, alors que celle de tant de poètes – et des plus grands, Baudelaire par exemple – m'est comme indifférente.

Heureux d'avoir inscrit Hugo au répertoire de mon théâtre. Ni Antoine, ni Gémier, ni Copeau, ni aucun des « quatre » du cartel ne l'ont mis en scène.

Ce mépris qu'ont tant de bons esprits pour le dramaturge qui par ailleurs admettent le génie (« ici et là, s'il vous plaît ») du poète. Ce soir, mêlant mes souvenirs tout frais des répétitions de *Ruy Blas* à certains chants des *Contemplations,* de la *Légende* ou d'autres œuvres, je ne parviens pas à séparer le poète qui écrivit tel drame de certains drames de la vie privée qui ont saisi, bouleversé le poète.

Vendredi 2 avril 1954

(Depuis le 15 mars, difficultés à désigner une nouvelle Chimène.)

Le 1er avril, M. Tissot, maire adjoint de Rouen. (Projet de représentations d'œuvres de Corneille dans la Cour « blessée » du Palais de Justice de Rouen) – L'après-midi soixante-sixième représentation de *Don Juan* et ce soir, jeudi, autre représentation de *Don Juan.* Le rôle m'amuse désormais. Seule crainte : la longue réplique du premier acte : « Quoi, tu veux qu'on se lie au premier objet qui nous prend, qu'on renonce au monde pour lui, etc. »

En 1944, quand je jouais le rôle pour les premières fois au Théâtre La Bruyère, derrière le personnage le garçon de 30 ans que j'étais avait *peur* de cette longue réplique. Et c'est dans cette même réplique qu'un soir de première, à l'Athénée, en 1948 ou 1949, j'ai vu Jouvet s'arrêter subitement, s'excuser auprès du public, reprendre enfin après une absence de mémoire totale. Jusqu'à ne pas entendre les souffleurs que le public, lui, entendait. Cependant, six mois auparavant, Jouvet me récitait des passages entiers. J'admirais alors cette sûreté de mémoire. Et voilà qu'un soir de première...! Concernant cette même réplique, comment expliquer ma crainte actuelle, mon effroi de 1944, le trou de mémoire de Jouvet?

Ai feuilleté d'abord, puis ai lu longuement l'*André Antoine* qui vient de paraître dans notre collection [1].

1. Éditions de l'Arche. *(Note J. V.)*

Persévérance, continuité, entêtement. L'homme est grand. Ses collaborateurs, ses comédiens, je savais déjà qu'ils n'éprouvaient pas toujours du plaisir à vivre à ses côtés. Hé, quoi ! il s'attaquait à tant de choses, pesantes, traditionnelles, à tant d'habitudes enracinées au plus profond.

Par contre, je ne m'explique pas, sinon par le dégoût des servitudes et la lassitude et le mépris, sa désinvolture à l'égard de la gestion financière lors de sa seconde direction de l'Odéon. L'histoire de *Psyché* et ce dédain du déficit ! De la faillite ! Démissionnaire, il devra pendant des années payer *les dettes d'un théâtre national* en prenant sur ses gains personnels.

Ses tournées pour payer non pas « ses » mais des dettes nationales.

Je passe sur le critique dramatique.

Quels rêves et quels souvenirs occupaient sa mémoire dans la longue solitude bretonne de ses trente dernières années ?

Demain soir, reprise du *Cid* après quatorze mois d'arrêt. Montfort dans Chimène (1re fois).

Suréna ? Attila ? Je ne sais plus. J'ai abandonné pour l'instant le projet d'inscrire Corneille au programme. Et *Cinna,* vraiment, est trop difficile. D'autre part, n'est-ce pas une œuvre pour les « happy few » ? Je le crains.

Toujours le 2 avril 1954

« Elles » s'étaient tues pendant un an. Voici qu'à nouveau « elles » protestent.

Depuis le premier jour nous nous refusons en effet à ce que les places du T.N.P. soient vendues ailleurs qu'à nos caisses et à nos bureaux. Nous ne voulons pas que le profit d'un intermédiaire soit pris au détriment du spectateur. Nous refusons donc aux « Agences de Location » le droit de vente de nos places. Nous ne leur en délivrons pas. Or, la demande publique en ce qui concerne les représentations de Chaillot est tous les soirs la plus importante de tous les théâtres dramatiques de Paris, même certains soirs où notre salle n'est pas pleine. D'autre part, le prix de nos places est bon marché et l'amateur peut aller jusqu'à débourser 500, 600, 700 francs pour la place dont le prix le plus élevé est chez nous : 400 francs. (Dans les autres théâtres, le prix des meilleures places voisine les 1 200 francs ou les dépasse.)

Bref, très vif réveil de ces chères Inutiles.

Dès que l'on tente de supprimer tout intermédiaire entre l'objet inventé et l'acheteur, il est toujours des malades de l'agio, voire des larbins qui protestent. En vertu du droit, bien sûr. Du droit au bakchich. Du bakchich légalisé.

Roger-Ferdinand, au nom de la Société des Auteurs, a aujourd'hui entrepris une enquête, me dit Greffet, dans son agence. De quoi se mêle-t-il? Bon. Allons dîner.

Ce soir, ce cher D. J. [1].

Pour l'œuvre – à désigner – de Corneille ou pour *Macbeth,* ni Manessier, ni Pignon, ni Picasso ne sont libres. Donc : Prassinos? Estève? ou Singier?

Samedi 3 avril 1954

Entretien ce matin à 10 h 15 avec Me de Segogne. Accompagné de Rouvet.

Cette attitude d'esprit : se maintenir et maintenir ses propos dans une très stricte et, au demeurant, souriante raison. Un esprit vif, trop aisément excitable, peut se révolter ou se moquer de la leçon qui est, d'une voix douce, ainsi imposée. Mais, et avant même de bondir ou d'élever la voix, vous êtes arrêté soit par telle formule qui ouvre la phrase du juriste : « La réalité est que... », soit par tel mot inattendu, précis et

1. *Don Juan,* évidemment. *(Note J. V.)*

drôle : « Vous pouvez certes exiger plus, voire *cabaler*... » soit par l'expression : « Il serait déraisonnable de... »

Autre phrase : « C'est si simple de ne point oublier que les députés ne sont, après tout, que des *commissionnaires*... »

Ceci enfin :

« Est important l'un des trois mots de l'appellation de votre théâtre. Ce n'est pas le mot national, ne vous en déplaise. C'est le mot " *populaire* ". Immanquablement il doit attirer leur attention (des députés). C'est avec assez peu d'assurance que des élus consentent à attaquer publiquement une maison ou une entreprise qui officiellement porte ce nom. »

J'ai répondu que certains, cependant, l'entendaient dans un sens hostile et d'extrême gauche. (Les Pinay et autres, par exemple.)

L'entretien terminé, j'éprouve un sentiment de plaisir assez vif. Le bonhomme m'a délivré de certains troubles. Je suis toujours très sensible aux qualités de l'élocution chez autrui, à la vivacité mesurée de la réflexion aussi bien que du débit des mots, à une façon de s'exprimer, qui, somme toute, devrait être courante et contraint à terminer une phrase que l'on a commencée sans que des incidentes surchargent l'idée essentielle.

Décidément la pratique du Code est chose utile. Ce style serré apprend à mieux raisonner et à dire. Que ne l'enseigne-t-on dès la quatrième à la place du grec, par exemple.

Et aux élèves du Conservatoire.

Bien des œuvres de la littérature dramatique française sont structurées et phrasées selon le style juridique.

Lundi 5 avril 1954

Quinze heures, dans mon bureau, première répétition de *Macbeth*. Présences de Casarès, de Wilson, de J. V. seulement. Pas de régisseurs.

A midi, entrevue avec André Clavé [1].

Dans l'après-midi, rendez-vous avec Tissot, maire adjoint de Rouen. A 18 heures, rendez-vous avec Mme Craipeau (journal *Franc-Tireur*). Demain, à midi : journaliste belge. Et mercredi 7 à 11 h 30, rendez-vous avec Maurice Bertrand, conseiller à la Cour des Comptes; le soir, à 20 heures, dîner chez les de Broglie (préparation du périple d'été : représentations à Beaumesnil).

Autoportrait. Premières touches :

– Sous l'apparence d'un altruisme naturel et généreux, en vérité égoïsme profond.

– Égoïsme viscéral. Il se traduit fréquemment – mais cela reste incompris pour une bonne part – par des réactions extérieures (paroles, gestes ou traits du visage) de la plus naïve naïveté. Ce qui déconcerte autrui.

– Mise en ordre, régulation d'une liberté inconnue de tous. En vérité ce besoin de libertés et sa mise en ordre sont contrariés à tous coups. Mais je défends ces libertés et c'est ma sauvegarde contre ma déraison naturelle ou la demi-folie de l'action.

Ah non, ça n'est pas avec le public que j'ai envie de faire l'amour. Mais avec les comédiennes. Et cela me semble, à la réflexion, tout naturel.

– Je sais que jouer – ou régir une comédie – n'est qu'un passe-temps.

– Aïe! je suis partagé entre l'ambition d'être le numéro un et le besoin de rester inconnu.

– Émotion profonde devant tel corps de femme.

Vendredi 9 avril 1954

Travail sur *Macbeth* commencé avec Wilson et Casarès. Nous étudions uniquement les scènes de la « Lady ».

1. Ancien directeur de la compagnie théâtrale « La Roulotte ». *(Note J. V.)* Vilar y travailla de 1941 à 1943.

Je savais bien, je n'avais pas oublié que le texte de ce personnage extraordinaire est court, en somme. Je le savais, mais quoi, il l'est vraiment. D'où la difficulté du rôle?

Les interventions essentielles de la Lady sont donc traitées fréquemment en peu de vers, peu de phrases. L'économie générale du rôle, la façon d'interpréter dépendent en bien des points de cette avarice de mots. Attendons! nous n'en sommes qu'à la cinquième entrevue ou répétition et la première représentation est pour la mi-juillet.

... avril 1954

Sans doute fais-je honnêtement mon métier. Je veux dire : celui de responsable général. De directeur. Cependant, je parais à certaines personnes comme confit de roublardises et sachant préserver mes ignorances par des silences absolus et quelque peu jésuites. On souhaiterait que je m'exprime – ou m'explique – franchement.

Franchement? Mon Dieu, sur quoi, à quel sujet? Sur ma « conception » (bigre) ou sur la notion « théâtre populaire »? A quoi bon! L'activité même de ce théâtre que je dirige est la réponse. Rejetez-la, acceptez-la, mais il est plus dans ma nature de faire que de dire [1] ou d'écrire.

Par contre, il m'arrive, il m'est arrivé de répondre à des attaques. D'où qu'elles viennent. En vérité, je ne réponds qu'à celles qui peuvent éclairer, à la lumière des controverses, notre chemin.

Ah! j'arrangerais bien des choses si je faisais des déclarations ici et là quelque peu tonitruantes, telles que : « Il faut éduquer le peuple » ou « Aimons, aidons, etc. le peuple ». Je ne me résous pas à ces sottises. En fait, elles mobiliseraient bien des gens, dussent-ils me juger un peu bête ou démagogue.

1. Don Juan à Charlotte et à Mathurine qu'il veut b... dans la journée même : « *Tous les discours n'avancent point les choses; il faut faire et non pas dire,* et les effets décident mieux que les paroles. » (Acte II, scène IV.) *(Note J. V.)*

Cependant, un tel ton radical-socialiste, ou centre gauche, appuyé de quelques actions ou compromissions personnelles ici ou là (juste ce qu'il faut), ce barouf politicard intimement mêlé à la quête respectueuse des honneurs de tous ordres faciliteraient le travail de l'administration centrale; et les crédits de l'État – subvention de fonctionnement ou d'équipement – seraient généreusement augmentés.

Mais non, je me tais sur ce qui est l'essentiel de l'ambition commune et je ne fais aucun geste vers les honneurs. « Hé, va te faire foutre, mon garçon! »

En vérité, je comprends à la fois leur réserve à mon égard et leur ressentiment. Je dois leur paraître compliqué. J'écrivais « jésuite » tout à l'heure. Pourtant, c'est si clair pour moi : jugez-moi sur mes actes, jugez-nous sur les résultats.

Non, c'est trop simple.

Et la subvention reste la plus maigre de celles de tous les théâtres municipaux et nationaux de France. Cependant la salle est la plus grande de tous ces théâtres et donc la plus chère à entretenir, nettoyer, éclairer, chauffer, etc. D'autre part, en raison des dimensions mêmes de la scène, elle serait la plus dispendieuse si – oh, la bonne chance qu'ils ont! – je leur plantais un décor, un décor construit, un décor vraiment « décoratif » *par acte*. Il faudrait passer de soixante millions de subvention à deux cent cinquante ou trois cents. En vérité, mon style dit « dépouillé » subventionne ce théâtre national. Heureux ministres et sous-secrétaires d'État! Et contribuables. Merde!

Existe-t-il dans cette compagnie que je dirige et dans tous les services de la maison beaucoup de femmes et d'hommes soucieux vraiment de cette mission « populaire » dont ce théâtre a la charge? Assez peu. Sur une centaine que nous sommes, depuis les machinistes jusqu'aux artistes et techniciens ou administratifs, on les compterait sur les doigts de la main. D'une seule main. Quatre? Cinq?

Je suis en vérité responsable de cette indifférence du plus grand nombre à cette mission si particulière. En vérité, si chacun à son poste accomplit sa tâche, il m'appartient d'engager l'ensemble de ces collaborateurs et artistes sur un chemin où beaucoup refuseraient d'aller, si je le leur indiquais clairement. Oui, excepté quatre ou cinq, le seul souci de chacun est de travailler bien, de travailler beaucoup, de rendre service, de ne pas ménager ses forces.

Mais la mission?

Suite à l'autoportrait du 5 avril dernier :

– Pénible bachelier provincial, en fait je suis un autodidacte. Comme mon père [1], retiré de l'école contre sa volonté à 13 ans (1884). J'ai conservé de cet apprentissage solitaire une humilité rageuse. L'orgueil, la vantardise sont de surface et lorsque l'un et l'autre éclatent, ces éclats sont fugitifs ou « composés ».

– Coléreux, c'est certain. Et maniaque, qui plus est, ce qui dans la vie courante n'arrange pas les choses. Maniaque ou têtu, peu importe. (Je ne suis jamais parvenu à admettre que cela soit la preuve ou le témoignage d'un esprit peu délié. Je vois la lâcheté dans le non-entêtement.) Cependant, le pire est ce déroulement permanent, obsédant de doutes, de craintes ou de méfiances, souvent injustifiés. Lorsque je sors de ce manège, lorsque je me dégage de ce « merry-go-round » mental, aucune aube, nul soleil ne me paraît plus beau que cette délivrance, que cette liberté d'esprit que je retrouve.

– Altruiste? Généreux? j'ai déjà répondu : non. Cependant, j'éprouve une satisfaction pleine – et comme épaisse – à constater que la tâche que j'ai à accomplir, quelque aiguë ou blessante qu'elle soit, est en vue du plaisir des autres ou de leur libération.

– Réservé certes. Et jadis assez timide. Adolescent, puis au-delà de cet âge, j'ai vécu presque entièrement replié sur moi-même. J'ai souffert seul. Ou presque. J'ai vécu mes premières années de Paris à quelque chose près solitaire. Et

1. Voir illustrations.

déraciné. J'éprouve toujours ce sentiment d'exil. Cette lumière de l'Ile-de-France et de Paris n'est pas la mienne.

– De l'enfance à la trentaine, j'ai passé des heures entières à errer autour ou à l'intérieur de mon « moi ». (Ce journal ou plutôt ce « mémento » en témoigne aujourd'hui même. Et cette complaisance m'écœure. Donc, stop.)

Pour conclure, toutefois : le théâtre, sa pratique et les recherches qu'il exige m'ont enfin délivré de ces poisons. Je n'aurai de cesse de libérer, par le spectacle, les autres. Ce n'est pas là une leçon personnelle ou particulière à notre temps. L'histoire nous rappelle, en tous ses chapitres, que c'est depuis toujours l'obligation permanente du théâtre. Et de tous les arts.

Lundi 12 avril 1954

Arrivée hier de Louisette [1] à Paris. Elle est venue prendre ici deux des trois enfants et ce matin les voilà partis pour Sète. Criquet [2] reste à Paris.

Bavardant seul avec elle après le repas, j'apprends pour la première fois la maladie mentale de la mère et du frère de mon père, morts l'un et l'autre il y a longtemps. Pas accablé du tout par cette nouvelle. Grave et inattendue, elle m'émeut sans plus.

Vendredi 16 avril 1954

Hier, dernière représentation de la saison à Chaillot.

(Dans la soirée de ce jeudi 15 avril, *Ruy Blas,* 35e représentation, a dépassé les 2 900 spectateurs. La veille, *Don Juan,* pour sa 68e représentation, a été joué devant plus de 2 800 spectateurs.) Nous sortons la nuit.

1. Une parente. Ma marraine. Née en 1893. A Sète. *(Note J. V.)*
2. Dominique, fille de Jean Vilar.

Le soleil est chaque jour nouveau
Quand tu auras appris à obéir, tu sauras commander.
(Solon)
Quoi que tu saches, consens à te taire. (idem)

Difficile, difficile *Macbeth!* Dixième répétition cet après-midi. Travail, uniquement, sur les scènes de Lady Macbeth. On patauge. A travers les incertitudes, les maladresses inévitables, les bafouillis, l'évidence est que les scènes de cette œuvre doivent être – en français évidemment – jouées pesantes. Délire et fureur désordonnés, oui. Lyrisme, non. Des animaux. Des bêtes ivres de ce qu'ils ont fait ou vont faire. Des corps lourds (hé, je suis plutôt léger et de peu de poids). Des buveurs de bière. « J'ai envie de rester sur place, là, comme ça », disait Casarès cet après-midi. Et elle pesait de tout son corps sur ses pieds.

Macbeth et la Lady sont *aussi* deux êtres liés l'un à l'autre par la chair. Réunis ou séparés, ils sont exaltés par un amour qui les dévore, par une passion physique d'époux et d'épouse. Je ne puis m'empêcher de penser à cette ivresse que partagent et Roméo et Juliette. Dire qu'ici cette passion est sombre signifierait peu de chose. Quelle qu'elle soit, elle existe. Elle nage dans le sang, l'intrigue rouge et provoque les meurtres au couteau. Les deux têtes des amants surnagent au-dessus de ce fleuve gluant.

Nota : Ce n'est pas la première fois que je constate qu'une œuvre répétée vous propose une autre vue que celle à laquelle la lecture vous inclinait. Au fond, si j'ai persisté à « faire du théâtre », c'est aussi pour cette raison. Un dilettante, en vérité. Ou bien, tout simplement : un bonhomme à l'esprit naturellement un peu obtus qui veut connaître plus intimement certaines choses.

Journal officiel du 9 avril. Compte rendu de la séance du Sénat. Rapport de Debû-Bridel. Il s'en prend à l'administration, au ministre. Il nous défend vivement. Le dialogue qu'ils échangent, nous devrions le faire imprimer et le distribuer dans la salle sous forme de tract. Mais nous ne jouons plus à Chaillot. Nous n'y retournerons qu'en novembre prochain. Et puis, à quoi bon!

Passer l'éponge et continuer. Continuons.

(Le 12 février dernier je notais dans ce mémento : « Le dégel. » Complet, à présent, le dégel.)

Yves Gaulher qui revient des États-Unis parvient à me joindre. Il me cueille à la sortie de Chaillot. Je ne parviens pas à me défaire de cet ancien, de ce vieux camarade, de cet éternel étudiant.

« Yves, tu m'ennuies. »

Mais il s'obstine dans son idée. J'entends : « Maccarthysme... procès Oppenheimer. Ce procès est un fait essentiel de l'histoire contemporaine. Le théâtre doit traiter un tel sujet. Il faudrait... Il faut... etc. »

Je lui réponds que j'ai bu pendant deux ans de cette absinthe amère qu'il me tend aujourd'hui, que je suis parvenu depuis peu à me délivrer de ces histoires temporelles, ignobles et veules de l'anticommunisme, que j'ai besoin de respirer. Il me regarde, éberlué :

« Suis-je un monstre, Yves? »

Sur le pas de la porte d'entré du 25*bis,* rue Franklin, au moment de nous quitter, comme je lui tends la main il me dit : « Jean, tu commets une erreur [1]. »

Mercredi 21 avril 1954

Le 15 avril donc, dernière représentation de la saison à Chaillot, et le samedi 17 et le dimanche 18, Charleroi. Premier « Week-end T.N.P. » à l'étranger. Bonne organisation, affabilité, bonhomie des responsables. Les spectateurs sont

1. Dix ans plus tard, ayant quitté Chaillot, Vilar adaptera et montera *L'affaire Oppenheimer* au Théâtre de l'Athénée alors dirigé par Françoise Spira.

venus de toute la région. Presse, radio, télévision belges sont présentes. Comme à Chaillot, cette pratique du « Week-end T.N.P. » met une fois de plus tout le monde à l'aise. On a l'impression que désormais l'on ne se quittera plus car les choses s'enchaînent l'une à l'autre. Le spectacle du samedi soir *(Don Juan)* s'unit au bal populaire[1] et les couples s'en iront tard dans la nuit; on retourne au théâtre pour le dialogue public du dimanche matin; on déjeune ensemble et vers 15 heures voici un autre spectacle *(Le Cid)* avec les mêmes acteurs que la veille, à un ou deux interprètes près. Aujourd'hui Rodrigue, hier soir : Sganarelle. Aujourd'hui Chimène et l'Infante, hier Charlotte et Elvire.

Comprennent-ils que le théâtre, que cette formule du « week-end » est un moyen de libération? Qu'il ne suffit pas d'être un spectateur attentif? Il me semble que oui. Du moins, au cours du dialogue du dimanche matin. Certaines questions qui nous sont posées sont sérieuses, posent les problèmes fondamentaux entre la création et le monde du travail dans l'actuelle société.

Cependant tous ces visages sont épanouis. Hé oui, ils sont heureux.

Les comédiens, les comédiennes par contre sont las.

Il est des heures, voire des jours, où j'ai l'impression – et je m'abandonne à cette sensation, à ce sentiment illusoire – qu'il fait beau sur le T.N.P. et peu importe que le ciel de Paris soit gris. Ah, ce sentiment d'avoir vaincu. D'avoir vaincu qui? A moitié soldat. A moitié pacifiste. Courageux ici, fuyant la bataille, là. Et cependant, tenace. Je ne m'interroge pas sur ces contradictions. Le sentiment du bonheur est fugace, oh je le sais. Puisque je l'éprouve, puisqu'il inonde à cette heure tout ce que je suis, je souhaite seulement qu'il ne m'échappe pas, qu'il ne me fuie pas, lui. De cette fenêtre de la rue Franklin, je regarde les arbres verdissants du jardin de la colline de Chaillot. L'illusion ou plutôt la pratique de savoir

1. Voir illustrations.

être autre que je suis, la pratique du mensonge-création, la pratique du mensonge-comédien me font complice de ces hauts massifs renaissants et il en faudrait peu pour que je m'adresse à eux de vive voix. Le bonheur, et contempler un arbre.

Ce matin 21 vu Erlanger.

Je note : « Vous êtes demandé dans bien des pays. » Comme je propose d'autres compagnies ou d'autres théâtres, on proteste : « Non, non, le T.N.P. » J'ai tenté de répondre humblement. En vérité, j'ai bafouillé.

Mais voici les propositions. Elles sont importantes. Pologne et Tchécoslovaquie, en septembre prochain. Égypte, Syrie, Liban, Turquie, Grèce, Yougoslavie en mars et avril 1955.

Un mot d'Erlanger : « Il faut que vous abandonniez un peu la province française pour les pays étrangers. » Pour la Pologne, le budget de l'exercice en cours étant déjà réparti, octroi d'un crédit spécial.

Je crains toujours ces périodes où la réussite s'accroche à vos basques. Le public est là, présent et nombreux. Il a empli cette immense salle de Chaillot. Les recettes ont été les meilleures des théâtres dramatiques de Paris. La presse est bienveillante et les échotiers aimables. Il n'est pas un jour où l'un puis l'autre ne note, précisément, la réussite. Les services de l'administration centrale sont sereins. Et lointains.

Cette courbe, ce virage, m'effraie. Où allons-nous? Vers quoi? Et en compagnie de qui? Et vers qui? Il me prend envie alors de créer ici ou là une difficulté. A condition toutefois qu'elle ne naisse pas à l'intérieur de la compagnie, au sein de notre théâtre.

Mais baste! rien n'est établi sur le roc. Et je le sais bien. Rien n'est permanent. Rien n'est stable. Et cependant j'éprouve le besoin comme sensuel d'établir, de fixer, de *bâtir* durablement. Mais est-ce possible en ce métier? Est-ce raisonnable de souhaiter fixer quoi que ce soit en un art de communication où tout est mouvement, actes, action, allées et venues des couleurs, des sentiments, des leçons et des formes ? Mobilité quotidienne.

Après la réussite de *Lorenzaccio* en juillet 1952, n'ai-je pas pensé : « A présent, il ne reste qu'à continuer. Ne touchons plus à la compagnie, aux services de direction, aux techniques, au style » ? Imbécile. Deux mois après les heures que nous aurions dû consacrer à la recherche, à la réflexion, au travail... Nous souhaitions la paix, on nous fit la guerre. Interminable bagarre qui commencée en 1952 s'est à peu près terminée seulement ces jours-ci. A tel point m'a occupé ce combat que je ne sais à peu près rien de ce qui se passe dans le monde. Cette Indochine, par exemple, dont tel me parle avec angoisse et dont tel autre me dit : « Avec ce ministère GRIBOUILLE..., etc. »

Autre chose. Il me semble que je suis parvenu à me guérir de cette maladie infantile de bien des hommes, de celle du comédien en particulier : la gloire. M'en a guéri la pratique même de mon métier. J'ai rêvé de gloire pourtant étant enfant, ou adolescent ou homme jeune. Tout autant que j'ai pu rêver de telle femme.

Et puis, cette hantise a disparu. Je puis même situer et dater son effacement : premières représentations d'*Orage* (Strindberg), septembre 1943, mon premier travail de metteur en scène.

Autre chose, encore. Je n'ai jamais méprisé l'argent. Précisément parce qu'il m'a toujours fait défaut. Précisément parce que jeune, il m'a cruellement manqué. Son absence m'a laissé parfois dans une indigence totale et c'est pourquoi je ne l'ai jamais méprisé. Aujourd'hui, si je pense argent, si je parle argent c'est de l'état financier de cette maison, non de ma situation personnelle.

L'État a de la chance. Trop. Il me fallait gagner une bataille sur moi-même : ne pas mépriser aussi bien que ne pas désirer l'argent. Viendra-t-il ? ne viendra-t-il pas ? Je ne balance plus. Cette inquiétude misérable de mes quinze, vingt, trente, quarante ans s'est effacée.

Seul reste le souvenir des blessures. Inguérissables en définitive.

Cependant le temps me fait défaut. Le temps de l'oisiveté méditative et laborieuse (« L'artiste est une exception », dit Balzac : « Son oisiveté est un travail et son travail un repos »). Il ne m'est plus guère possible de paresser studieusement sur tel sujet, sur les « mœurs politiques de la Restauration », par exemple. Débonnaire, agréable nonchaloir que je ne connais plus. Ah, oui, combien j'aimerais voir venir de loin, de très loin, du fond du désert et de la solitude tel sujet, telle œuvre, telle réalisation, tel rôle.

Mais ai-je le droit de me plaindre ?

L'affaire du défraiement (néologisme, cela dit) préoccupe certains. La plupart des comédiens estiment que quatre mille francs de défraiement quotidien en province, et d'autre part, l'équivalent de cinq mille francs à l'étranger ne sont pas suffisants pour couvrir les frais d'hôtel, du petit déjeuner, du déjeuner et du dîner. Je ne parviens pas à être insensible à ces différends, mineurs en définitive. Je m'irrite et étouffe cette colère. Et pourquoi s'irriter ? Il est vrai que je trouve désagréable cette demande. Il me faut prendre sur moi pour considérer l'affaire avec attention et avec calme. Hé quoi, n'ai-je pas, sans qu'ils me l'aient demandé, augmenté très sensiblement les mensualités et les feux il y a un an ? « Ce sont deux choses différentes », m'a répondu l'un d'entre eux.

Hier soir, mardi 20 avril, à 21 heures, première répétition de *Cinna*. Présents : Mollien, Deschamps, Montfort. Régie : de Kerday. La première représentation doit avoir lieu à Rouen dans la cour du Palais de Justice vers le 10 juin.

Vendredi 23 avril 1954

Hier soir, dans la nuit de la chambre, tête sur l'oreiller, dernières réflexions de la journée. Depuis quelques semaines ces dernières minutes de veille sont enfin quiètes et l'automatisme, le mécanisme affolé des préoccupations, ne provoque plus l'insomnie. Voilà qui est heureux. Donc, hier soir, joue sur l'oreiller, je m'interroge et dans la langueur bienfaisante qui précède le sommeil, je m'avoue sans éprouver d'amertume que deux choses me manquent : l'école et le livre.

Le livre serait et pourrait s'intituler : L'histoire d'une expérience théâtrale contemporaine.

– Tome I : Du Théâtre de Poche à Avignon
– Tome II : D'Avignon au T.N.P.
– Tome III : Le T.N.P.

Écrirai-je jamais cette histoire?

Et l'école?

Cependant, mon travail futur est là : l'école et le livre.

Hier, après six mois d'arrêt des représentations de *L'Avare,* première répétition-raccord de cette œuvre. Nous partons ce soir à 23 heures pour Bochum, Krefeld, Essen, Aix-la-Chapelle, Sarrebruck. Dans les bagages : *L'Avare, Richard II, Don Juan.*

Samedi 24 avril 1954 – Essen

Arrivée ici, ce matin à 10 heures. Déjeunons au Kaiserhof. Où nous coucherons. Partons pour Bochum à 15 heures pour les raccords. Première représentation ce soir à 19 heures.

(Dès que je quitte Paris, je me sens en excellente condition physique.)

Note prise après la représentation.

L'immeuble théâtral – très moderne – de Bochum me paraît parfait. Ai demandé les plans de tous les niveaux. Le public de notre *Richard II* était composé des membres de la « Société Shakespeare », section allemande, anciennement établie à Weimar. Trois « Sociétés Shakespeare » dans le monde : Bochum, Angleterre, Armorique. Comme toujours en Allemagne, accueil chaleureux et longue ovation finale.

Bien des choses ce soir me tracassent, m'obsèdent et il est si tard. Je n'ai pas sommeil. Envie de sortir et de rouler dans la ville. Ce métier de responsable, de « patron » me contraint aux disciplines les plus primitives, « gothiques » dirait tel personnage de Balzac.

« To bed, to bed! » There's knocking at the gate. Come, come, come! Give me your hand. What's done cannot be undone[1]. »

Dimanche 25 avril 1954 – Krefeld

« Je ris quand j'entends dire que le poisson dans l'eau a soif » (Kabir).

Lundi 26 avril 1954 – Essen

Les nouvelles salles de théâtre allemandes.

Dès que la salle, la scène et les quelques dépendances absolument nécessaires sont construites, ils mettent l'édifice en fonctionnement. Cependant l'ensemble n'est pas terminé et de nouveaux bâtiments s'ajoutent à celui de la scène-salle. Ils vont vite, car manque à la collectivité le théâtre.

Errant à l'intérieur de l'édifice, impression désagréable d'être « vieux jeu », d'appartenir à une société, à une civilisation qui remplace et se flatte depuis le début de ce siècle de remplacer la recherche et l'étude active par l'improvisation. « T'en fais pas. Tu auras ça demain. Juré. – Comment? – On

1. Lady Macbeth :

Couchez-vous, couchez-vous;
on frappe au grand portail.
Allons, allons, allons,
donnez-moi votre main;
ce qui est fait ne peut être défait.

(*Macbeth,* acte V, scène I.)

se débrouillera. » Et le mot s'accompagne d'un sourire entendu. Tout Français est né roublard et s'en flatte. Ce qui fait que l'on nous a construit d'impossibles « salles-théâtres » depuis 1920. « En se débrouillant. »

A Krefeld et à Essen, j'admire particulièrement les « foyers » ou plutôt les vastes couloirs *clairs* offerts au public. Mais est-ce solide? L'ensemble est cependant agréable à l'œil. Le jour inonde les couloirs, les loges, les bureaux et le sous-marinier que je suis (U-boat « Chaillot » immobilisé par 25 mètres de fond) se promène avec délice dans cette lumière.

Les scènes de Krefeld et d'Essen disposent d'un proscenium mû mécaniquement et les mesures de ces plateaux sont telles que nous avons peu de chose à faire pour établir notre dispositif. *Notre style « moderne » s'allie ici sans perte de temps à cette construction « moderne »*. D'autre part : réduction des heures de travail des équipes techniques et ouvrières.

Le plus harmonieux de ces trois théâtres, en ce qui concerne les mesures, est tout de même celui de Bochum. Oui, ce plateau doit « s'harmoniser », être en accord parfait avec les interprétations – quelles qu'elles soient – de toute œuvre.

Kurt Jooss [1], hier, dans la salle à Essen. Il a la gentillesse de venir me voir dans ma loge après la représentation de *L'Avare*. Il dit : « Mais vous faites de la chorégraphie. Et votre spectacle est en soi un ballet. » J'ai presque envie d'embrasser ce visage sérieux.

Mardi 27 avril 1954 – Aix-la-Chapelle

Ennui et tristesse, telle est l'impression que j'éprouve à découvrir l'état actuel de la cité. Je sens bien que je suis injuste comme il arrive parfois à un voyageur de passage. Les membres de la compagnie s'étant dispersés dans la ville ou étant encore dans leur chambre, je bavarde avec l'hôtelier,

1. Célèbre danseur et chorégraphe allemand.

suisse d'origine. Après quelques propos banals et du style le plus « bonhomme », il en vient aux combats de 1945. A l'écouter – je suis péniblement le débit de son élocution –, je crois comprendre que pour mon interlocuteur l'oubli est la faculté de l'homme la plus odieuse. Lassé de sa studieuse et pesante prononciation, je sens naître en moi la mauvaise humeur. Si je soulève les épaules, je pense qu'il sera tenté de m'envoyer son poing dans la gueule, car en dépit de son apparente bonhomie, il s'est attaché à ce récit. J'en perds souvent le fil.

Quelque peu distrait, ne perdant pas toutefois le contact avec mon hôte monologuant, ce n'est pas le personnage du thane et du roi Macbeth qui me vient à la mémoire mais tous ces soldats et ces civils de Shakespeare les uns et les autres anonymes que l'histoire, la gloire, la victoire ou l'échec des autres n'ont effleurés que pour les anéantir dans la poussière du terrain. Je crois comprendre qu'il a perdu dans ces combats de 1945 un parent très proche ou un frère. Mais de quel côté? Du côté allemand, pour sûr. Ces soldats anonymes qui vivent et meurent autour de Macbeth, de Macduff et de Malcolm. Cette « poudre » que seule la gloire vaine, illusoire d'un soir de théâtre rappelle à la mémoire de tous et que l'extinction des lumières rejette à l'obscurité et à l'oubli. Isolé, reste parfois dans les mémoires de la guerre le nom d'un « deuxième classe ».

Je quitte mon bonhomme, dont les traits du visage se sont tendus, avec le goût fade et plat du sang dans la bouche.

Le soir, pour cette unique représentation de *L'Avare* à Aix-la-Chapelle, public clairsemé. Cependant le jeu des rapports entre le public et nous fut agréable.

Mercredi 28 avril 1954

Interminable voyage par car d'Aix-la-Chapelle à Sarrebruck. Départ à 9 heures, arrivée à 18 heures pour ces deux cent soixante kilomètres.

De guerre lasse, je plonge mes mains dans ma serviette de cuir; j'en sors la rédaction de la mise en scène de *Don Juan,* écrite il y a dix ans, à la suite de nos représentations au Théâtre La Bruyère en mai-juin 1944. J'avais emporté ce manuscrit dactylographié dans ma sacoche afin de le relire. Ce long huis clos dans un car allemand m'aura du moins contraint à revoir cette rédaction. Assez fier de mon travail de jeune homme, de cette expérience de jadis, je tends le manuscrit à Chaumette [1]. Elle me regarde, ouvre de grands yeux. Va-t-elle refuser? Mais non, elle prend le manuscrit et le lit. Au bout d'un quart d'heure, mes ambitions de commentateur m'étouffent, je ne tiens plus en ma place, je me lève, je suis bourlingué de-ci de-là par les cahots de la voiture, je retourne à ma place, j'interromps la lecture de Chaumette et me livre à un exposé haletant sur un certain style scénique – le nôtre – ennemi des passions ou du moins d'un jeu trop expressif et passionné. J'additionne et conclus par un salmigondis : « Le style, c'est l'alliance des dons naturels – compris notamment les défauts caractéristiques de chacun – et du contrôle de soi. Plus : *l'improvisation inattendue.* Plus : *l'extrême attention* de chacun à l'égard du jeu des autres afin de répondre aussitôt à ces improvisations d'humeurs ou de gestes, etc. Évidemment, si l'interprète est un fat ou un sot, ce sera le désastre. »

Je dis à Chaumette que je n'ose pas révéler à tous cette réflexion et que cependant cette façon de faire est celle de la compagnie. Je poursuis. Elle écoute. Le travail de répétition ne doit pas contraindre la liberté de création ou d'invention de chacun. Cela est dangereux, évidemment, non pas pour l'auteur ou les camarades ou le metteur en scène mais précisément pour l'interprète qui croirait nécessaire d'improviser fréquemment ou à la diable. « Dis donc, tu te f... de nous! » et le camarade reviendrait à la raison ou serait contraint de quitter la compagnie. « J'ai disposé d'interprètes et de camarades, lui dis-je, qui improvisaient sottement, c'est-à-dire

1. Monique Chaumette. *(Note J. V.)*

soit à la sauvette soit dans le génie. Vous savez que je me suis séparé d'eux. Cependant, dans une compagnie dont les interprètes se connaissent bien, ont coutume de travailler ensemble et quotidiennement, l'invention est cette chose éphémère qui évite la sclérose, l'ennui et en définitive la tradition. Ajoutons que n'invente pas qui veut. Le trac, la crainte de l'erreur, sont d'heureuses contraintes. »

Je n'ose pas ajouter qu'en définitive le comédien que je suis « invente » assez peu en cours de représentations. A la vérité, la liberté est un domaine ingrat.

Départ du train, après la représentation à 2 h 30 du matin. Dans trois jours nous jouons à Poissy (trois soirées), puis à Enghien, puis dans le cirque d'Amiens, puis à Suresnes (six représentations), puis à Chaillot (trois représentations entre le 22 et le 27 mai). Et le 4 juin nous commençons le périple d'été qui ne se terminera que le 8 août à Cimiez (Nice). Au programme : huit œuvres, c'est-à-dire *L'Avare, Hombourg, Le Cid, Don Juan, Le Médecin malgré lui, Meurtre dans la cathédrale.* Entre-temps, deux œuvres seront pour la première fois inscrites à notre programme : *Cinna* et *Macbeth.*

Vendredi 30 avril – Paris Chaillot

Reçu ce matin le rapport de Debû-Bridel. Je note que la C.-F. [1] a reçu une subvention pour l'exercice 1953 de 343 millions, que les recettes ont été de 560 millions.

D'autre part, notons le relevé du nombre de représentations de certaines œuvres à la C.-F. du 1er janvier 1953 au 22 novembre de la même année :

1. Comédie-Française. *(Note J. V.)*
Voir, en annexes, une note sur les subventions, pp. 314-315.

Molière –			
L'Avare	13 représentations	(la 1 920e depuis le XVIIe siècle)	
Don Juan	17 –	(la 135e – –)	
Le Misanthrope	11 –	(la 1 544e – –)	
Le Bourgeois gentil-homme	29 –	(la 760e – –)	
Les Femmes savantes	6 –	(la 1 461e – –)	
Le Médecin malgré lui	8 –	(la 2 019e – –)	
Les Fourberies de Scapin	17 –	(la 1 144e – –)	
Tartuffe	25 –	(la 2 501e – –)	
Corneille –			
Le Cid	9 –	(la 1 231e – –)	
Polyeucte	1 –	(la 644e – –)	
Le Menteur	17 –	(la 737e – –)	
Beaumarchais –			
Le mariage de Figaro	12 –	(la 1 051e – –)	
Shakespeare –			
Roméo et Juliette	41 –		
Sophocle –			
Œdipe-Roi	3 –	(31e représentation)	
Pirandello –			
Six personnages en quête d'auteur	31		

Notons ce petit nombre de représentations de *Don Juan* en trois siècles. Notons ces 135 représentations, ces 2 500 du *Tartuffe*. Et ces 1 900 représentations de *L'Avare*.

Quand je le jouais au Théâtre La Bruyère en 1944, le nombre de représentations de *Don Juan* en France, c'est-à-dire à la C.-F., atteignait à peine 110, si je me souviens bien. N'était-ce donc pas un thème romantique ? Pourquoi le romantisme ou le post-romantisme a-t-il oublié cette œuvre ?

En ce qui concerne certains « états », certaines attitudes ou réflexions, existe-t-il quelque rapport profond entre le XVIIe siècle et nous, qui n'existait pas entre la jeunesse de la Fronde ou les hommes de 1660 et ceux de 1830, ou ceux du temps de l'Encyclopédie ou de la Régence? Je ne suis jamais parvenu à m'expliquer ce silence d'une œuvre pendant trois siècles. D'autre part, peu d'écrivains, croyants ou non, en ont parlé. Aucun, pour ainsi dire.

Don Juan de Molière, ce personnage du XXe siècle. (Dullin avait songé, m'a-t-on dit, à monter l'œuvre au Sarah-Bernhardt; le projet fut abandonné.) J'ai choisi cette œuvre pour ma seconde mise en scène. En 1944. Jouvet l'a montée en 1948. Je l'ai inscrite l'an dernier au programme. Tout à coup, après des années ou plutôt après trois siècles d'indifférence, une œuvre retrouve un écho en chacun. Étrange chose. Comment expliquer ce phénomène?

N'en est-il pas de même; n'en fut-il pas de même pour l'œuvre de Strindberg? Oubliée ou presque oubliée entre 1910 et 1940. Ibsen règne. Et règne à ce point que certains et non des moindres le placent à côté d'Eschyle ou de Sophocle (!). En juillet puis septembre 1943, quand je porte à la scène *La Danse de mort* et enfin *Orage,* Strindberg est abandonné aux pénombres des bibliothèques. On ne le joue pas. Depuis, par contre, il n'est pas une œuvre de lui qui chaque année ne soit en France ou créée ou reprise.

Et Büchner, et Kleist, que les théâtres de France – et beaucoup de théâtres en Allemagne – ignoraient! ou dont ils craignent la portée et la leçon de certaines de leurs œuvres! Ai-je réussi à imposer *La Mort de Danton* en France? La tête farcie de fausses idées ou de beaux sentiments sur la Révolution et les révolutionnaires, sur cette aurore des libertés, le public français se refuse à voir la réalité, le réalisme de 93 et 94. Ne touchez pas à la pureté du peuple révolutionnaire. Comme si l'histoire avait jamais été pure [1]!

1. Voir sur ce sujet la note d'Arthur Adamov, p. 30 *bis*.

Toujours le 30 avril 1954

Les crédits accordés aux théâtres nationaux sont augmentés. Je lis cela dans le rapport de Debû-Bridel. Ils passent de 1 milliard 491 à 1 milliard 505 millions de francs. Quatorze millions de plus, quelle générosité ! Ils donneraient des leçons d'avarice à Harpagon. Notons que la subvention du T.N.P. aurait été réduite, si nous n'avions pas mené campagne. D'où la lettre rectificative n° 4 qui annonce enfin le rétablissement de ces 12 millions (on aimerait connaître les trois autres lettres rectificatives).

Enfin, dans le même rapport les lignes suivantes apportent quelque satisfaction au bonhomme à demi indifférent que je suis devenu. Je cite : « la subvention du T.N.P. est rétablie par lettre collective. *L'enquête administrative n'a révélé aucune faute à l'égard de M. Jean Vilar et de son administration.* » Le rapporteur poursuit : « Reste à son actif ses créations de 1953 et la vie qu'il a donnée au T.N.P. En bref un succès. » Il ajoute : « Reste seul le mystère de cet abattement massif. » (Les 12 millions.) « Sur ce point nous attendons des explications du ministre » – et en italique dans le rapport – « quatrième raison pour réserver notre avis sur les crédits du chapitre, etc. ».

C'est peut-être ceci que l'on appelle une victoire. Une victoire administrative. Seigneur.

Mardi 4 mai 1954

Samedi 1er mai, pas de représentation ni de répétitions.

Dimanche 2 mai et lundi 3 : trois représentations de trois œuvres différentes *(L'Avare, Hombourg, Ruy Blas)* à Poissy.

Ce soir et demain : trois représentations à Enghien des mêmes œuvres.

Hier lundi, déjeuner au Sénat avec le sénateur Léo Hamon. Sont présents : sa fille, le metteur en scène soviétique Alexandrov, Calef et Cayatte. La conversation est en anglais.

Sujet : En Russie, les bons spectacles sont enregistrés sur films. Deux cents copies environ – si j'ai bien compris – pour chaque œuvre théâtrale filmée.

D'où la proposition d'Alexandrov : « Filmer et votre *Ruy Blas* et votre *Don Juan* à Paris afin de projeter ces œuvres devant le public des différentes républiques soviétiques. »

Autre proposition d'Alexandrov : « Accepteriez-vous de jouer à Moscou? » Je réponds oui. « Alors peut-être serait-il préférable, ajoute-t-il, de tourner *Ruy Blas* et *Don Juan* dans les studios de Moscou. » Ces films seraient uniquement projetés en U.R.S.S. Je serais assisté d'un conseiller technique.

Rendez-vous avec Alexandrov dans mon bureau demain à 10 h 30. Avant de nous séparer, je bavarde avec Cayatte. Je lui dis : « La patience qu'exige la préparation d'un film depuis la découverte de l'idée, de l'établissement du synopsis (et sa présentation au ou aux producteurs) jusqu'au premier jour de tournage doit être mise à plus rude épreuve que celle que demande notre métier de metteur en scène de théâtre. A suivre, ici et là, les difficultés publiques de vous et de vos collègues, j'ai toujours pensé que mon métier était moins dur, implacable, mortifiant que le vôtre. »

Alors, et sans hésiter, il me parle de ce qu'il appelle des « coups de pied au c... » qu'il a reçus sans trop réagir, ceci afin de pouvoir réaliser son dernier film.

Un lundi soir, *Ruy Blas* emplit la salle de Poissy (692 spectateurs) alors que *Hombourg* atteint à peine les 330 spectateurs. Cher Hugo.

Une des caractéristiques permanentes des théâtres nationaux, donc des théâtres d'alternance, je devrais écrire le « paradoxe ouvrier » des théâtres nationaux c'est qu'ils ne disposent pas de salle de répétitions. Si l'on y réfléchit un tant soit peu, ceci explique bien des désastres. Je crève, nous crevons, nous, au T.N.P., de ne pas disposer aux heures de travail de cet outil numéro un. C'est à ce point absurde que les gens à qui je parle de ce fait ou bien ne réalisent pas la gravité de cet oubli de la part des architectes, ou bien pensent que je mens ou bien que je suis un « insatisfait », un râleur par nature, un grognon qui ne se corrigera jamais.

Afin d'obtenir ce lieu de travail, cette salle de répétitions nous sommes en pourparlers avec l'administration d'un lycée!

Ai « mis en place » cet après-midi les trois premiers actes de *Cinna*.

Lundi 10 mai 1954

Après Amiens, retour à Paris.

Les convaincre tous de ceci :

Afin de pouvoir maintenir vos salaires, la maison doit ne pas cesser de répéter, de mettre en scène, de donner des représentations. Et aussi bien, de louer la salle de Chaillot. Je dis : il nous faut obtenir des recettes maxima. Je dis : il nous faut toucher de l'argent. De l'argent frais. Il nous faut jouer tous les soirs. Il faut que la qualité et l'intérêt de nos spectacles attirent « DEUX MILLE SEPT CENTS SPECTATEURS tous les soirs de novembre à mars ».

Et n'oublions pas que nous devons en outre assurer les représentations de la banlieue, représentations largement déficitaires et que ne comble pas l'octroi de la subvention. Enfin, soyez assurés que nos tournées en France ou à l'étranger n'apportent pas à notre comptabilité un bénéfice aussi élevé que l'affirment certains canards.

Vendredi 14 mai 1954

Le 7 mai dernier, entrevue chez Alyette[1] avec Prassinos (étude des maquettes de *Macbeth*). L'après-midi répétition de *Cinna*. Le soir, répétition de *Macbeth*.

Ensuite, trois représentations dans le cirque d'Amiens *(Don Juan, Le Cid)*. Les travées publiques sont combles.

Le mardi 11 et le mercredi 12, deux entrevues avec Alyette. *Macbeth* pose de difficiles problèmes de costumes. Encore que Prassinos et moi ne souhaitions pas situer chronologiquement et localement l'œuvre, il reste que le drame, si précis dans son déploiement psychologique et dramatique, risque de nous entraîner dans des folies irréalisables et de nous investir au point que la réalisation visuelle en sera trop riche et en un mot : surchargée. Cependant, incertain de cela et craignant de « rogner les ailes » au peintre, je bougonne et exprime mal et assez peu cette inquiétude.

Prassinos et moi accomplissons là notre premier travail commun. A Avignon, il y a sept ans, le *Tobie et Sara* de Claudel, fut dirigé et mis en scène par Maurice Cazeneuve.

Toujours vendredi 14 mai 1954

Depuis trois jours, Elvire Popesco me cherchait. Elle l'assure et je la crois. Elle me joint (« enfin » ajoute-t-elle) hier à Suresnes par téléphone. Elle me convainc de la rencontrer après la représentation d'hier soir à Suresnes à minuit trente, dans un restaurant où elle a ses habitudes, à Paris, près de son théâtre. Habituellement j'évite ces rendez-vous nocturnes qui accentuent ma lassitude, mais comment refuser ? La voix

1. Alyette Samazeuilh. Elle a réalisé les costumes d'une trentaine d'œuvres pour le T.N.P., d'après les maquettes et sous la direction des peintres Gischia, Pignon, Prassinos, Singier, Lagrange, Chastel, Alexandre Calder. *(Note J. V.)*

est chaude, vive et le ton, l'humeur de mon interlocutrice m'entraînent.

Objet du rendez-vous : mettre en scène au Gymnase pour la rentrée d'octobre la nouvelle pièce de Pagnol : *Judas,* le rôle de Judas devant être ou ayant été proposé à Philipe.

Minuit trente donc, Elvire Popesco et moi bavardons dans le restaurant. Je dis, je répète – et plutôt dix fois qu'une – que je ne peux *et ne souhaite pas travailler ailleurs qu'au T.N.P.*, que mon emploi du temps est pris par mon triple métier de directeur, de metteur en scène, d'interprète. Rien n'y fait. La voix vibrante de la comédienne tourne autour de mes explications, en réduit le sens. Persuasive et attachée à sa proie, l'invincible directrice me fait admettre presque – oui : presque –, que tel ou tel mois « je pourrais très bien ». Je ne suis pas loin d'en oublier mon calendrier de travail de mai à novembre. Cependant, tout en admirant le don de conviction dont témoigne mon vis-à-vis, je tente de m'évader de cette mise en état de siège dont je suis l'objet.

ELLE : Ce mois-là, vous êtes libre!

MOI *(en lui souriant) :* Ce mois-là, comme les autres, je suis pris.

ELLE : Et celui-ci?

MOI : Mais, madame, ce mois-là comme les autres mois, de juin à décembre, je..., etc., etc.

Elle recommence, elle ne me lâche pas. Je recommence, je me défends. Nous ne sommes sourds ni l'un ni l'autre; cependant il faut croire que nous sommes l'un et l'autre opiniâtres. Elle s'obstine. Elle poursuit. Elle parle. Je subis. Elle mène, dirige le combat et je suis à deux doigts d'être groggy; d'être perdu, de dire oui, de m'abandonner, de m'écrier : « Oui Popesco, oui Popesco, allons-y! Plus de T.N.P., répétons *Judas.* »

Toutefois elle me regarde stupéfaite quand je lui dis : « Aux mois de juin, juillet et août, je *tourne*.

– Où ça?

– Mais, madame, je viens de vous le dire : à Beaumesnil, à...

– Où ?

– A Beaumesnil, village normand, le Château de Beaumesnil, style XVIIe siècle italien, etc.

– Quel film ?

– Mais ce n'est pas un film. Ce sont des représentations théâtrales que le T.N.P. doit donner à Beaumesnil, à Rouen, à Strasbourg, à Savigny, à Nice devant l'église de Cimiez, à ... Avignon.

– A Avignon, qu'est-ce que vous allez faire à Avignon au mois de juillet, sinon tourner un film ?

– Mais non, madame, depuis plus de sept ans nous donnons des représentations dans la Cour du Palais des Papes, etc.

– Des représentations filmées, c'est bien ce que je dis. »

Cinq minutes après, entre une asperge (« aigre ! » crie-t-elle au garçon) et une aile de poulet (« trop froide, pas assez chaude ! » jette-t-elle à ce même garçon), je reprends mes ânonnements et enchaîne doucement, poliment, commentaires et paraphrases.

Je ne la convaincrai jamais. Non je ne convaincrai jamais Elvire Popesco. Elle doit penser que je ne donne pas la véritable raison de ce refus répété. Je vois ces beaux yeux attentifs et perçants m'interroger. Je la quitte, à la fois stimulé, émoustillé et épuisé par ce combat.

Je vois Marcel Pagnol demain. Il me dit ce matin au téléphone :

« Je vous propose de mettre en scène ma pièce au théâtre et au cinéma.

– J'ai mal entendu.

– Non, vous avez bien entendu. Je vous propose de mettre en scène *Judas* au théâtre et je vous propose de réaliser le film *Judas*. »

Je suis toujours étonné par la générosité et par les projets audacieux d'autrui. Je reste perplexe. A la fois heureux et circonspect [1].

1. Voir lettre autographe de Pagnol.

MARCEL PAGNOL

Paris 12 Juin 53

Cher Jean Vilar,

Que vous êtes gentil d'avoir pris le temps de m'écrire ! Sachez que je vous admire, parceque vous avez magnifiquement réussi l'impossible, et que vous le faites chaque jour.

Ce ne sont pas des paroles

MARCEL PAGNOL

de politesse, mais d'amitié réfléchie.

Je suis en train de monter Judas – sans vous hélas ! – Ce n'est pas facile.

Si Dieu me prête vie, nous nous retrouverons sur un plateau.

Adessias,

Marcel Pagnol

Arrivée

140655 / 22

Ce matin, vendredi, rencontre avec Jacques Jaujard [1] dans son bureau. Présence de Coumet et de Rouvet. Discussion sur le cahier des charges, sur les crédits d'équipement (17 millions ?).

Les problèmes de *Cinna.* A la vérité, ce sont et les uns et les autres des salauds ou, plus précisément, des « tueurs ». Aucun scrupule. Si certains en témoignent ce n'est ni par bon sentiment ni par raison d'État. Ils sont enchaînés à des orgueils blessés ou à la haine, à la vengeance, à cette obsession : tuer ou être tué. Si la générosité éclaire leur réflexion, ce n'est que pour un temps. Le pardon d'Auguste naît de sa lassitude. C'est aussi un acte politique. Des monstres. Cette pourpre impériale a la couleur du sang. Du sang tout frais.

... *Songe aux fleuves de sang* où ton bras s'est baigné...
De combien ont rougi les champs de Macédoine
Combien en a versé la défaite d'Antoine,
Combien celle de Sexte, et revois tout d'un temps
Pérouse aux siens noyée et tous ses habitants...

Nous sommes loin des douloureux cœurs purs à la Rodrigue, à la Chimène, loin de ce Roi du *Cid,* altier et simple, juge sensible, loin de l'Infante, de Sanche et de Gormas. En fréquentant Auguste, Émilie, Cinna, Euphorbe, on ne peut pas ne pas songer à la Cléopâtre (de Rodogune) et à Attila.

Querelle de famille, aussi bien. Mais cette famille gouverne le monde.

Pauvre monde.

A la date du 19 mai 1954. Vendredi

Cinna. Mémento en ce qui concerne la régie de l'œuvre.

Éviter à tout prix les signes extérieurs d'un protocole et donc pas de « je te salue, tu me salues à la romaine », etc.

C'est une querelle de famille, mais de famille possessive et

1. Directeur Général des Arts et Lettres. *(Note J. V.)*

régnante. Celui qui perd le match est liquidé. Cela fait partie du jeu politique. Voir Salluste. On n'exile pas, on n'emprisonne pas. On tue.

Cependant ce style écrit est d'une souplesse, d'une flexibilité extrêmes. Donc l'élocution, la diction doivent être sans heurts et sans rupture trop sèche. Cela est difficile. Difficile parce que l'humeur secrète, profonde des personnages est, à l'encontre de cette flexibilité de l'alexandrin, violente. Parce que cette violence s'oppose à des cadences prosodiques souvent feutrées, à un style très « legato ».

De la familiarité romaine. Corneille, élevé sur le Forum et sur les bords du Tevere, sait en user avec malignité et avec un aplomb qui fait partie de son génie naturel. (La musique d'ensemble de *Cinna* égale les plus belles pages de Chateaubriand sur Rome.) Cette familiarité, ce tutoiement, est à la fois une coutume et un masque.

Éclairage : la pleine lumière. Celle de la campagne romaine, de la Via Appia certains jours de mai.

Devant nous, Corneille analyse – les brechtiens disent démystifier ou distancier ou je ne sais plus quoi – la réalité des ambitions et des haines dont le monstrueux égoïsme nous fait oublier que Rome est à son apogée. Corneille ne respecte pas Rome, il ne respecte que la vérité. *L'analyse classique* lorsqu'elle est fidèlement suivie par le régisseur et le comédien est plus « démystifiante » encore sur le plan politique que n'importe laquelle des œuvres engagées contemporaines. Il suffit de bien lire et à la lettre, de n'avoir avant cette lecture attentive aucun parti pris.

Donc Rome est un grandiose navire pourri. Et Octave – comme Macbeth – est un assassin. Plus encore : il est un exterminateur politique, un Attila civilisé. (Cependant à ses côtés, disons en coulisses, vivent et le flattent Virgile et Horace. Étrange conjonction de la littérature et de la politique, cela dit.) Les monstres poudrés de Racine sont les puînés de ces Euphorbe, Maxime, Cinna, Octave, etc. Racine a-t-il jamais pardonné au « Vieux » d'avoir vingt ans auparavant indiqué le chemin?

Du point de vue du choix du sujet aussi bien que *de la conduite d'une œuvre dramatique et de l'intrigue,* c'est peut-être le drame français le plus audacieusement composé. Entre autres choses, les « topos » politiques, les survols de l'histoire républicaine ou impériale, les longs monologues risquaient et risquent en effet de lasser non pas le lecteur certes mais le spectateur. Ceci dit, dans ces longs passages le vers est pur de tout mauvais alliage. Il est net et l'on éprouve une sorte de plaisir à le dire. Il n'emprunte pas toutefois à la mélopée (Racine) ou à l'apparat solennel ou orgueilleux des rythmes et des cadences d'une certaine prose gonflée (Bossuet). A cette prosodie il n'est de comparable que la prose chaleureuse et ferme de Pascal ou bien, ici et là, les colorations inattendues et savoureuses de de Retz. Presque tous les vers de *Cinna,* comme la plupart des maximes de La Rochefoucauld – celui-ci a trente ans en 1640 – font cible. Donc dans l'interprétation des rôles, pas de fioritures, pas d'enjolivement, pas de parade.

L'histoire des recettes. Elles furent importantes pendant vingt ans, de 1640 à 1660. D'autre part, après 1660, l'œuvre fut représentée cent soixante-six fois sous le règne de Louis XIV, ce qui est beaucoup. Notons enfin que vingt-sept représentations furent données devant la Cour – et devant le Roi, je suppose – ce qui est considérable.

Musique de scène. Jarre, tu es de repos. Aucune intervention musicale ni avant, ni pendant, ni après le spectacle. Rien. Très vaguement et ceci afin de donner l'indication aux ouvreuses et aux spectateurs que le début du drame est imminent : une batterie au bruit sourd.

Monfort. Les deux premières scènes de l'œuvre dont le difficile monologue sont hantées par la présence imaginaire du Père. Elle obsède ta pensée, règne sur tes sentiments, gouverne tes actions. (Le mot « père » est répété neuf fois nommément en cent quarante vers. C'est beaucoup.) Il faut que tu te laisses gagner absolument par cette évocation – ou invocation – douloureuse. Si l'actrice n'a pas suffisamment marqué le traumatisme douloureux jadis provoqué par l'assassinat du Père par Octave-Auguste, la chère Émilie s'expose par la suite à n'être plus aux yeux de tous qu'une garce, qu'une fille-garçon, qu'une forte en gueule. C'est une femme. Et Dieu soit loué, ses forces ne l'abandonnent pas, elle; et ses genoux ne tremblent pas. Douloureuse certes mais rien de commun avec Phèdre ou le petit mannequin oriental Bérénice.

Le vers 24 : « Te demander du sang, c'est exposer le tien. » Ce n'est pas une image, certes. Ni une hyperbole. Réalité physique de l'assassinat et de la mort.

Pour nous tous : les *e* muets dans un alexandrin, paradoxe! ne doivent pas être élidés. En élidant les *e* muets, on donne un accent « parigot ». Moi, je veux bien, mais ça ne fait pas partie de mes intentions. D'ailleurs je n'ai pas d'idée très originale, vous savez, en ce qui concerne la mise en scène. Les idées originales et neuves, connais pas! D'ailleurs existe-t-il des idées vieilles ou nouvelles? Il n'est que des idées justes ou fausses. Donc respectez sans cependant nous les offrir sur un plat ces *e* dits muets. Ils mettent en valeur et la consonne et le mot et les douze syllabes et la phrase mélodique. Merci. Oui, ça va bien. Je ne rêve pas. Nous sommes bien en 1954. Le premier et le plus nécessaire des réalismes c'est celui du respect réaliste, *matérialiste* de la syntaxe et des sons. Merci, ça va toujours bien. Et je ne radote pas. On ne s'improvise pas directeur d'acteurs. Ce n'est pas à vous que je l'apprendrai.

A nous tous encore :

Nous hochons souvent la tête. Souvent. Trop souvent. Pourquoi? Pour adoucir ou atténuer la portée du propos? Ça fait : « Moi, vous savez, je n'y peux rien mais tout de même, n'est-ce pas, faut ce qu'il faut, etc. » En frétillant ainsi, vous donnez, pardon, nous donnons à ces bandeurs l'apparence d'être châtrés.

Évitons enfin de faire papillonner, froufrouter nos mains ou nos bras. Napoléon à Talma-César, après une représentation de *La Mort de Pompée :* « Vous fatiguez trop vos bras. Les chefs d'empire sont moins prodigues de mouvements. Ils savent qu'un geste est un ordre, qu'un regard est la mort. Ils ménagent le geste et le regard. » De Napoléon toujours, à Talma-Néron : « Je désirerais aussi que vous fissiez moins de gestes. Ces natures-là se répandent moins au-dehors. Elles sont plus concentrées. D'ailleurs je ne puis trop louer les formes simples et naturelles auxquelles vous avez ramené la tragédie. »

Autre chose. Le discours de Corneille n'a rien de commun comme on l'a dit et redit avec le style et la dialectique du prétoire, avec l'humeur, l'adresse, la syntaxe de l'avocat. Ne cédons pas à ces explications universitaires et traditionnelles. Pour éviter cela, un bon moyen : affirmez et n'hésitez pas. Or, ne faisons-nous pas le contraire? Donc, *n'exposons pas* mais soutenons fermement nos craintes, nos doutes, nos hésitations mêmes. Affirmer et non douter c'est placer l'auditeur au cœur même de la tragédie. C'est rendre évident et clair et *significatif* à tous le dilemme. Être clair, « jouer clair » cela est essentiel pour la majorité de nos spectateurs-T.N.P. qui, ne l'oublions pas, écouteront pour la première fois cette ou une tragédie.

Ne craignons donc pas les contradictions. Au contraire, livrons-les à la pleine lumière. Ces flottements, ces allées et venues contradictoires du personnage cornélien, cette mobilité c'est le sang même du « corpus » de l'œuvre. C'est fou et merveilleux.

Ceci enfin. La tragédie incline trop souvent les interprètes à jouer le visage crispé et l'œil fixe. Ou torve. Ce qui est drôle. Ça ne fait pas visage de la Gorgone, ça fait Œil de Vache. Oublions les masques de la tragédie. Ce n'est pas là le meilleur de la sculpture romaine. Ou grecque. Oublions l'université, le baccalauréat et nos souvenirs de rhétorique, voulez-vous?

Conclusion – Je ne cesserai pas de vous répéter que ces personnages ne sont ni bons, ni généreux, ni confiants. Jamais. Le contraire de Rodrigue, de Chimène, de Sanche et de cette chère Infante.

Samedi 22 mai 1954

Entrevue avec François Perrier.

Mémento : sa tournée théâtrale prochaine dure plus de trois mois. Commençant en janvier, elle finit le 7 avril. Il reprend la responsabilité de la Michodière à partir de ce mois d'avril 1955 jusqu'au 1er juillet environ. Cependant les représentations de Pierre Fresnay peuvent aller au-delà d'avril 1955 jusqu'en juillet.

En conclusion, il n'est assuré d'être libre qu'à partir du 1er juillet 1955 (Avignon?) ou du 1er septembre de la même année. La pièce : *Le Misanthrope*? C'est un rôle touchant, assez bouleversant parfois, mais drôle le plus souvent. Il y ferait merveille. Il en a l'âge aussi bien.

Jeudi 27 mai 1954

Ce jeudi, après cinq semaines d'absence, nous donnons à Chaillot deux représentations de *L'Avare*. Les salles sont pleines. Cela fait, nous abandonnons la colline jusqu'au mois de novembre. Au cours des prochaines années, ne pas oublier d'inscrire au programme de pareils retours printaniers.

Quand les choses se compliquent entre un autre et le responsable il ne faut pas que celui-ci craigne de dire ou d'écrire avant que le pire ne survienne, de dire ou d'écrire *aussitôt* : « Voulez-vous que nous nous expliquions. Où? Quand? Le plus tôt serait le mieux. »

Mardi 1er juin 1954

Le temps est humide et froid. Et il a plu. Premier juin ingrat. Le temps eût contrarié considérablement les représentations que cet hiver nous nous proposions de donner à la date d'aujourd'hui dans la Cour de Marbre (Versailles).

Paradoxe que nous n'avons pu éviter, histoire qui risque de tourner mal et à notre détriment : nos représentations au nord de la Loire ont lieu en juin, celles que nous devons donner dans le Midi (à Marseille, à Avignon et à Nice) sont programmées en juillet et en août! L'inverse eût été plus sage. Mais on ne peut changer les dates de représentations du Festival d'Avignon, dont la « première » a lieu le 15 juillet depuis bientôt sept ans. L'accoutumance sinon la coutume tue.

Macbeth.

Tandis que j'apprends mon texte, seul le matin chez moi, je me dis et me répète une fois de plus :

« Je ne jouerai plus de textes traduits. Je ne mettrai plus en scène de textes traduits. Je n'apprendrai plus de traduction. Shakespeare compris. Ou bien on l'émascule afin de " dire " un français direct ou du moins convenable; ou bien on prononce et mâche un langage épais, lourd, dont le poids est celui de tous les lexiques anglo-français réunis. L'ami Curtis, traducteur, n'y peut rien. La fidélité au texte original alourdit la prose française et, par ailleurs, l'infidélité est un crime. Alors? »

Je bavarde avec Wilson, hier. Remarques fines, intelligentes sur la pièce, sur les personnages, sur *Macbeth,* sur l'état actuel du travail scénique. Entre autres choses, il me dit : « Le rôle de la musique doit être considérable. »

Vendredi 4 juin 1954 – Beaumesnil

Depuis dix jours environ, douleur constante dans l'épaule et le bras gauche, de la colonne vertébrale aux doigts. Quand je me couche, je ne puis soutenir la position allongée. Je « tourne-retourne » jusqu'à l'abrutissement; alors le sommeil, le demi-sommeil survient. Toute la journée j'absorbe des cachets qui atténuent sans calmer entièrement la douleur – radiographie, auscultations, etc. – N'ai plus le goût de travailler, de répéter, de jouer. (Ce soir, cependant première de *Don Juan* devant la façade du Château de Beaumesnil.) Fatigue, lassitude morales aussi bien. Du moins il me semble. J'accepte mal de vivre au milieu de tant de gens, comédiens et autres. Je me dis, sans y croire, que mon état actuel fausse mon jugement sur eux, sur toute chose. En vérité, je suis malade de ce tournoiement des uns et des autres, de cette nécessité de travailler en commun. La solitude guérirait bien des choses. Je vis au milieu du bruit; je sors d'un dialogue pour être saisi par un autre. Et cette fureur empruntée des répétitions. Apprendrai-je jamais à me dominer, à dominer ces colères subites et que je ne pressens pas, à soumettre, à réduire ces réactions de premier mouvement, bêtes, physiques, inutiles, bref à me faire fléchir? Le métier de comédien, entre autres choses, enseigne cela, conduit à cette maîtrise nécessaire. Alors? Mais non, tout au contraire : accès de colère, haines ou ressentiments rentrés, amour-propre blessé..., etc., toute la panoplie. Une sorte de passion amère, âcre et indigeste m'anime contre les êtres, le plus souvent contre les choses.

Goût de la solitude. Au milieu de tous, j'en éprouve la nostalgie. En vérité, j'ai besoin de peu de gens pour être, à quelque chose près, heureux. Or, pendant des semaines, pendant des mois, y compris et surtout le dimanche je vis au centre d'un tourbillon de voix, de mouvements que seule l'ordonnance de la représentation atténue ou efface.

M'adapterai-je jamais à cette cadence, à ce rythme, à ce carrousel incessant?

Hier, jeudi, arrivée à Beaumesnil à 21 h 30. Erreur dans le dispositif de base : l'entreprise chargée de la construction tubulaire a reculé la scène de quatre mètres, ce qui nous éloigne d'autant du premier rang du public. D'autre part, le tiers du plateau est de ce fait situé au-dessus de l'eau des douves. Nous jouerons dans un bain d'humidité froide, de brouillard. Camille [1] est las et crispé.

1. Camille Demangeat, chef constructeur du T.N.P.

Les comédiens arrivent ce matin. Vers midi. Ai couché au château, dans une des dépendances. Les Fürstenberg très bons et très obligeants.

Et toujours le dérisoire refrain : « Ah, si j'étais libre. »

Mardi 8 juin 1954

Hier, quatrième et dernière représentation de *Don Juan* devant le Château de Beaumesnil.

Dans ce lieu isolé, éloigné de toute agglomération importante, nous aurons groupé plus de sept mille spectateurs. Ils sont venus des campagnes environnantes. D'origine modeste pour la plupart.

Il pleuvait le premier jour depuis 4 heures de l'après-midi. Lentement ils sont arrivés avec couverture et riflard. Vers 22 heures, comme la pluie ne cessait pas, je me suis avancé vers le public afin d'annoncer que la représentation était renvoyée. Apercevant les gens calmement rassemblés devant moi, immobiles, emmitouflés dans leurs couvertures, protégés par leur pépin j'ai dit tout le contraire : « Que nous n'étions pas en retard, que si nous n'avions pas commencé à l'heure annoncée (21 heures) c'était à cause de la pluie, *que nous commencerions* dès que la pluie s'arrêterait un peu... » J'ai volontairement omis de leur dire qu'il y avait risque à ce que les comédiens glissent sur la scène humide et tombent dans les douves, etc., que nos costumes, après dix minutes de jeu, seraient semblables à des maillots de bain, que nos perruques... à quoi bon? J'ai donc annoncé le contraire.

Le public m'a écouté. Je l'ai salué. J'ai repris ma marche solitaire de 30 à 40 mètres jusqu'à la porte du château. « Extinction des lumières. Musique. Spots! » Et nous avons commencé.

Hier soir donc, lundi, seule nuit dont la température fût un peu clémente. Les autres soirs, le froid aigre et pénétrant glace les corps, les lèvres. A-t-on l'impression de parler, d'être entendu? Au cours de la première représentation du vendredi 4, nous jouons entourés par des nappes de brouillard. Mains et doigts engourdis par l'humidité et le froid, je joue les cinq actes avec les gants. La perruque de Sganarelle n'est plus qu'un gros et épais trait noirâtre autour du visage de Sorano. Les filles ont les larmes aux yeux. Et quand nous retournons dans nos loges, c'est le silence et l'accablement.

Pourquoi s'obstiner à ce jeu de théâtre en plein air? Dans de telles conditions de jeu, que devient le style? Où nous mène cette aventure? Le théâtre est fait de corps sensibles non de statues de marbre résistant aux variations de l'air, du ciel et de la terre? Faut-il donc s'obstiner? Bien sûr, ces représentations de plein air, en des lieux inaccoutumés, étrangers jusque-là au théâtre, groupent un nombre imposant de personnes. Bien. Parfait. Ils viennent. Mais pour voir quoi?

L'amertume, la lassitude, la tristesse, à présent, en moi s'accentuent. Je marche parfois en cette vie, je marche en ma vie comme le fait un somnambule. Cependant, la nervosité est absente. Je suis comme plié, courbé par le mécanisme d'un emploi du temps qui m'asservit plus aux manies d'un sergent-fourrier qu'à la recherche et à l'étude. Ah, « théâtre populaire », que d'idioties on commet en ton nom. Je n'éprouve même pas l'envie de dresser le parallèle entre ce que je souhaitais que fût un théâtre disons « social » et ce que nous faisons présentement du point de vue du style. S'imposer une politique, dresser un plan d'action, obéir à l'une et à l'autre et voilà que le mouvement détruit toujours quelque part essentielle au nom de laquelle, aussi bien, l'on combat. L'acte est bien la caricature dérisoire du rêve.

« Il faut prendre, mon bon, les choses comme elles viennent.

– Non.

– Elles plieront à leur caprice tes projets les plus simples et les plus raisonnables.

– Pas toujours.
– Tu voudrais qu'elles fussent obéissantes, de toute façon. Elles sont fortes et elles ne sont pas toujours discernables. Tu voudrais leur commander mais c'est elles qui gouvernent à ce petit autocrate aux multiples faiblesses que tu es. Crois-tu avoir appris à diriger? A la vérité, tu ne fais que passer au travers des déprimantes servitudes qu'impose cette acceptation que tu as donnée en septembre 1951. Les « choses » se sont aussitôt présentées. Dès le premier jour. Tu as eu beau alors leur sourire, elles sont restées inertes. Tu attends de celles-ci des souplesses qui ne sont point dans leur nature. Leur insensibilité même est une moquerie. Va-t'en. C'est la seule solution.
– Quinze jours après je regretterai cet abandon. »

Juillet 1954 – Avignon

Le périple d'été continue. Après Beaumesnil, après Rouen (création de *Cinna* dans la cour du Palais de Justice), après Genève (Théâtre sous le chapiteau dans le parc Lagrange), Strasbourg, La Haye, Amsterdam, Dijon (Cour de Bar), après Savigny-lès-Beaune (devant le château, quatre représentations), six mille spectateurs, scène et travées construites par Camille Demangeat), venant de Marseille (représentations données sur le Vieux-Port, face à l'Hôtel de Ville), j'arrive tôt à Avignon le matin du 14 juillet. La troupe n'arrivera que le 16. La première de *Macbeth* a lieu le 20. Première représentation en costumes le vendredi 16, plus étude des éclairages, etc.

31 juillet 1954

Le Festival a donc commencé le 20.
La névrite de l'épaule, du bras et de la main gauche est à peine soutenable. Quand je travaille seul mon rôle, la perma-

nence de l'état douloureux me distrait de l'effort de mémoire. Les élancements s'enchaînant l'un à l'autre épuisent, je le sens bien, mes forces. L'abattement succède à l'effort, la prostration annihile, efface la moindre intention. Je reste longtemps allongé dans mon fauteuil ou sur mon lit, ne faisant rien, ne pensant plus au texte, ne pensant plus au rôle.

Le samedi 22 juillet – je joue le soir Auguste dans *Cinna* – je me rends chez le docteur Reboul. Radiographie des vertèbres et de l'épaule. Comme je lui dis souffrir durement de l'estomac et du foie depuis trois jours, il radiographie l'un et l'autre. Résultat : l'ulcère est en état de crise maximum et peut provoquer la perforation dans les jours qui viennent. Diète, régime sévère, pas la moindre goutte de vin ou d'alcool, pas de graisse, légumes bouillis, etc. Changement subit de régime qui m'abat complètement. Je joue *Macbeth* le vendredi 23 dans un état de faiblesse tel que je n'ai pas conscience d'interpréter quoi que ce soit. L'attention contrôle plus ou moins le jeu, c'est tout. Je sais qu'en retournant sur scène pour tel ou tel tableau, la mémoire me sera infidèle. Je n'éprouve aucune crainte, cependant. Je gravis la pente et me voilà sur le plateau. Cette situation d'homme publiquement impotent, à demi irresponsable devrait m'humilier. Non. Rien. Jamais je n'ai été aussi assuré. Et assuré de mon bon droit. De mon bon droit à être là sur le plateau, oubliant telle réplique, ignorant absolument telle autre. J'attends la fin du tableau. Je joue. J'attends la fin de la pièce. Ce qui est, ce qui existe, ce n'est pas l'interprétation, ce n'est pas le rôle, c'est une sorte d'état d'hypnose contrôlée, d'existence plate, sans relief. Est-ce que je joue ou est-ce que j'erre sur ce plateau? Je n'en sais rien. Il me semble cependant que je ne bouleverse pas la mise en place prévue. Du moins je le crois. Mais est-ce certain? Égoïstement perdu dans cette sorte de naufrage, j'en oublie d'interroger les autres interprètes. En coulisses, entre deux tableaux ou au cours de l'entracte, je me gorge de bismuth anti-spasmodique et m'allonge sur mon grabat. Puis je retourne dans le couloir. Je gravis une fois de plus la pente inclinée qui conduit à la scène. Mon combat avec Macduff-Wilson doit être ridicule, réduit qu'il est à presque rien. Ce Macbeth va à la mort – et l'achèvement du rôle – comme un assoiffé, titubant, se traîne vers l'oasis. Après la représentation, et il en sera ainsi jusqu'à la dernière soirée, je retourne en clinique, où le docteur Reboul met à ma disposition – je l'apprendrai le dernier jour par hasard – sa propre chambre.

Ai-je agi en insensé ? Mais non.

La veille de la première de *Macbeth*, conscient de mon état, j'ai réuni quelques camarades : Rouvet, Saveron, Philipe, ma répétitrice, etc. Je leur ai exposé la situation : « Ce que je sais du texte, l'épuisement me le fait oublier. » Le reste, je ne parviens pas à l'enregistrer. Pis : je ne puis faire autrement que de classer *un mot après l'autre*. C'est interminable et cet effort négatif en définitive ajoute à l'épuisement, vide le bonhomme. « Ne devrions-nous pas, dis-je, renvoyer la première représentation à une autre date ? »

Nous ne le ferons pas, en définitive. Nous jouerons. Ou plutôt : ils joueront et je les suivrai.

Aujourd'hui 31 juillet, le Festival terminé, je ne parviens pas à éprouver, pas plus qu'il y a huit ou dix jours, un sentiment de honte. Cette incapacité, évidente à tous, à aucun moment n'a provoqué en moi un sentiment d'humiliation. Dans sa chronique dramatique, un écrivain ami m'a traité de « déshonneur du théâtre français ». J'ai lu ces mots et l'article sans sourciller.

Fallait-il ne pas jouer ? Mais dix jours, quinze jours après, je n'aurais pas été en meilleur état.

Et l'on ne remplace pas Macbeth, on ne remplace pas le metteur en scène de *Macbeth* en dix, quinze, trente jours. Alors ?

Eh bien oui, il fallait faire ce que nous avons fait. Il fallait jouer et nous avons joué. Quand je lis « déshonneur du théâtre français », je me dis : « Voilà qui est juste certainement. On te voyait lire ton manuscrit en scène et tu as sauté le tableau des trois assassins, etc. D'autre part, aux côtés d'un interprète à ce point incertain, comment les autres comédiens ont-ils pu jouer? »

En définitive, si cette situation a paru inadmissible à certains, j'ai le sentiment que le bonhomme, bousilleur d'un chef-d'œuvre, ce n'est pas moi. Je n'éprouve pas le sentiment de la faute. A la lettre, je me sens pur de toute faute. Voilà qui est étrange.

Quarante-deux ans, un mètre soixante-quinze, soixante-trois kilos, hernie, ulcère déjà perforé à l'âge de 27 ans, névrite depuis trois mois, pourquoi poursuivre une tâche qui réclame tous les jours un bon état de la condition physique. « Quand le poète est malade, dit Gœthe, qu'il aille donc se soigner. » Idem pour le comédien. Un être à bout de forces sur un plateau est une pauvre chose inutile. Il n'expose de son corps malade que les faiblesses et les défaillances.

Vu le professeur Gutmann dans son domaine de Domazan près d'Avignon le lundi 26 juillet. Intervention chirurgicale? Il remet sa décision au 10 août.

Je me repose donc toute la journée jusqu'à la représentation chez le docteur Reboul. Gentillesse, malice et autorité. Sa décision est rapide; elle tient compte des circonstances (le malade doit jouer tous les soirs; donc il y aura une infirmière tous les soirs au théâtre « car vous pouvez " perforer " en scène »). Un mécanisme de sauvegarde vous entoure et, n'était le mal localisé et trop certain, on se sentirait déjà guéri. Il plaisante un peu. Cependant, le travail achevé, il vient bavarder et je sens bien que le comédien que je suis l'intrigue et que le malade l'inquiète. Je n'éprouve quant à moi aucune crainte.

J'aime ces ruelles et ces très anciennes rues étroites derrière le Palais : rue de la Banasterie, rue des Trois Colombes, rue Palapharnerie, rue des Trois Pilats et retour à la rue Arnaud de Fabre. « Philanthrope », note la plaque. Débarrassé de tout souci, j'erre une demi-heure par jour le long de ces rues silencieuses et, à un ou deux passants près, toujours désertes. Est-ce que je vois d'ailleurs les passants? Est-ce qu'ils me voient? Je chemine, m'arrête, m'appuie à un mur, goûte au soleil, me repais de cette lumière et oublie les servitudes du soir.

Dans le jardin de la clinique, vers 17 heures, la paix et le silence s'allient à la chute du jour. Des cloches proches et lointaines sonnent paresseusement. Il va falloir quitter cette petite Italie et rejoindre le mal, transiger avec l'épuisement, combler les vides de la mémoire malade, jouer Macbeth.

Je n'éprouve aucune difficulté par contre à jouer l'Électeur du *Prince de Hombourg* que j'interprète depuis trois ans. Aucune difficulté ou crainte, d'autre part, à interpréter dans *Cinna* les longues répliques et monologues d'Auguste, appris et joués pour la première fois il y a sept semaines à peine.

Malade au moment de la prise en charge du rôle de Macbeth au cours des vingt dernières répétitions, je ne suis pas parvenu, je ne parviens pas encore à m'évader de ce labyrinthe des mots, des phrases, de l'enchaînement des scènes, des états et des sentiments du personnage. C'est toujours le vide aux mêmes passages. Rien n'y fait. Macbeth est pour moi un être dont le crâne sonne creux.

Mercredi 10 août 1954 – Sète

Saison terminée à Nice-Cimiez, sur la place de l'Église avec *Meurtre dans la cathédrale*. Arrivée à Sète à 18 heures ce mercredi. Au passage, visite aux docteurs Reboul (Avignon) et Gutmann. Réduction de l'ulcère mais la névrite continue. Lettre d'un ambassadeur étranger qui me recommande de telle façon un comédien « de passage » dans notre troupe que je suis sur le point de répondre par une lettre folle. Je refuse de souscrire à la demande, toutefois. User de son autorité ou plutôt de celle de son poste pour une pareille sottise! « Savez-vous que moi, pauvre imbécile, je respecte ce et ceux que vous représentez? » Le monde est pourri. Et les tueurs n'ont pas toujours tort.

Samedi 21 août 1954 – Sète

Vacances, repos, détente? Non. La douleur dans le bras gauche est revenue et ne cesse pas. Deux fois en trois jours je suis allé à Aix : traitement du docteur Bellon. Une fois de plus, comme en mai, juin, juillet, le résultat est négatif. Ne sachant plus quel traitement suivre et à quel médecin m'adresser, je décide, malgré la beauté des jours, de m'aliter. La douleur ne m'a pour ainsi dire pas quitté depuis le 10 mai, depuis plus de trois mois. Malgré les traitements, malgré l'arrêt de tout travail depuis le 8 août, pas ou peu d'amélioration.

Lettre de Wilson reçue aujourd'hui à laquelle je réponds [1].

Lundi 23 août 1954 – Sète

Ce cahier n'est plus qu'un mémento de remèdes. Entre les pages je range les ordonnances. Il en est de Dijon, de Marseille, d'Avignon et de Paris. La réflexion sur le métier est en ces pages inexistante désormais. Peut-être aurait-il été préférable d'étudier plus attentivement les rapports du mal et du jeu. Mais non. « Je souffre », dit le comédien malade et adieu le personnage et l'invention. Il existe cependant un lien entre le mal et la portée d'une interprétation et qui sait se servir de cette union peut donner à celle-ci une efficacité singulière. J'ai pu lier le mal et la défaillance et la maladie à Octave-Auguste. Je n'ai pas su, je n'ai pas pu me servir de ce même mal au sein de l'interprétation de Shakespeare. Malade, les rôles vous dominent ou vous rejettent qui exigent force et agressivité. La toge romaine est moins écrasante enfin

1. Voir la lettre de Georges Wilson en annexes, pp. 318-319.

que l'armure du soldat, du moins pour le comédien que je suis. Je n'ai vraiment pas le goût de me balader avec une épée. Sur le plateau comme à la ville. Le béret de chasseur alpin de 2e classe m'était jadis insupportable. Quelle idée d'être allé à la rencontre de ce général écossais. Les problèmes métaphysiques posés par le poète, plus encore que celui, somme toute assez banal, de l'ambition, m'y poussaient. D'une chiquenaude le général sanglant m'a jeté dans le fossé.

Fin août 1954

Malgré mon mauvais état de santé, je quitte Sète en voiture à 7 heures du matin et j'arrive à Paris à 21 heures le vendredi 27 août. Vacances terminées.

Samedi 28 août 1954 – Paris

Je dîne avec Casarès, Chaumette, Camus, Cossery. A la fin du repas, je m'évanouis. Ni indigestion; ni gêne fût-elle légère de l'estomac. La chaleur du restaurant? – je ne suis pas sujet aux évanouissements cependant. Quand je reviens à moi, je sens mon entre-jambes glacé. Alors que j'avais perdu connaissance, Camus m'assure avoir arrosé d'eau fraîche mon sexe.

Je regarde les deux femmes. Elles ne disent pas un mot. Elles sourient à peine. On décide de rentrer.

Je dors comme jamais je n'ai dormi.

Dimanche 29 août 1954

Entrevue avec Rouvet dans la matinée, puis avec Voisin [1]. Ensuite Maurice Jarre et Laurence Badie. Nous déjeunons

1. Directeur des Éditions « L'Arche » qui publient la Collection du Répertoire du Théâtre National Populaire. *(Note J. V.)*

ensemble. Puis : à 17 heures enregistrement du texte pour le disque « Musique de scène » de Jarre.

Après le dîner, valises et coucher à 1 h 30.

Lundi 30 août 1954 – A bord de l'Atlantic

Retard de trois heures au départ du Havre. Le matin, un remorqueur d'escorte, en faisant sa manœuvre dans le port, avait coulé. Sept morts. Arrivée à Southampton à minuit.

Mardi 31 août 1954

Départ de Southampton à 6 heures du matin.

A 6 heures du soir, nous longeons encore les côtes anglaises. Belle journée ensoleillée. Repos complet sur le pont. Pas de lecture. Chaise longue.

Mercredi 1er septembre 1954

Repos – Je vais du lit (11 heures du matin) à la chaise longue sur le pont. A 15 heures, fraîcheur et retour à la cabine. Ennui, ennui et ennui mais détente, décontraction, abandon. La douleur est toujours ma compagne mais timide, évasive, lointaine.

Vendredi 17 septembre – Montréal

Arrivée à Montréal le lundi 6 septembre à 22 heures. Ce soir vendredi 17 a lieu la dernière des quatre « générales » : *Ruy Blas*. Ouf!

Les trois autres œuvres à l'affiche sont : *Le Cid, Don Juan, L'Avare*. Névrite terminée depuis le lundi 13. Elle aura duré quatre mois exactement. Des lancements encore. De plus en plus rares. Régions endolories. Je joue Harpagon avec un seul bras, ce qui n'est pas sans m'amuser. Après tout, manchot ou aveugle ou cyclope, névrite ou pas, ulcéreux, unijambiste, cancéreux, ou pétant de santé, ce passionné reste toujours avare – géant ou nain, il tourne inlassablement autour de son or, attentif à tout et à tous.

Comédiens, les maladies chroniques nous ont-elles jamais troublés? Seul, tel personnage qui nous est étranger est pour nous une gêne, une incommodité. Je n'ai jamais vu *mal* jouer Pierre Renoir et si j'en crois Besson, ex-régisseur de Jouvet [1], Renoir était loin d'être en excellente santé.

Est-ce le personnage Macbeth ou est-ce le mal qui fut la cause de mes sottises de juillet? Et l'un et l'autre certainement. La machine étant déréglée, ce personnage étranger à ma nature profonde accentuait sur la scène cet état de vacuité, ce désert où errait ma mémoire.

Saurai-je, saura-t-on jamais expliquer un peu ces choses?

Vu *Porgy and Bess,* ce soir :

1° – Musique banale. Nous sommes loin des folies, des inventions, des richesses rythmiques nègres.

2° – Sujet pour boniche : une putain s'attache à un infirme des deux jambes; survient le maquereau; l'invalide le tue et va, ai-je cru comprendre, en prison. Mais voici un « mecton » qui a, me semble-t-il, besoin de la dame. Il la « blinde » de coco par deux fois. Sur la scène. Elle part à New York avec le « mecton » aux trois costumes. Revient l'invalide (on ne m'aura pas sur les infirmités scéniques) : il pleure. Il distribue auparavant des cadeaux aux gens du quartier. Apprenant son infortune, il quitte Charleston pour New York. Encore certaines petites choses et c'est la fin.

3° – Enfin on ne m'en fera pas démordre : les acteurs jouent vieux jeu.

Reste le génie de la race nègre. Ils savent comme spontanément chanter en « tutti » et, le plus naturellement du

1. Devenu régisseur au T.N.P. Voir illustrations.

monde, ils dansent mieux que nous ne jouons d'ensemble. Le mot d'un des personnages de Calderón, « il n'est pas une femme qui ne sorte danseuse du ventre de sa mère », peut s'adresser aussi bien à ces femmes noires. Quand tel ou tel interprète solo n'en fait pas trop, alors la leçon de jeu est très belle. Mais il arrive qu'ils parodient leur propre génie. Il est des cabots dans toutes les races, décidément. (Et dans tous les métiers.)

Réunion aujourd'hui 17, de 11 h 30 à 13 h 30, avec quelques-uns parmi les plus anciens. Sont présents : Coussonneau, Dadé (André Schlesser), Wilson, Monique Chaumette, Sorano, Lucien Arnaud qui arrive trop tard et vient avec Gérard (ma note du 28 septembre à bord : ces réunions sont-elles nécessaires..., etc.).

Mémento :

1° – Allons-nous – et je vous pose la question sans ironie, allons-nous vers un commandement par la base ? Souhaitez-vous cela ? D'autre part, de par mon contrat avec l'État, je suis le seul responsable. Il n'en est pas d'autre. Comment donc assumer une direction dont l'orientation et les instructions essentielles viendraient de la base ? Hé, il faut l'avouer, je serais maladroit. Je ne suis pas souple.

2° – Il ne faut pas partager des querelles qui ne sont pas les nôtres, je veux dire celles qui sont étrangères à ce théâtre. Ce qui ne signifie pas qu'en tant qu'individu nous nous désintéressions des affaires de ce monde. Bien au contraire. Cependant, nul n'a le droit d'interpréter un personnage dans tel ou tel sens politique sans un accord commun.

3° – Une fois de plus, je ne fais ici que donner mon point de vue et ne fais pas appel, absolument pas, à votre confiance.

4° – Le travail à la base et par la base est chose délicate. Ne l'entreprend pas qui veut. Celui ou ceux qui souhaitent assurer le travail à la base et par la base doivent savoir que c'est une servitude extrêmement exigeante et *permanente*. Si ce travail est maladroitement exécuté, ou superficiel ou incertain, alors c'est le désordre. Travailler à la base c'est travailler tous les jours à la base et pendant des années. Alors le résultat est fructueux. Mais où serez-vous dans trois, dans six mois, dans un an? Serez-vous encore parmi nous? Certains se seront éloignés du T.N.P. peut-être. D'autres sûrement. Par contre, le responsable actuel de la maison sera toujours là. Que ferai-je alors?

5° – (De bonne foi mais « provocateur » sans le vouloir :) Ce que vous souhaitez ne va-t-il pas transformer le T.N.P. en une Centrale de Réclamations? Les uns et les autres sommes majeurs. Nous pouvons, sans chercher d'autres façons de faire, nous entretenir librement de nos affaires communes. Abuser de cette liberté, instituer le dialogue en vue d'une nouvelle structure des responsabilités et de la direction, c'est concevoir la « parlotte » comme un instrument de travail.

6° – Pourquoi ne l'affirmerai-je pas? Je suis certain que nos structures actuelles sont bonnes. D'autre part, elles ne peuvent être autrement qu'elles ne sont. J'éprouve une confiance entière en ce que Rouvet et moi faisons. Les coups durs étaient inévitables. Et inévitable aussi bien la surcharge de travail pour certains, pour beaucoup. Assurer les assises de la maison nous condamnait à cela. (J'évite de parler de *Ruy Blas* et de ses répétitions hâtives. J'évite de parler de *Macbeth*. J'évite de parler de bien d'autres choses.)

Ceci dit, à chaque fois qu'il est question entre nous tous de reconsidérer l'activité ou les structures de la maison, il me faut prendre sur moi. Ma réaction est jalouse. La méfiance est alors un réflexe, un sentiment assez durable, un peu mesquin, tout naturel. Acceptons, ayant plus de quarante ans, cet autre défaut.

Mémento en ce qui concerne le forfait total de l'enregistrement par Radio Canada des quatre spectacles au programme : *L'Avare, Le Cid, Ruy Blas, Don Juan.* Ce forfait s'élève à 6 000 dollars canadiens dont :

1° – 2 000 dollars aux impresarii (deux, peut-être trois personnes, c'est-à-dire de Sève, Koudriadzev, etc.)

2° – 4 000 dollars au T.N.P. et aux participants de la tournée. Impôts : 20 % environ de retenue à la source.

Reste donc sur ces 4 000 dollars : 3 200 dollars.

Part habituelle du T.N.P. (et non pas de J. V.) de 20 %, soit 640 dollars.

Reste 2 560 dollars.

Vilar, pour quatre mises en scène : 400 d.
pour trois interprétations à 50 d. : 150 d. en tout 550 d.

Reste donc 2 010 dollars, qui ont été répartis aux membres de la compagnie, selon qu'ils participent à un, deux, trois ou quatre spectacles.

N.B. – C'est la première fois que je touche à titre personnel un salaire ou des honoraires à l'intérieur de l'exploitation T.N.P. Habituellement, la part T.N.P. est versée à l'avoir, à la caisse T.N.P., non à J. V.

Autre mémento : de Sève et Koudriadzev ont donc touché 1/3 du forfait. Pour plusieurs raisons : risques de l'exploitation, location assez élevée de la salle (voir plus loin), d'autre part c'est eux qui ont traité et conclu ce contrat Radio. Enfin, ils ont avancé à la compagnie les sommes dues, celles-ci ne devant être payées par Radio Canada que dans plusieurs semaines, donc, après le départ du T.N.P. du Canada.

Autre mémento : La salle de Montréal est louée par de Sève à Koudriadzev pour la somme de 1 000 dollars, c'est-à-dire 360 000 francs par représentation. Voilà qui est très élevé, me semble-t-il, encore que cette salle comporte 2 200 places. Chaillot (2 800 places et plus, si c'est nécessaire) n'est loué par nous à des organismes ou des sociétés ou des impresarii que pour la somme de 140 000 francs.

Le directeur de la vente de programmes, l'ami Maugé, vend 1 100 exemplaires de ses programmes, contre 134 des nôtres, c'est-à-dire les exemplaires de la Collection du Répertoire contenant in extenso le texte de l'œuvre, exemplaires exempts de toute annonce publicitaire. Nous hurlons. Ça s'arrange et l'on nous assure de la vente de tous les fascicules que nous avons amenés de Paris.

Enfin, pour chaque enregistrement nous touchons 150 dollars de plus que les autres compagnies étrangères de passage au Québec. Ténacité de Rouvet dans toute cette affaire et jusqu'au moindre détail.

Certains sourient de certaines « notes » et précisions. Pour moi, je pense que je ne pouvais trouver comme administrateur un homme plus serviable et plus attentif. C'est ainsi que l'administration fournit à tous, entre autres renseignements, les petits tableaux suivants : 5 cents égalent 18 francs; 15 cents, 54 francs; 90 cents, 324 francs; 1 dollar, 36 francs. Cette note est affichée au tableau de service dès le jour d'arrivée de la compagnie.

Autre mémento : La chambre que j'occupe les deux premiers jours coûte 12 dollars. Je change le troisième jour pour une chambre à 7 dollars 50. A quoi bon une belle pièce ou une « suite », étant absent toute la journée de ces lieux.

Nous mangeons tous les jours aux « 400 » pour la somme de 1 dollar 75. Sans vin.

Notons que comédiennes et comédiens, administrateur, techniciens, la secrétaire et l'habilleuse touchent tous la *même somme* de 20 dollars par jour comme défraiement, en plus évidemment de leurs cachets réglés en francs français à Paris.

Je reçois ici la proposition de *L'Express :* être un des six de leur nouvelle rubrique : « le Forum ». Je réponds oui.

Certaines, certains ici sont malheureux et il y a quinze jours à peine que nous avons quitté la France. Tel regrette son foyer, je dis bien son foyer (femme et enfant). Tel autre regrette tout simplement Paris. Visage de carême. Celui-ci, qui est drôle sur la scène, promène dans la ville un visage sinistre. Celle-là, dont à Paris je connaissais mal le caractère, s'affole ou s'irrite; j'en suis offusqué ou peiné; je tâche d'arranger les choses mais il n'y a rien à arranger en définitive et, vexé ou penaud, je me tais. Il faudrait veiller sur chacun.

J'en éprouve la nécessité ou le besoin et me dis, aussi bien, que cette tutelle sentimentale serait insupportable à beaucoup.

J'ai mes problèmes et avatars personnels, d'autre part. Alors ?

Ce qui me rend interdit et parfois muet, c'est de m'apercevoir que tel qui adore les voyages, cette fois-ci « fait » à la lettre « la gueule ». Patron, on a toujours le sentiment que le fautif c'est vous. Tel autre comédien disparaît toute la journée et on ne le retrouve que le soir sous son costume de théâtre. « Ah, bon, très bien, le voilà. Il n'est pas retourné à Paris. »

Trop nombreuses invitations au Canada. J'ai toujours veillé à ce que celles-ci soient réduites à l'essentiel. Depuis le premier jour de travail hors de Paris, dès fin décembre 1951 (Allemagne). Ces rencontres, ces soirées ou ces déjeuners lassent et ne distraient pas toujours le comédien.

Cependant nous ne pouvons éviter certaines réceptions professionnelles. Et notamment celle de l'Union des Artistes canadiens. Certains d'entre nous viennent en tenue sportive ; par contre nos hôtes sont en tenue de soirée.

Décidément, je ne sais pas me désintéresser de ces banalités. Ce type d'incident me crispe et me secoue plus que la répétition la plus difficile. En définitive, le patron est plus exposé que le metteur en scène. Le choc, de hasards en hasards, qu'il vienne de banalités inattendues ou d'incidents importants, touche plus profondément, *viscéralement* le patron que l'artiste ou le régisseur.

Jeudi 23 septembre 1954 – Ville de Québec

Mémento :
1°. – Arrivée à 14 heures par train et auto.
2°. – Raccord à 17 heures, terminé à 18 h 15.
3°. – Représentation (de *Ruy Blas*) à 20 h 15 (hier soir, nous

jouions *Le Cid* à Montréal et l'avant-veille *Ruy Blas*. Gérard qui joue et Rodrigue et Ruy Blas, surchargé).

Au tableau de service, les retards (10′) de Philipe, Deschamps et Sorano sont cependant notés. Ce qui provoque la réclamation de Deschamps : « Et le repos syndical? est-il jamais respecté? » Non, cela est vrai, il n'est pour ainsi dire jamais respecté. La direction, l'administration s'efforcent de concilier les contraires. Cependant, au cours de cette année et plus particulièrement en ce début de saison 1954-1955, celles-ci n'y seront pas toujours parvenues. Nous le savons et c'est évident. Ce qui n'entraîne pas celles-ci à admettre les retards aux répétitions ou autres incidents. Par contre, la direction et l'administration s'efforcent de tempérer la nature des difficultés privées de quelques-uns. Nous pouvons citer au moins trois cas. Encore que les circonstances fussent étrangères à l'entreprise proprement dite du T.N.P., nous avons pris sur notre temps et nos moyens pour aider ces camarades (Le Marquet qui vient de se marier. Wilson et la maladie d'un de ses proches. Pierre Saveron). Nous avons, ce qui est contraire aux disciplines d'un Ensemble, facilité les voyages individuels (Monfort à New York. Campan, idem). Nous avons réglé en entier les 6 jours de défraiement à bord de *l'Atlantic*. Nous permettons, par ailleurs, le principe de l'utilisation des voitures privées en France et parfois à l'étranger. Ce qui est risque de dispersion, sinon de désordre – ou de fatigue pour certains. Etc. Etc.

Rien n'y fait. Quand l'esprit de révolte – ou de réclamation – s'élève, faut-il se dresser contre celui-ci? A certaines heures de réflexion nonchalante je me moque de ce patron qui, imposant aux autres des devoirs et ne respectant pas tous leurs droits est, vu de l'extérieur, considéré comme un révolutionnaire. En vérité, je protège l'existence et veille sur le degré de résistance d'un rafiot qui ne cesse pas de voyager et dont l'équipage, à certaines heures, éclate en brocards, railleries, nasardes.

Dimanche 27 septembre 1954 – Le Saint-Laurent. A bord

Il est 4 heures du matin. Le bateau a quitté le quai à minuit. J'ai voulu assister à la sortie du port de Québec et depuis je n'ai aucune envie de dormir, mais de voir, de parler, de causer. Besoin d'une présence féminine, aussi bien. Je ris en regardant mon Coussonneau qui, partageant avec moi cette cabine, dort profondément et ne paraît pas être assailli à cette heure par des rêves très charnels. Mais sait-on jamais avec un pareil coquin? Il dort. Il dort. Il dort.

Je songe tout à coup – une représentation terminée est chose vite oubliée – je songe que cet après-midi de 14 à 16 heures nous jouions. La notion du temps est décidément un sentiment très personnel.

Mémento : Si retour à Montréal, ne pas descendre à l'Hôtel Ritz-Carlton (certains actes de ségrégation). D'autre part, cet hôtel est au-dessus des moyens d'un membre – et d'un directeur du T.N.P.

Lundi 28 septembre 1954 – A bord

Nous naviguons depuis quarante heures et sortons à peine du continent. Terre-Neuve. Ile Anticosti.

Mercredi 30 septembre 1954

Ce qui soutient le bonhomme, peut-être est-ce cette sensation d'ivresse permanente et égale qu'entretiennent à la fois la dispersion momentanée de la responsabilité, ses retours adoucis et la quiétude du voyage depuis le départ de Québec. J'ai oublié. Quoi? Je ne sais pas et peu importe. J'ai oublié. La mer est calme. Le navire et l'eau jouent leur musique régulière et c'est à la lettre une musique. Lire, lire, attendre. Le sommeil ou les torpeurs viennent à leur guise, à 3 heures de l'après-midi comme à 5 heures du matin. Aucune heure n'est exigeante. On s'abandonne. D'autres organisent ou dirigent cette vie à la fois communautaire et déserte à laquelle mon corps est à peine lié. Cette fois, à l'inverse de l'aller, je n'éprouve aucun ennui. Ce soir nous sommes au centre de l'Atlantique à mi-chemin des côtes occidentales et orientales. Dans quatre jours, nous serons à Varsovie. Il y a quelques soirs nous accomplissions notre tâche à Québec. Sensation d'harmonie et d'équilibre.

Sur le pont. La profondeur infinie de la nuit obscure au-dessus de l'eau. Sensation de vertige. Épreuve en définitive réconfortante du vide.

Le problème des comédiens âgés, hommes ou femmes, en tournée.

Disques pour les enfants (à commander) :
RCA Victor – LPM 3029 Square Dancer
RCA Victor – LPM 3032 Cow Boys classics
Decca : The Weawers DC 5285

Mercredi 30 septembre 1954 (suite)

Brouillon d'une note à adresser à tous (comédiens, administratifs, techniciens, ouvriers, cadres, etc.).

« J'ai donc signé un nouveau contrat de trois ans avec l'État.

1° – Désormais, chacun d'entre nous (dont celui qui vous écrit) connaissons soit nos devoirs, soit les difficultés et les avantages de notre situation. Sans insister, je crois qu'il est nécessaire de vous rappeler que je ne dirige pas une affaire personnelle, que je ne défends pas un bien privé mais suis et reste responsable d'un bien et de moyens mis à notre disposition par l'État. Ou si vous le voulez bien : par la collectivité.

Tout autant que dans le passé, je vous confirme que les chefs de service s'ils paraissent responsables à vos yeux engagent cependant ma responsabilité de tous ordres, juridique, financière, morale, artistique. Ce qui n'est pas atténuer la part de création ou porter atteinte à la notoriété de chacun. Ces chefs de service sont donc responsables en ce qui concerne l'emploi des crédits. Nous étudions leur demande et suivons leurs conseils. Leur honnêteté personnelle et la mienne sont strictes. Cependant, l'État ne connaît par contrat qu'un seul responsable en définitive : celui qui aujourd'hui s'adresse à vous au début de ce nouvel engagement de trois ans.

2° – En ce qui concerne plus particulièrement les interprètes, c'est-à-dire les comédiens et les régisseurs, est-il besoin de rappeler que, à l'exemple du passé, aucun n'est privilégié? L'amitié, l'attachement pour tel ou telle ne joue plus à l'heure du travail et des décisions, lesquelles engagent évidemment notre réussite ou notre échec publics pour de nombreux mois ou à jamais. Il ne peut exister de compromis à ce sujet, cela vous est, j'en suis certain, évident. C'est dans cet esprit que j'ai signé mon nouvel engagement avec l'État. C'est dans cet esprit que je m'engage par cette lettre envers vous.

3° – Ceci dit, répétons encore que les négociations et les contrats traités par le T.N.P., c'est-à-dire par l'administration et la direction, sont du domaine strict de cette direction et de cette administration. Il vous est certes loisible de juger de la qualité d'un directeur de salle en France ou à l'étranger, d'un agent, d'un impresario, d'une administration étrangère (radio, impôts, police générale, etc.). Mais l'administration et le directeur sont seuls qualifiés – et informés – pour juger du degré de confiance qu'on peut accorder à celle-ci ou à celui-là.

Je ne donnerai, il ne sera donné aucune suite à telle ou telle « information » fournie par des tiers, le plus souvent étrangers à la compagnie, sur la probité de X ou de Y... à l'égard de qui le T.N.P. s'est engagé.

Peut-il en être autrement?

Il est inévitable, il est évident que la rupture de notre contrat sera – je le regretterai – la seule et inévitable réponse à ce témoignage de confiance perdue. »

(Terminer moins sévèrement. Maintenir la prise de position mais adoucir le ton. Exposer les évidences. Conclure ainsi :)

4° – Le reste ne peut que nous unir plus étroitement encore. Vous n'ignorez pas enfin que je ne suis pas et n'ai jamais été indifférent à vos difficultés particulières.

Samedi 2 octobre 1954 – A bord

Trois heures du matin, je me lève, passe ma gabardine sur le pyjama et vais sur le pont. L'air est doux. Pas d'humidité. Avant de quitter la cabine, un bain chaud suivi d'une douche froide m'a ragaillardi. Je n'ai plus sommeil.

Les six phares sur la côte française dans la nuit.

Arrivée demain à 14 heures à Paris et départ le soir même (à 20 heures) pour Varsovie.

Ne pas oublier la lettre de Le Marquet [1], qu'il m'a remise le dernier jour de notre présence à Québec. « Promettez-moi de ne pas la lire avant d'être à bord. » (Ce qui a été fait.) Lui a pris l'avion.

Mardi 5 octobre 1954 – (Départ pour Berlin-Est)

Un jour au Ritz. Un autre jour, dans un pauvre centre d'accueil. La veille, dans une cabine de luxe. Un autre soir enfin, on loge dans la plus modeste des chambres d'une très petite ville de province. Et tout cela se termine dans les cahots d'un wagon-lit polonais. Tels sont, entre autres faits, les hasards

1. Régisseur-constructeur du T.N.P. à partir du 1er septembre 1954, après le départ de Camille Demangeat. Il était l'adjoint de ce dernier depuis 1952. Depuis 1963, sous la direction de Georges Wilson, scénographe du T.N.P. *(Note J. V.)*

contradictoires de la vie d'un comédien de théâtre, semble-t-il.

Toujours ce mardi 5 octobre 1954

Par suite d'une erreur (ou d'un oubli, peu importe) des services de l'ambassade de Pologne à Ottawa (et à Paris?), nous ne disposons pas du visa soviétique pour nous rendre en Allemagne de l'Est. Le visa polonais n'est pas suffisant. Ça doit manquer de confiance de pays à pays démocratique. Bon. Passons. Bref nous sommes, à la lettre, « arrêtés » le dimanche après-midi 3 octobre vers 15 heures à la gare frontière du Rideau de Fer.

Nous logeons dans une chambrée de six lits, un seul drap par lit. Nous ne regrettons pas qu'il soit dur. C'est déjà bien beau de ne pas être incarcérés comme suspects. Gaieté de la troupe. Cet incident les fait éclater de rire. Je suis le seul à avoir la mine longue.

Dans une autre chambrée, tout aussi stricte et sévère, logent les trois femmes.

Les deux « germanistes » de la troupe, J.-P. Moulinot et Maurice Jarre, et moi finissons par obtenir une entrevue avec l'officier soviétique responsable de ce coin de frontière, de « Rideau » comme on dit. (Ah, ce Rideau.)

L'officier est un beau colosse, jeune, impeccable, imperturbable, silencieux. Mes deux petits Français bien-aimés jouent au diplomate et essaient, très souriants et très courtois, de convaincre la statue du Commandeur blond. Rien n'y fait. Tacet. Je bouscule mes deux compagnons chéris et les prie de parler sur un ton plus vif à cet officier qui paraît abuser de ses droits et qui de toute façon ne comprendra jamais – on lit cette évidence dans ses yeux clairs et profonds – ce que vont faire en Allemagne communiste des comédiens représentants du système « kapitaliste » français. Je les prie de lui parler sinon sur un ton ferme du moins d'égal à égal. Mes deux diplomates s'obstinent. Ils se cantonnent dans le phrasé doux et papelard du braconnier pris en faute. « Merde, Maurice, parle-lui d'une autre manière. – Mais Jean, voyons, calmez-vous. – Non. Dis-lui sur un ton catégorique, de téléphoner à l'ambassade de Pologne à Berlin-Est. Dis-lui que nous sommes invités par le gouvernement polonais. Que nous n'avons pas à perdre notre temps dans ce pacifique camp de concentration. Dis-lui tout ce que tu voudras mais parle-lui sec. » Évidemment, mes deux complices font dissidence et continuent à papelarder et à sourire.

L'officier, toujours assis (nous sommes debout), l'œil bleu et légèrement amusé semble-t-il, nous regarde comme si nous étions des polichinelles. C'est la première fois qu'il doit voir et entendre des Français, de petits bourgeois français, par ailleurs pas rasés. Ce n'est pas tous les jours qu'un jeune lieutenant ou capitaine soviétique de 30 à 35 ans environ a dans son bureau un comédien parisien, un musicien parisien, un directeur de théâtre français.

Cela ne le rend pas plus loquace.

Je n'ai jamais entendu le son de sa voix.

Par ailleurs, à Varsovie où nous devions arriver le 4 à 7 heures du matin, on ignore où nous sommes. Pour les officiels polonais, pour le reste de la compagnie parti de Paris par avion et déjà arrivé à Warszawa, six hommes et trois femmes disparus. Près de deux cents personnes – artistes, directeurs, responsables, journalistes, photographes, officiels polonais – les bras chargés de fleurs se sont présentés à la gare de Varsovie, ont vu le train arriver et stopper, n'ont vu descendre aucun petit Français du train et, de guerre lasse, médusés, dans le froid sec et matinal, après avoir visité tous les compartiments, sont retournés, les bras toujours chargés de fleurs, sourires éteints, vers leurs bureaux, leurs théâtres, leurs..., etc. :

« Avez-vous six hommes et trois femmes du T.N.P. ? »

Moulinot finit par convaincre le chef de la gare de la petite ville de Z... de téléphoner à l'ambassade de Pologne à Berlin-Est et vers 15 heures, j'ai au bout du fil un conseiller culturel qui croit à quelque facétie absurde de ma part.

« Monsieur le Conseiller nous sommes prisonniers à...
– Où?
– A...
– Que faites-vous donc à... (lui non plus ne parvient pas à prononcer le nom de la petite ville frontière-Rideau de Fer).
– Je suis arrêté par l'Armée Rouge.
– Par qui?
– Votre ambassade à Ottawa ne connaît pas les usages et les règlements soviétiques qui permettent d'appuyer [1] et de franchir le Rideau de Fer, ce qui fait que nous sommes parqués dans un camp de concentration désert où 1 mark-Est allemand = 1 mark de M. Adenauer. A ce taux égalitaire et abusif nos devises Ouest-allemandes – celles de J.-P. Moulinot – sont épuisées. Nous avons mangé chacun une saucisse de dix grammes en vingt-quatre heures. Merci, le moral est bon et nos femmes tiennent parfaitement le coup. »

Nous sommes cette fois rasés de frais, une fois de plus grâce à Jean-Paul Moulinot toujours obligeant et précautionneux. Car nos rasoirs canadiens, fin du fin de la technique nord-américaine, nous sont inutiles, les prises électriques faisant défaut dans le camp. Donc Moulinot nous a tendu ce matin son « Gillette » et à chacun une lame de rasoir, du savon à raser et un peu d'eau de lavande. Nous sommes absolument dignes et corrects, merci. Si ça tombe comme à Gravelotte nous saurons faire face. Avertissez, si vous le pouvez, les services militaires français à Berlin-Ouest. Dites-leur que notre cœur est inébranlable. Ajoutez ceci à leur intention : grâce à l'intendant-2e classe Moulinot, nos vertus et nos caractères sont soutenus par un excellent café français préparé par l'intendant lui-même. Que nos chefs militaires ne s'inquiètent pas trop : nous tiendrons. Cependant, si nous ne prenons pas le prochain train de 17 heures pour Berlin, nous créerons sciemment un incident diplomatique

1. *Appuyer :* terme technique de la scène : lever le rideau. *Charger :* fermer le rideau de scène. *(Note J. V.)*

de taille en chantant *La Marseillaise* sur les quais de la gare de Helmstedt ou de Marienborn, tout en faisant la quête car nous n'avons plus un seul « sou » allemand d'origine communiste ou non.

J'ignore pourquoi je ne termine pas ma communication téléphonique en criant, comme Ubu : « Vive la Pologne! : ou : « Merdre! »

Ah, ce visa – « Rideau de Fer » non délivré, ignoré même par les services de l'ambassade polonaise à Ottawa! Je comprends le silence, indéchiffrable hier au cours de notre entrevue, du bel et puissant officier blond, rasé de frais, sanglé dans sa stricte vêture militaire, les deux poings sur la table. Lui assis, nous debout, lui propre et bien nourri. Nous négligés et affamés. D'ailleurs, hormis son siège personnel, il n'y avait pas de chaises dans le bureau. Alors?

Comme me le disait Brecht dans son studio à Berlin-Est le 15 ou le 16 septembre 1952 : « La France est belliqueuse (ou « belliciste », question de traduction). *Vous* ne voulez pas lâcher l'Indochine. Vous voulez la guerre. » Ceci rappelé, j'ai répondu, la surprise passée, que la majorité des Français et, toute proportion gardée, moi-même n'étions pas aussi sots, que nous n'ignorions pas que nous avions assez peu de moyens de faire la guerre et que, peut-être, il ne fallait pas confondre certains bellicistes du gouvernement et les Français, et, entre autres, le citoyen et ami J.V., ici présent, petit 2e classe brechtien en Occident, lequel a failli « voler en éclats » pour avoir présenté, servi, défendu en dépit des attaques des anticommunistes du gouvernement et de la presse française une certaine *« Mère Courage »* précisément. « Nous avons " ouvert " notre théâtre capitaliste français avec votre œuvre, cher camarade Brecht! »

Mais ce qu'a – peut-être – bien voulu admettre Bertolt Brecht en 1952 pouvait-il être compris par le camarade officier communiste préposé au Rideau?

MOI : Appuyez le rideau, nom de Dieu!

L'OFFICIER SOVIÉTIQUE *(Silence)*.

MOI : Appuyez le rideau.

L'OFFICIER *(Il se décide à parler. Cachottier comme bien des Russes, voici qu'à notre étonnement il témoigne d'une parfaite connaissance de la langue française et répond :) :* Le Rideau de Fer restera chargé.

Alors des bagages de la compagnie, je tire l'épée du Cid et d'une seule estocade je pourfends Mikhaïl Stalinovitch. Nouvelle affaire du Cid mais cette fois sans Chimène et sans Richelieu. Sans Staline.

Du jour au lendemain je deviens un héros – ou une vipère lubrique – de l'Internationale Anticommuniste, d'Antoine Pinay à McCarthy.

Toujours mardi 5 octobre 1954

Donc, nous sommes enfin arrivés ce matin à Varsovie. A 7 heures du matin. Hier arrêt de trois heures à Berlin-Est. On nous restaure à l'ambassade de Pologne. Ici et là nos hôtes rient. Notre aventure a toute l'apparence d'une farce. Personnellement, je la juge désagréable. Je reste poli. Poli, oui, c'est tout.

Autre chose.

Au cours des tournées en pays étrangers je ne m'intéresse pas suffisamment au sort de ce wagon de matériel (panières, costumes, accessoires, praticables, etc.) qui nous accompagne et qu'ici ou là tel homme de manœuvre mal informé ou tel douanier pointilleux risque de détacher ou au contraire de laisser filer. (Exemple récent : au Québec, le wagon dépasse Montréal et s'esbigne vers Ottawa.) (Exemple plus récent encore : à Helmstedt, ville frontière des secteurs anglais et soviétique, nous partons laissant ce wagon en gare car nous ne disposons de visa ni pour le matériel ni pour les personnes. D'autre part, la douane est en congé (?) le dimanche.)

Enfin, il me faut emporter avec moi et sur moi plus d'argent, français ou autre, malgré les interdictions ou des contrôles (Exemple : Hanovre-Helmstedt-Marienborn).

Rouvet me remet, dès notre arrivée à Varsovie, ses notes personnelles sur le mode de vie, les personnalités, la valeur exacte des choses (et de la monnaie polonaise), sur le théâtre où nous jouerons, son personnel, les organismes qui nous recevront, etc. Ce qui me permet d'informer aussitôt nos garçons et nos filles qui pour la première fois se trouvent de l'autre côté du Rideau. Cela évite et évitera bien des ennuis que provoquent souvent les maladresses des premiers contacts. L'esprit d'à-propos de Rouvet. Ce carnet qu'il me remet et que je lis attentivement, avant même d'ouvrir les valises, me met aussitôt au courant de la vie familière et quotidienne des gens avec qui ou pour qui nous allons travailler. C'est d'autre part parfaitement rédigé. Je souris en lisant ceci : les comédiens venus par avion à Varsovie sont allés hier soir certains à l'opéra, les autres au Narodowy. Dans ce dernier théâtre, un artiste de l'Ensemble s'est avancé vers la rampe et a adressé un petit compliment de bienvenue aux comédiens du T.N.P. placés au premier rang. Le public, debout, a applaudi nos bonshommes et nos filles.

(Autre note Rouvet : vol sans histoire Paris-Varsovie à bord appareil soviétique; durée : cinq heures. De 9 h 30 à 14 h 45.)

Mémento :

1° – C'est le KWKZ, c'est-à-dire le « Comité des Échanges culturels », organisme gouvernemental, qui officiellement est notre hôte en Pologne.

2° – La répartition et la vente publique des billets ainsi que la propagande (ou publicité) sont organisées par l'ARTOS, organisme officiel qui est l'équivalent ici de l'impresario en pays capitaliste.

3° – L'Agence gouvernementale de voyages ORBIS s'occupe de tous nos déplacements, de notre hébergement, du blanchissage, de nos repas (à la table commune), du transport du matériel scénique... et des taxis. Et des wagons-couchettes, etc.

Nous n'avons rien à régler. Cependant, si je dispose d'un très vaste appartement avec balcon à l'hôtel Bristol, par contre tous les autres membres de la compagnie logent à deux dans de modestes chambres. Je suis évidemment surpris de cette « inégalité ». En définitive, nous ne parviendrons pas à rétablir un plus juste équilibre. C'est ainsi, c'est ainsi. Cependant les relations humaines entre eux et nous sont vives et chaleureuses. Cela arrange les choses. D'autre part, ils nous paraissent assez inquiets des résultats de nos prochaines représentations – nous jouons ce soir *Le Cid* et dans la semaine *Don Juan* et *Ruy Blas* – alors que mes camarades et moi sommes parfaitement détendus et à ce point sûrs de nous et de notre travail que l'approche du soir et de la représentation est pour nous grâce et plaisir.

4° – En vérité, je suis extrêmement conscient de vivre dans un autre monde. Certes, très proche de nous sentimentalement. Mais tout à fait étranger à ma façon de voir ou d'accepter les choses aux heures de l'oisiveté aussi bien qu'au cours des séances de travail. Pour quelle raison? Est-ce seulement en raison d'une organisation sociale et professionnelle différente de la nôtre?

Nous disposons chacun de cent zlotys par jour d'argent de poche. Cours officiel du zloty : 81,50. En fait, à comparer le coût de certains objets usuels en France et ici, il faut situer le zloty entre 15 et 30 francs. « Ces cent zlotys quotidiens, qu'en ferez-vous? Parviendrez-vous à les dépenser? » et ils rient [1].

5° – Les pourboires sont absolument interdits. Si on insiste, la personne se fâche.

6° – Les heures de travail sont de 8 heures à 15 ou 16 heures. Ce qui impose l'horaire suivant en ce qui concerne les repas :

– petit déjeuner important (jambon, œuf, confiture, etc.). Service commencé à 8 heures, terminé à 9.

– déjeuner à partir de 14 heures.

– dîner entre 20 et 22 heures (pour ceux évidemment qui ne participent pas à la représentation du soir).

7° – On téléphone le soir sans difficulté à Paris. Le son

1. En définitive, nous n'aurons aucun problème d'argent. Ce qui n'est pas toujours le cas – loin de là – pour les comédiens et le responsable de l'octroi des défraiements travaillant à l'étranger dans les pays capitalistes. *(Note J. V.)*

de la voix est parfaitement audible. Le coût est assez élevé (15 zlotys les trois minutes). Ce qui entraîne un de mes grands garçons, propriétaire de terrains, en Normandie je crois, à téléphoner tous les soirs à son régisseur ou à son fermier : « Où en sont les pommiers? Graisse-moi les fusils. Non, n'attends pas le gros hiver. Je te dis (et il parle d'une voix sonore qui traverse les murs :) je te dis de ne pas tailler les arbres de l'allée. Quoi? Je te dis... écoute-moi au lieu de parler... je te dis... non, je ne te parle pas des azalées... nous n'avons pas d'azalées, bon dieu; qu'est-ce que c'est que des azalées? J'suis pas une femme! Je te dis, écoute-moi! je te dis de tailler les arbres de... écoute, écoute bien : de-l'a-llée. Bon. Tu ne m'as pas répondu au sujet des pommiers. A gauche, en partant de la rivière, du sixième au vingtième, ça se présentait mal cet été. Bon. Parfait. T'ai-je déjà dit de graisser les carabines? Dans le grenier, en entrant à droite, tu trouveras... »

Il empêche son compagnon de chambre de dormir et le récit que me fait la victime, Wilson, de ces adresses et appels nocturnes d'un jeune propriétaire français à sa terre lointaine est un véritable numéro drôle, entre P. L. Courrier et Henry Monnier.

La troupe est heureuse d'être ici. Excepté tel hypocondriaque de nature, garçons et filles sont tout sourire.

8° – On nous prie, on nous demande de remettre « ouvertes » nos lettres à la poste, afin de contrôler, nous assure-t-on, « l'exportation éventuelle des devises ». Pourquoi commenter?

9° – A Varsovie, quinze théâtres pour quatorze cinémas seulement.

10° – Ancien ambassadeur de France : Dennery – Nouvel ambassadeur (depuis deux mois?) : de Leusse, anti-C.E.D.

11° – Les organisateurs polonais de notre séjour nous parlent à plusieurs reprises de la visite que nous devons faire à Auschwitz (à 60 km de Cracovie). Nous sommes le 5, le 6 octobre et notre passage à Cracovie n'aura lieu que du 9 au 13.

12° – Tous les théâtres, tous les cinémas sont nationalisés. Exception unique : le « Théâtre Satirique » qui est propriété des acteurs. Style chansonnier, à quelque chose près.

13° – Les trois plus grands théâtres de Varsovie sont le Polsky, le Kameraly, le Narodowy. De sept cents à neuf cents places. Tous sont d'anciens édifices détruits et reconstruits. Dans chacun de ces théâtres, une compagnie *permanente*. Cinquante comédiens au Narodowy.

14° – Les compagnies du Polsky et du Kameraly donnent actuellement des représentations à Moscou.

15° – Un kilo de pain vaut trois zlotys (cinquante francs?); un pardessus confection lainage, 1.250 zlotys (de dix-huit à vingt-cinq mille francs?).

Un ouvrier spécialisé de trente ans gagne mensuellement dix-huit cents zlotys (de vingt-sept mille à trente-six mille francs).

16° – La plupart des magasins sont nationalisés. Quelques boutiques privées, cependant.

17° – Seuls journaux français, ici : *L'Humanité* et *Les Lettres françaises*.

18° – Vilar, n'oublie pas, je t'en supplie, que les Ballets officiels polonais – l'ensemble « Mazoché », prononcer Mazovtché – dansent cette semaine même dans ton théâtre du Palais de Chaillot, oui, à Paris. Dis-leur un petit mot à ce sujet. De temps à autre. Sois gentil.

Conclusion à l'absence du visa soviétique

Mais oui, c'est à la fois les services de l'ambassade de Pologne au Canada et les services de Mme R... (ambassade de Pologne à Paris) qui nous ont affirmé que le visa polonais suffisait pour franchir le Rideau de Fer. Ceci est confirmé par Blancheteau [1] et par Rouvet. Je ne parviens pas à oublier

1. Administrateur-adjoint du T.N.P. chargé notamment de l'organisation des tournées à l'étranger et en France. *(Note J. V.)*

cette histoire. Que n'avons-nous pas apporté Mme R... avec nous, sur une de nos montures? Mazeppa!

Warszawa 5 octobre (suite)

Voici près de trois mois que paresse en ce mémento la note suivante copiée par Andrée et extraite d'un recueil de tests de l'École Nouvelle, méthode d'enseignement du type Montessori. Je transcris :

« Un garçon de 7 ans 1/2. Représentation du *Cid* par le Théâtre National Populaire.

« C'est la première fois que j'allais au théâtre. Je trouve que c'est mieux que le cinéma parce que plus vrai. C'est une histoire assez triste. Ils auraient pu faire ça beaucoup plus vite. Ils donnaient de petits détails. Il y avait souvent Chimène et sa gouvernante, la princesse et la sienne qui restaient à réfléchir. Pourquoi n'a-t-on pas vu la maman de Rodrigue? ni celle de Chimène? Pourquoi appelle-t-on tout ça des " scènes ", même quand ils ne se disputent pas?

« Dommage qu'on n'ait pas vu le combat avec les Arabes. »

Warszawa. Suite 5 octobre 1954

Arrivées annoncées de Penchenier *(Le Monde)*, de Marcelle Capron *(Combat)*, d'Anselme *(Les Lettres françaises)*.

Neuf ans, dix ans après la délivrance de la ville, les quartiers détruits par la guerre n'offrent aux regards que des places immenses, à perte de vue, désertes. J'ai peine ou plutôt je n'arrive pas à imaginer que devant le campus vide où l'on me conduit aient existé des habitations, des rues, etc., le Ghetto.

Longues promenades à travers la ville. Nous sommes guidés par des architectes en chef de la reconstruction, plans en main. Je suis partagé entre l'optimisme de ces hommes, leur attention envers nous et une épaisse tristesse qui peu à peu s'empare de moi. Heureusement les autres parlent. On traduit. Je n'ai qu'à écouter. Je retourne enfin à l'hôtel et comme las de tant et tant d'inutiles cruautés, de désastres visibles, de vide, je cherche en vain un comédien afin de bavarder, d'oublier, d'éviter d'être seul. Personne.

Je rentre dans ma chambre et j'écris.

Cependant le petit bourgeois se réveille, cet être très particulier, français et râleur, qui rechigne toujours en présence d'un boulot. Et qui rechigne parce que celui-ci ne se présente jamais comme il serait souhaitable.

Que j'aie choisi le métier de comédien ou qu'il m'ait choisi, voilà que nous nous facilitons les choses depuis déjà un certain nombre d'années, étant admis que le « rose » était, serait inexorablement banni. Cependant pour accomplir sur commande ou sur demande ce même métier, voici l'emploi du temps exécrable, je veux dire contraire à la création, auquel, du point de vue « Échange culturel international » je suis astreint. Commençons par le lundi 3 octobre.

A zéro heure, zéro minute : je couche dans un centre d'accueil pour réfugiés ou suspects.

(Cinq heures auparavant, à Marienborn, ai avalé une svelte saucisse, une tasse – une seule – de café.)

A partir de midi, le lundi 3 octobre, les réjouissances commencent : wagon-restaurant. A 16 heures, à l'ambassade de Pologne à Berlin-Est, goûter-sandwiches. A 16 h 30, on se dirige vers un autre lieu où nous attend un autre repas-sandwich que, après des refus courtois, je ne puis cependant éviter de partager avec des inconnus. Aussitôt après, visite de la Stalinallee. Je mets au compte de mes ulcérations la répugnance que m'inspire cette avenue. A 17 h 30, autre petit repas rapide. A 18 h 30, je m'esbigne et rejoins la Stalinallee. Mais ne connaissant pas la ville et ignorant absolument l'heure de notre départ pour Varsovie, je rejoins notre groupe et vers 19 heures ou 20 heures départ pour la gare.

Le train. Je veux me débarbouiller. Je crève de chaleur.

Comme une petite femme. Je me dis que je n'ai pas le droit de me plaindre, que je devrais être fier de la tâche qui nous est confiée, que j'en suis le responsable volontaire, et donc que l'optimisme est une nécessité. Cependant j'ai soif.

Je me dis encore :

« Tu ne sais pas voyager. Cela s'apprend. D'ailleurs tu n'es pas destiné, par nature, à bien accomplir ce quatrième métier : tu es esclave d'un traitement et de remèdes à heure fixe; tu es contraint par ordonnance de la Faculté, et ceci depuis plus de quinze ans, à une diététique sévèrement contrôlée. Pourquoi voyager, tourner? Reste à Paris. Reste rue Franklin. Fauteuil, pantoufles, bibliothèque, discothèque, rêveries, détentes, alimentation de choix, pas de mise en scène, pas de sandwiches, pas de rôle à apprendre, reste à Paris, laisse diriger Rouvet, touche le fric, joue les présidents-directeurs. Mais non tu joues les commis-voyageurs entre deux, trois, quatre entrevues-viandes froides aux alentours de la Stalinallee. Et puis, quoi, qu'est-ce que ça veut dire, entre nous, ton label. Populaire! Misérable farceur! " Populaire "? Pourquoi pas " aristo "? Et une duchesse, une! C'est intéressant les duchesses ou les marquises. Même de nos jours. Ça crée l'illusion. Et ton métier, précisément, est celui de l'illusionniste. Non? Tu dis non? Et une duchesse à baiser pour Jean Vilar, une! »

Petite suite :

Tu as éteint le compartiment. Vers onze heures. Las.

A minuit : passeport! ô UBU, mon cher UBU! MERDRE!

Sommeil fichu. Il ne reste plus qu'à allumer et à lire. Il faut avouer qu'à cette heure, à la suite des aventures, somme toute banales, de ces deux derniers jours depuis Hanovre, l'*Itinéraire de Paris à Jérusalem* de M. de Chateaubriand que je m'efforce de lire, de suivre attentivement, est chose extravagante. L'écrivain paraît se moquer du docile lecteur que je suis. A 2 heures du matin, Chateaubriand me murmure : « Assez, monsieur. Cela suffit. Éteignez votre lumière. »

A 6 h 30, réveil. Vite. Debout.

A 7 heures, accueil chaleureux de nos hôtes, froid sec.

Congratulations. « Mais que vous est-il donc arrivé? » Et comme on se décide enfin à répondre, l'autre ou les autres passent à d'autres questions. On finit par apprendre à se taire puisque l'autre ou les autres ajoutent à la question une autre question. Donc prends un temps d'apparente réflexion et tu constateras qu'il n'est pas nécessaire de répondre. Il fait froid. Je suis tout de même assez heureux d'être là. J'ai froid. Comme le sapeur Camembert.

A 8 heures arrivée à l'hôtel. Enfin. Petit déjeuner. Comme je ne retournerai pas à l'hôtel de toute la journée, en raison des raccords et de la représentation, je m'habille pour cette soirée à 8 h 30 du matin. Valise.

A 9 heures. Je suis au théâtre. En tenue de soirée. Jusqu'à 11 heures.

A 11 heures, malgré mes entrevues-sandwiches de la veille, je suis affamé et comme Saturne ou Ugolin, je serais, je suis prêt à dévorer le crâne de mes enfants. Cependant Saturne-Ugolin devra obéir au règlement de l'ORBIS. Il attendra l'ouverture de la salle d'hôte à 14 heures.

A 14 heures exactement, la porte s'ouvre, je bondis, m'assieds, mange.

A 15 heures, comme le soleil décline et annonce la chute du jour, j'ai peur. Par métier. Le spectacle, la « première » à Warszawa est toute proche. J'ai peur. Ou plutôt : le cœur subitement se met à battre sourdement. L'esprit bat breloque. Pour me rassurer, et encore que je sache par cœur le texte du Roi du *Cid* depuis au moins juillet 1949, il y a plus de cinq ans, je me récite, je me murmure, je me souffle, je coule en ma mémoire les répliques de Fernand. Ou de Ferdinand, je ne sais plus.

A 18 h 30 : loge. Partagée avec Gérard. A-t-il le trac? Je lorgne du coin de l'œil notre Rodrigue. Il ne dit rien. Le regard qu'il jette dans le miroir est sérieux. Il se tait toujours.

« Ça va?

– Ça va. Merci. Et toi?

– Ça va bien. »

Une demi-heure après l'entrée en loge, en réponse aux

souhaits de bienvenue d'une délégation des artistes et des directeurs polonais, speech sur le plateau. Devant le public. Le public déborde sur la scène et jusque dans les cintres et les passerelles des coulisses. Non, je n'ai pas peur. Je suis même très à l'aise. Et puis, tout d'un coup, patatras, sans avertissement : l'émotion. De cette salle archicomble se dégage une telle ferveur que, au beau milieu de mon compliment, des larmes brouillent mes yeux et un trouble me saisit. Vais-je bafouiller? Ferdinand le Roi du *Cid* me murmure : « Respire, souris, regarde-les affectueusement, prends un temps. » Je prends un temps, je les regarde, je leur souris et respire. Comme ils sont heureux, mon Dieu. Comme tous ces visages sont épanouis. Je ne les avais pas regardés, j'allais sottement ne pas les *voir*.

Nous ne vous décevrons pas. Vous allez aimer *Le Cid*. Évidemment, c'est ce qu'il ne faut pas dire. Alors ce sont tous mes camarades qui placés derrière moi sur le plateau me sauvent. Je les regarde. Ils sourient, heureux. Frères et sœurs du public. Je les unis aux remerciements que j'adresse à tous, je tourne encore mes regards vers Monfort, vers Monique, vers les deux autres femmes, vers Moulinot, vers Gérard, vers Deschamps et, sans difficulté, la phrase terminale naît enfin, s'épanouit et se clôt.

Continuons. A 19 h 50 – au revoir J. V.! Ferdinand entre en scène.

A 21 h 15, réception dans les foyers publics du théâtre. Alors, subitement, élancement douloureux de la hernie. Devant tous nos hôtes, assemblés et debout, je cherche un siège, m'excuse et m'assieds. Je dois leur paraître un personnage très incommode.

A 22 h 30, nouvelles excuses et je me retire. On m'accompagne avec beaucoup de sollicitude à l'hôtel. « Vous n'êtes pas malade? – Non. Pas du tout. » Cependant, à l'hôtel, et jusqu'à 23 h 30, table d'hôte avec d'autres personnalités. Il m'est impossible de me refuser à partager leur gaieté. Cependant, enfin, je me lève. Je n'en peux plus. A la lettre, je fous le camp.

Dans ma chambre à présent. Il est minuit trente. Il est encore tôt pour un comédien parisien. Si la lassitude est toujours présente, le sommeil est loin. Que faire? Lire, Lire encore? Non. J'écris. Ce sommeil que je sentais, il n'y a pas une heure, avec délice m'envahir, eh bien oui, le sommeil à présent se joue de mon abandon, me fait des coquetteries. Pire : en définitive, c'est lui qui m'abandonne, quitte la chambre, s'en va.

Ah, l'amère douceur de la solitude. Hé, oui, il faut apprendre à la goûter et s'astreindre à l'aimer. Une seule personne cependant suffirait à emplir ce désert. Non.

Ni faim, ni soif, ni vice, ni drogue, ni sommeil, ni envie de lire.

Oui, je perds aussi le goût de la lecture. « Lisez mon manuscrit quand vous aurez le temps. » Comment leur avouer que ce n'est pas le temps qui me fait défaut mais l'envie, le besoin. Sonné! Out! K. O. technique et lucide. Quel étrange petit monde que notre corps et quelle surprenante résistance, en somme.

Dernière représentation en Pologne – Mercredi 20 octobre 1954

Quatre heures dix du matin.

Ne pouvant faire face à toutes les demandes de places, « Clarinette »[1] est parvenue à me convaincre de donner la dernière représentation en Pologne (Varsovie, Cracovie, Stalingrad-Katowice, et retour à Varsovie) dans une sorte de Vel'd'Hiv, de 6 000 places. C'est un lieu scénique techniquement épouvantable. J'assiste à ce *Ruy Blas* debout. Mais enfin, ayant eu soin de ne pas prendre de place assise, je quitte le spectacle, épouvanté par ce lieu qui défait la portée de l'œuvre, détruit notre travail scénique. Cela ne dépasse pas le style banal d'une récitation sur un podium devant deux ou

1. J'appelais ainsi familièrement, sans qu'elle le sache, la responsable n° 1 du groupe polonais qui facilitait notre séjour et notre tâche en Pologne. *(Note J. V.)*

trois châssis perdus au sein d'une immense laideur. Ça ne fait pas petit amateur ou grand Odéon de nos aïeux. Ça fait « cloche ». C'est cloche et rien de plus ou de moins – De temps à autre, je sens les regards de « Clarinette » se poser sur moi. Je sors, elle me suit, je lui fais une scène. Elle en a les larmes aux yeux. Je me tais.

A la vérité, ce qui est beau, ce n'est donc pas hélas le spectacle. Ce qui est beau et émouvant c'est cette foule dont les quatre cinquièmes au moins comprennent mal ou ne comprennent pas du tout le français.

En fin de spectacle, comme je retourne dans l'immense forum, je suis stupéfait par l'aisance des comédiens. Ils ont trouvé le ton et la cadence de jeu qu'exige cette malencontreuse salle. Ici et là les vers de Hugo flamboient. Quelle belle équipe, mon Dieu.

Combien de spectateurs? Tous n'ont pas pu entrer.

Ce soir, c'était donc la dernière représentation en Pologne. Nos hôtes sont émus et nous devons leur paraître des monstres d'indifférence, des petits Français au cœur sec. Ils reportent sur nous, sur notre présence ici, sur nos filles et nos garçons – la moyenne d'âge de la troupe n'excède pas 28 ans environ – autre chose que leur attachement à notre façon de jouer. Ils reportent sur nous, sur notre présence ici, sur nos filles et nos garçons bien d'autres réflexions et sentiments que le théâtre : des souvenirs pour les aînés, une aspiration profonde à la liberté chez les jeunes. Nous en avons eu de nombreux témoignages. Darras, Lucien Arnaud, Philippe Noiret, Jean-Paul[1] me content telle et telle anecdote, tel événement qui a lieu autour du théâtre, assiégé par la foule à Stalingrad, à Varsovie. Je leur ai demandé de les noter mais l'ont-ils fait?

C'était donc ce soir la dernière représentation en Pologne. Fête après le spectacle dans un très bel hôtel ancien rénové ou

1. Moulinot. *(Note J. V.)*

plutôt reconstruit. Le parquet est tout neuf. Nous buvons et dansons. Car pour ce dernier soir, ils ont décidé d'organiser un Bal : celui des Adieux. Valses évidemment. Et les « shimmies » et les « blues » ont le tempo vif des mazurkas.

Entre deux danses je me dis : « Choisis Varsovie une fois chaque trois ans environ et présente une création. » Une seule œuvre, jouée en langue française évidemment, tiendrait ici l'affiche pendant deux mois. Pourquoi toujours Paris ou Avignon comme lieu de création? Ou Rouen? Ou Suresnes? Pourquoi toujours réserver les créations à la France? Déjà Paris — et dès le premier jour — n'en a plus chez nous l'apanage. *Mère Courage* a été créé par nous à Suresnes non à Paris. *Hombourg, Le Cid, Lorenzaccio, Don Juan* ont été joués pour la première fois par nous en province, à 700 kilomètres de Paris, à Avignon. *Cinna,* à Rouen. Pourquoi ne pas déborder hors des frontières? Les finances et les grincheux diront évidemment : « Les Français doivent avoir la primeur de ce qui est réalisé avec le fric français. » Mais est-il bien nécessaire de leur demander l'autorisation? Certes non. De les avertir, de les informer? Mais non.

Donc, création d'une œuvre à Varsovie, d'une autre œuvre dans une autre ville étrangère : Venise ou Berlin ou Prague, si jamais nous allons à Prague.

Est-ce que je rêve? Mais non. Et la mazurka continue. Dansée par eux, comme cette danse est belle. Le cavalier redresse fièrement sa taille et la femme tourne et retourne à la fois vive et alanguie.

Cependant, l'équipe se lasse de toutes ces visites dans les musées, de ces innombrables réceptions. A les voir toutefois se mêler à toutes ces femmes et à tous ces hommes qui, il y a seulement quelques jours, étaient pour elles et pour eux des inconnus; à voir avec quelle spontanéité ils « jouent » avec nos hôtes, j'éprouve pour nos garçons et pour nos filles une tendresse profonde. Je regarde tous ces cadets, j'ai une envie folle d'être aussi fou qu'ils le sont à certaines heures. Je souris à Monique, à Mina, à Monfort, à Zanie, à Couss, à

Darras, à tel ou tel autre. Au cœur de ces divertissements et de ces jeux publics, nous retrouvons sans effort ce qui un jour nous a unis, ce qui nous unit : la recherche et le travail communs et, à certaines heures, le partage des plaisirs. Communauté laïque et communauté d'êtres libres.

Mais que d'humeurs à apaiser ici et là. Et que de sales et mesquines petites méfiances dans ma cervelle, aussi bien.

Peut-être l'équipe pourrait-elle envoyer un mot ou une carte à Casarès, notre Lady Macbeth, restée en France.

Auschwitz.

Zanie[1], le visage défait, pleure, éclate en sanglots.

Muets, le corps lourd, nous passons devant les baraques. Nous entrons dans ces tanières de bois. Nous n'avons pas besoin d'explications. Tout ce qui est là devant nous parle. Jamais un lieu ne fut aussi significatif. Les cellules, le toit effondré du four crématoire, les brûlots, le terminus de ces deux rails, la parallèle de ces deux rails, ces cuillers et ces fourchettes grises écrasées par terre. La lumière du soleil qui aujourd'hui veillait sur ce désert accusait la réalité des lieux, la cernait, la mettait en évidence.

Je regarde mes camarades, je regarde les plus jeunes, ceux qui en 1942, 1943, 1944, avaient à peine 10 ans. Que savais-je alors de plus qu'eux d'ailleurs sur cette réalité de l'humiliation et de la mort? Ce matin, dans cette lumière, sur ces chemins de terre sans beauté, devant tous ces objets, ces dentiers, ces babouches enfantines, ces valises de carton bouilli, ces photographies, ces murs, nous sommes unis dans un même sentiment de détresse.

Je prends Zanie dans mes bras.

1. Zanie Campan, interprète de Charlotte *(Don Juan)*, de Carilda *(Ruy Blas)*, de Frosine *(L'Avare)*. *(Note J. V.)*

Auschwitz

Certains membres de la compagnie n'étaient pas venus. Le refus de l'un m'avait surpris. (Ses regards s'étaient rivés au mien. L'expression était dure, presque agressive. Comprenant que sa décision était définitive, je n'ai pas insisté. Dans le car qui nous a amenés au camp d'Auschwitz ce regard inflexible m'a, ici et là, poursuivi.)

22 octobre 1954

Et demain l'Allemagne. Le 23, Stuttgart. Le 24, Munich, puis Fribourg, Bad-Godesberg (après Auschwitz!), Cologne, Bonn. Avec *Don Juan*.

24 octobre 1954 – Munich

Je ne parviens pas à me délivrer, au cours de ma conférence de presse, d'un sentiment d'agressivité à l'égard de mes auditeurs, à l'égard de ceux qui d'un ton parfois enjoué, toujours amical me posent des questions. Réaction dont je ne sens pas aussitôt la vanité et la sottise. Depuis notre séjour en Pologne, depuis certaine visite dans tel quartier désert de Varsovie mais particulièrement depuis notre voyage à Auschwitz, je n'ai aucune envie de plaisanter avec « eux ». J'ai beau me dire que parmi ces Allemandes, ces Allemands qui m'interrogent, certains peut-être ont souffert dans leur chair, dans leurs affections, de ce même crime, je ne parviens pas à me discipliner. Je me dis que je n'ai aucun droit de leur répondre comme je le fais, que je n'ai pas souffert de cette bestialité concentrationnaire, que ni frère ni sœur ni mère ni père miens n'ont subi les humiliations sur ce terreau gris et lugubre de là-bas, que je n'ai pas à prendre en charge ces misères, que je dois adoucir le ton, rien n'y fait. J'écourte le dialogue. Et je n'ai qu'une envie : rentrer à Paris.

Dans ma loge, le soir, dans cette pièce silencieuse où j'arrive tôt, je me débarrasse enfin et sans difficulté de mon aversion, de ce ressentiment, de ce fiel. Un personnage que l'on connaît bien et que l'on aime provoque toujours cette rupture, contraint à la halte sur le chemin des querelles communes à tous. Plus qu'aucun autre bonhomme, le Tenorio vous délivre, comme en plaisantant, de ces hantises, de tel devoir ou de tel lien qui vous reliait aux autres, à leurs folies, à leurs misères. Il est vraiment le libérateur. Pour celui qui le joue. Au moins.

Bad-Godesberg – 26 octobre 1954

Dans ces parages, les hôteliers vous désignent toujours « la » chambre – faisant partie d'une suite d'appartement, je suppose – où Hitler a couché. Comme vous êtes ce jour-là l'hôte de choix et que par ailleurs l'hôtel est désert, c'est évidemment cette « zimmer » que l'on vous offre. Quoi qu'il en soit, cette situation historique ne m'empêche pas, aussitôt allongé dans les draps, de m'endormir.

Le lendemain matin, je me promène un peu dans la chambrette. Agréable, éclairée, un peu « friponne », c'est un boudoir parfait pour les demi-vierges de Marcel Prévost.

On a dû lessiver très soigneusement murs, plafond, parquet. Ce bijou de chambre en appelle d'autres.

Cologne – Bonn – fin octobre 1954

Il y a un an – deux ans? – nous jouions à Köln, je crois. Et le président Heuss [1] était venu de Bonn, sans protocole,

1. Theodor Heuss, Président de la République Fédérale allemande de 1949 à 1959. *(Note J. V.)*

afin d'assister aux représentations de notre *Prince de Hombourg*. Connaissant à merveille les œuvres de von Kleist, esprit délié et moqueur, abandonnant définitivement tout protocole et parlant français, jouant un peu à l'abandon, il s'ingéniait à me poser des « colles » sur tel autre drame, sur la vie de Kleist et comme à plusieurs reprises j'avais dû avouer mon ignorance, que le dialogue devenait questionnaire, le questionnaire interrogatoire, et l'interrogatoire un examen en bonne et due forme, il s'était lentement penché vers son cadet français et m'avait glissé dans l'oreille, syllabe par syllabe :

« Mille excuses, cher monsieur Vilar. Je suis resté un professeur. Monsieur du Protocole, traduisez. »

Il ne se décidait pas à quitter la salle où nous étions réunis. Visiblement cette escapade théâtrale – et universitaire – l'enchantait.

Le souvenir de ce vieil étudiant pacifique, au sourire malicieux, à la mine enjouée, à l'œil perspicace et clair me délivre absolument en cette fin de tournée germano-polonaise des ressentiments obstinés de Munich.

Dans quelques jours, réouverture Chaillot – quatrième saison. Le 3 novembre, reprise de *Ruy Blas*. Et le 7 ou le 11, présentation de notre *Cinna* à Paris.

Samedi 20 novembre 1954 – Paris

En début de semaine, le 16 et le 17, avons abandonné Chaillot au cours de deux soirées et sommes allés jouer en bons et braves banlieusards à Montrouge. *Le Cid* et *Ruy Blas*. Les salles sont pleines. Il n'en était pas toujours ainsi la saison dernière lors de nos représentations de banlieue. Attendons Champigny mardi et mercredi prochain et Montreuil dans les premiers jours de décembre. Et Colombes huit jours après.

Camus (déjeuner chez Lipp) :

– En ce qui concerne *Les Possédés* : « De toute façon, je

tiens à en assurer la mise en scène. D'ailleurs, Chaillot est trop vaste pour *Les Possédés*. Enfin : c'est un travail très absorbant et je n'ai pas commencé. Ou plutôt : j'ai dressé le plan. Donc, passons. »

– *La Duchesse d'Amalfi* : « Prenez la traduction de Vitton. Non, ne cherchez pas, elle est morte. Je reverrai, si nécessaire, la traduction. »

– La *Trilogie* de Valle Inclán. « C'est une vaste entreprise évidemment. Mais comme le rôle est pour vous et que vous ne voulez plus jouer ! (Sourire en coin.) Donc, classé. Pour le moment. »

– Mais : « Lisez *La Femme Chaste* de Valle Inclán. Le traducteur pourrait être Bellamich. Je lui demanderai de se mettre en rapport avec vous. Le rôle, sans aucun doute, est pour Maria [1]. »

– Je lui parle de *La Dévotion à la Croix*. Dans sa traduction, celle jouée à Angers.

– Il me parle de Guilloux et comme quoi il faudrait lui faciliter la venue à la scène. « Ou bien ce sera parfaitement " loupé ". Ou bien, cela ira loin. »

– Autre chose. « Pourquoi ne commandez-vous pas une œuvre à tel ou tel auteur de votre choix ? Si c'est mauvais, vous refusez l'œuvre. Cela va de soi. Non ? [2] »

– Enfin : « Oui, si vous ouvrez une école, c'est avec intérêt que je dialoguerai avec vos complices. »

Début décembre 1954

Reprise de *Mère Courage* le 3.

Désormais, plus personne ne proteste contre l'œuvre de « ce communiste ». Pour un peu, je pourrai la proposer en soirée de gala à l'Élysée de René Coty. Par contre, les brech-

1. Maria Casarès. *(Note J. V.)*

2. Voir, en annexes pp. 328-330, une lettre de J. V. demandant une œuvre à Jean Giono et la réponse de celui-ci.

tiens me cassent les burnes. Ces Diafoirus socialisants sont plus léninistes que Lénine.

16 décembre 1954

Hier, à Montrouge, *Mère Courage* : 480 spectateurs. La veille, *Ruy Blas* (avec Gérard, bien sûr) : 940 spectateurs. Nous sommes dans une cité communiste, pourtant.

Week-end de Noël 1954 – Chaillot

Depuis les deux premières représentations du T.N.P. le samedi 17 et le dimanche 18 novembre 1951, à Suresnes, le principe du week-end est désormais bien établi et compris par tous.

A la vérité, l'intention était de provoquer les gens. Non plus leur proposer un billet pour un spectacle seulement (« paie, vois, écoute et va-t'en ») mais leur offrir à un prix minimum un billet pour trois spectacles et un bal. Oui, un bal. (Frais de restauration et du bar à la charge du patient, tout de même.) « La Révolution du Veau Froid » selon le mot d'Hébertot [1].

Donc, trois spectacles et un bal. Ceci, en trente-six heures. Pratiquement ces inconnus de la veille formaient entre eux et avec nous une communauté de réflexion, de vie et de jeux communs. A défaut d'une société socialiste, l'intention était de donner existence à une communauté publique, à égalité de droits; ceci au sein d'une société ségrégative et capitaliste. Le paradoxe – et le danger – était que cela fût conçu et établi dans un théâtre national. Cela donnait déjà un certain sens au mot « populaire », inscrit sur le label du théâtre. On fait ce qu'on peut et il faut discerner ce qu'on veut et ce qu'on peut. A la vérité, dès la première manifestation de ce genre,

1. Directeur du théâtre du même nom. *(Note J. V.)*

dès le premier week-end, le résultat public nous soutint, nous permit une plus sûre approche de la réalité sociale par l'intermédiaire d'un art, celui du théâtre et de la musique et de la poésie réunis. Nous n'étions plus seuls. Nous étions dès le premier soir du week-end à Suresnes reliés au partenaire. Peu enclin aux théories – du moins en ce qui concerne la pratique directe et quotidienne de mon métier – je tenais là au cours de cette vie collective de trente-six heures, partagée avec ces inconnus, un pan du manteau de saint Martin. Je m'y accrochais. Mes camarades voulurent bien dès le premier soir de Suresnes partager avec tous cette vie familière des choses. Je m'aperçus obscurément que je détruisais, ce faisant, un mythe, en soi ridicule et bêta, comme tant d'autres. Celui du mystère du théâtre, celui de la vie mystérieuse des artistes. Je n'avais donc qu'à poursuivre. La mise en scène elle-même, cette sacro-sainte perversité, fut démunie de ses vices et de son onanisme. Le décor, les décors, l'architecture scénique qui n'est souvent là que pour combler le néant des interprétations ou le vide du sujet fut boutée hors du plateau. Le comédien était maître chez lui et il recevait son hôte : le poète.

Fut proscrite toute conception particulière et de parti pris du metteur en scène à l'égard de l'œuvre, qu'elle fût oubliée ou trop connue. Le sens de l'œuvre, sa leçon s'il en était, devait se dégager du *travail entrepris sur le plateau* et non plus des concoctions du metteur en scène en son bureau et du décorateur en son atelier. Les arts majeurs aidaient à la réalisation de l'œuvre. Non pas la décoration, mais la peinture. Non pas un décorateur, mais le peintre (ignorât-il tout ou presque tout des exigences scénographiques). Non pas des « changements à vue et des miracles mécaniques » mais la musique. Non pas le scénographe, mais le compositeur.

Un peintre, un musicien, un interprète, un poète et une passion – ou une leçon. Le scénographe ou le constructeur étaient là pour servir le peintre, comme le comédien pour servir le poète, et le régisseur le compositeur.

Revenons à mon week-end.

En 1952, le week-end de Noël groupe une moyenne de près de 1 400 spectateurs par soirée. Les trois spectacles sont : *Meurtre dans la Cathédrale, L'Avare, Le Cid.*

En 1953, cette manifestation atteint la moyenne de 2 300 spectateurs par soirée. A l'affiche : *Lorenzaccio,* un concert, *Don Juan.*

En 1954, le week-end de Noël un vendredi et samedi atteindra une moyenne moins élevée que les 2 représentations du lendemain, un dimanche.

Nota. Par contre, celui du Nouvel An, établi selon le même principe atteint depuis la première soirée, les maxima. En 1952 : 2 500 spectateurs en moyenne (*La Nouvelle Mandragore,* de Vauthier, et *Le Prince de Hombourg,* etc.). En 1953 : 2 900 spectateurs en moyenne *(Don Juan* et *Hombourg).* Le prochain week-end du Nouvel An devrait, au regard de l'état actuel des bulletins de locations, atteindre ce même chiffre. Au programme : *Le Médecin malgré lui, Mère Courage, Lorenzaccio.*

Conclusion : croyant ou non, messe de minuit ou pas, musulman ou chrétien, blancs ou noirs (il y a beaucoup d'Africains et de Noirs dans nos salles au cours de ces soirées), on va moins au théâtre à Noël qu'au Jour de l'An [1].

Ceci admis, en cette fin d'année tout va pour le mieux. Répétons donc la petite phrase de Kafir : « Je ris quand j'entends dire que le poisson dans l'eau a soif. »

Début janvier 1955

Le début de nos spectacles est avancé d'une heure. Celui-ci n'est plus à 21 heures mais à 20 heures. Les bureaux et lieux de travail ferment à 18 h 30 ou à 19 heures. Nous rapprochons ainsi l'une et l'autre heure. Celle de la liberté et celle du théâtre. Ce n'est pas sans crainte que cette décision a

1. Cela sera confirmé par les résultats des années suivantes. *(Note J. V.)*

été prise. Ce faisant, le risque est d'éliminer bien des spectateurs. « On n'a pas le temps de manger, de se changer et patati et patata... » Nous espérons que le public des classes modestes nous suivra. « Quand les portes du travail ferment, s'ouvrent celles du Théâtre National Populaire. »

Personnellement, je suis partagé. Cette décision confirme notre volonté d'en appeler à un certain public et non plus à celui des « couche-tard », des boulevardiers, des nonchalants, des oisifs, des retardataires. Cependant – et je le répète – est-ce que cet important changement d'horaire ne gênera pas la venue des travailleurs ? L'espoir soutient. Et la décision paraît juste. De toute façon, à 22 h 30, 23 heures au plus tard, le spectacle sera terminé [1]. Ils s'apercevront qu'on peut concilier théâtre et vie professionnelle. Je ne puis pas transformer la société, mais je peux avancer l'heure de ma montre, je veux dire celle de mes spectacles. Ce qui est fait.

Début janvier 1955 (suite)

Depuis les débuts, 1951-1952, du T.N.P., c'est la première fois que nous jouons à Chaillot au cours du mois de janvier. Aussi bien, ces trente premiers jours de l'année sont dans tous les théâtres d'un très faible rendement. Craignant de ne pas emplir notre salle aux dimensions un peu folles, au nombre de places prétentieux, nous en profitions jusqu'à cette année pour accepter les commandes venant de l'étranger. Ou bien nous répondions aux propositions provinciales (Lyon, Colmar, Strasbourg, Amiens), ou bien nous courions la banlieue : Choisy-le-Roi, Aulnay-sous-Bois, Montrouge

1. La durée moyenne d'une œuvre classique française est de deux heures environ. A quelques minutes près. Les « temps » du *Cid,* de *Cinna,* de *Don Juan,* de *L'Avare* oscillent entre 115 et 125 minutes. Nos classiques ont une sensibilité extrême du temps. Des horlogers. Voire des chronométreurs. Tous nos spectacles, quels qu'ils soient, sont interrompus par une pause de vingt minutes. L'audition d'un chef-d'œuvre tient malaisément contre l'envie de s'isoler. Dans tous les sens du mot. *(Note J. V.)*

(dix représentations à la suite), Versailles, Villeneuve-le-Roi, Gennevilliers (dix-sept représentations).

C'est donc la première fois que nous jouons sur la Colline au cours du mois de janvier.

Nous aurons donc patienté quatre ans.

On nous dit, ici et là, audacieux. Je découvre que nous sommes prudents.

Audace, prudence? Laissons donc se heurter ces contradictions. Vient toujours l'heure où la décision – la bonne et l'unique – se présente d'elle-même, vierge radieuse qui toutefois en sait long, le visage éclatant de certitude. Cela ne sera ni douloureux ni compliqué.

Faut le savoir.

Toujours début janvier 1955

Prudents, aussi, en ce qui concerne le lancement des matinées du samedi. Nous jouons déjà en matinée et en soirée le jeudi et évidemment le dimanche. Si nous plaçons une troisième matinée hebdomadaire tous les samedis et si nous respectons le jour de relâche (le lundi), quand répéterons-nous? Au cours de quels après-midi?

En vérité, toute l'organisation privée et publique, c'est-à-dire la préparation et la présentation des œuvres, est à revoir, à adapter au mode actuel, au mode actuel travail-repos, bref à la réalité sociale contemporaine.

C'est donc avec prudence que nous avions tenté d'établir l'hiver dernier des matinées le samedi. Une fois chaque quinze jours. Voire : une fois chaque trois semaines. La première de ces matinées eut lieu le 13 février 1954. La seconde le 6 mars, la troisième, le 20 mars. A l'affiche : *Le Médecin malgré lui* (mise en scène de Darras). Les résultats furent convenables : 1 500, 1 600, 1 200 spectateurs.

Le 27 mars, nous inscrivions *Ruy Blas* (2 800 spectateurs). Ce fut la quatrième et dernière matinée du samedi de la saison 54-55, qui se termina le 15 avril.

Au cours de cette saison 1954-1955, en quatre mois et demi de présence à Chaillot, nous avons inscrit au programme douze matinées le samedi. Trois fois plus que la saison précédente. Les résultats sont modestes, sauf pour *Cinna* (2 500 spectateurs le 20 novembre dernier). Au programme de ces samedis, qui sont organisés aussi bien pour les adultes que pour les jeunes, sont affichés : *Cinna* donc, *Ruy Blas, Lorenzaccio, Richard II, Hombourg, Le Cid, Macbeth.*

En quatre mois et demi, entre les reprises, raccords et répétitions de *Mère Courage,* de *Richard II,* de *L'Avare,* du *Médecin malgré lui,* nous aurons présenté à Chaillot les créations de *Macbeth,* de *Cinna* et, à Versailles, de *L'Étourdi.* Le « hard-labour » a repris pour certains interprètes.

Jeudi 17 mars 1955

Mémento : ne pas cesser d'appeler à Bruxelles Michel Bouquet. Entre-temps, je bavarde avec Gischia dans mon bureau. Le numéro que me donne Karsenty (Michel est en tournée) n'est pas le bon. Il loge en vérité à l'Hôtel Albert Ier, Bruxelles 17-22-50. Par chance, il n'est pas sorti. Je lui propose pour le prochain « juillet en Avignon » Simon Renard (*Marie Tudor,* création au T.N.P.) et le personnage d'Avare dans *La Ville* de Paul Claudel, création absolue à Strasbourg le 20 juin.

Sa réponse : En définitive, oui. Mais il faut attendre mardi prochain – je serai avec le T.N.P. à Prague ou à Brno ! – Anouilh écrit une pièce et l'a proposée à Michel. « Oui, Anouilh devrait te la faire lire. » Bah, inutile. Je ne monterai jamais une pièce d'Anouilh. Ni à Chaillot, ni ailleurs. J'ai horreur de ces tartes à la crème. Elles m'empoisonnent. On les croit à l'arsenic ou au cyanure. En vérité, c'est seulement la chantilly qui a mal tourné.

MOI : En février 1956, *Le Misanthrope,* rôle d'Alceste, qu'en dis-tu ?

MICHEL : Je suis trop jeune.

Quel âge lui donne-t-il ?

A peu près certainement ce nouveau et nième projet de travail commun n'arrivera pas à conclusion. Ah, le Michel de *La Terrasse de Midi* (Maurice Clavel, Ier Avignon, 1947), son *Saint-Just* (Büchner, 1952), son interprétation de *Meurtre dans la cathédrale* (quatrième tentateur), son Piarrot (*Don Juan,* Avignon 53), son Prince Hal (*Henri IV,* Shakespeare, Avignon 1950). Je n'arriverai plus, qui sait, à mettre la main désormais sur cet intelligent et très sensible cadet qui, au moment même où je m'explique sur la scène le plus confusément du monde, me comprend, m'exécute, et va heureusement plus loin et plus profondément que ce que je demandais. Deux sensibilités en définitive très proches l'une de l'autre.

Adresse de la clinique de Philippe Noiret : rue Manuel, téléphone AUT 27.28.

Karsenty : TRI 11-98

Depuis hier soir, 16 mars, la compagnie joue *Ruy Blas* à Berlin-Est. Je la rejoins demain. Avec quelques autres.

Mardi 29 mars 1955. Berlin-Est. Dresde (RDA) – Tchécoslovaquie : Prague. Brno. Bratislava

Trop de réceptions.

Cela atteint l'impossibilité physique. « Je ne me soutiens plus, mes forces m'abandonnent et mes genoux tremblants se dérobent sous moi. » Je deviens incapable de quoi que ce soit. Sinon de noter cela même. Je deviens théâtralement, artistiquement fragile. L'impuissance me guette. Trop de réceptions. A-t-on quelque idée à Paris de ces folies multipliées? Sommes-nous des comédiens ou des chargés de mission? C'est absurde. Je me tâte les parties, sous la table, au cours de certaines soirées. Oui, elles sont toujours là.

Ils sont charmants. Et si prévenants. « Il faut voir... il faut voir... il faut voir..., etc. » Tout. Bien sûr, la curiosité, ma curiosité « socialiste » me pousse, m'incite à être de toutes les visites, de tous les dialogues, de toutes les entrevues. Responsable de la compagnie, vais-je les blesser, en m'excusant de ne pas visiter telle usine de chaussures ?

« J'en ai vendu jadis à Sète dans la boutique de mon père, oui, dans le magasin paternel précisément. » On traduit. Exclamations joyeuses de nos hôtes. L'un d'entre eux signale la dialectique évidemment socialiste du Destin. Le fils du petit boutiquier chausseur de la rue Gambetta (« Où ? – A Sète. – A quoi ? – A SÈTE. Traduisez à Versailles, ce sera plus clair. »).

Ce fils donc, ennemi héréditaire des grands trusts industriels ne peut pas ne pas visiter les usines Bata. Nom célèbre dans la famille. C'était l'Ennemi. Ce système de concentration industrielle, capitaliste hier, aujourd'hui socialiste avait fichu à terre, avait contraint à la misère la très modeste exploitation familiale. Dès 1930. J'avais 18 ans. Au bord de la faillite, mon père le dimanche matin me donnait avec peine, avec quelque embarras le « prêt » hebdomadaire. « Je ne peux pas te donner plus. » Cent sous. Et sous les moustaches jaunies les bonnes et grosses lèvres se pinçaient.

Or voici l'ennemi : BATA.

Bata ou Batta, peu importe. Je mépriserai Bata-Batta jusque dans l'orthographe du nom.

« Allons, monsieur Vilar, cher monsieur Vilar, voici la voiture. En route pour l'usine. »

Eh bien, non. Je me suis tâté une fois de plus les parties et le visage crispé, j'ai prétexté un élancement hernieux. « Non, je vous remercie, pas de médecin. Un petit massage personnel suffira. Bonne route. Et saluez pour moi les ex-usines Bata. »

Trop de réceptions. Et pourtant ! Ils sont si attentifs ! Si obligeants ! Que ce soit le ministre de la Culture ou le directeur de tel Institut. Tel directeur de théâtre ou tel scénographe ou comédiennes ou comédiens. Une valse fantastique – d'une course à l'autre je sifflote celle de Berlioz – nous entraîne de telle matinée poétique à demi impromptue à tel local d'un ensemble de danses, de tel conservatoire à telle rue historique – ah, j'ai tout de même visité Prague seul ou avec une compagne –, de tel complexe industriel à...

Très heureusement, l'ambassadeur de France est un homme parfaitement bon, mesuré et compréhensif. Fourbu, les heures de conversation avec lui et ses collaborateurs sont choses toutes simples et délicieuses. Il n'élève pas la voix. Le dialogue va et vient, s'arrête ou musarde. Cependant, et sans que j'y prenne garde aussitôt, il m'incline à accorder le plus de notre temps à ces rencontres avec les Tchèques, à ces visites, etc.

« Depuis que je suis en poste à Prague, c'est la première fois » – il ajoute : « grâce à votre venue ici » – « que je rencontrerai le ministre de la Culture, M..., cela vous surprend, n'est-ce pas? Or, notre Institut est fermé. La bibliothèque, riche en volumes de toutes disciplines, est inutilisée. Je ne pense pas que telle pratique médicale exposée par tel maître français, par exemple, puisse porter tort à la Doctrine, n'est-ce pas? Est-ce votre avis? »

Si je comprends bien, il s'afflige de ce vide que l'on crée autour de lui et de ses collaborateurs.

Dans les rues, au hasard des rencontres ou de quelques achats – il y a encore un bon magasin d'objets anciens à Prague – je note ou plutôt je crois deviner que le Tchèque ne nous aime guère. Si, facilitée par un bon traducteur, la conversation s'installe un peu, l'interrogé fait grise mine. La coupe de nos vêtements révèle l'Occidental. Détestent-ils nos questions? Craignent-ils tout interrogatoire? Puis un jour, à la suite de plusieurs de ces conversations avec des inconnus, je ne puis m'empêcher de penser que tout Français leur rappelle encore Munich, il y a quinze ans.

C'est bien la première fois que voyageant en pays étranger, je perçois dans le regard de l'inconnu que l'on accoste et qui apprend que vous êtes français un tel sentiment d'inimitié.

Certains camarades de la compagnie à qui je dis ma surprise et donne mon explication ne sont pas de mon avis. Les anticommunistes : « C'est parce qu'ils sont surveillés », « c'est parce qu'ils refusent le communisme », « c'est parce qu'ils ne sont pas heureux ».

« Bon, parfait. Et vous êtes heureux, vous? »

Dialogue politique farfelu qui n'avance ou ne s'appuie sur aucune preuve un peu sérieuse et que nous menons rapidement à conclusion. Sagement.

Je reste sur ma faim.

Cependant, je retrouve toujours avec ravissement M. de Boisanger. Il me dit être propriétaire – ou copropriétaire – à Paris d'un théâtre très boulevardier : le... Cela pourrait être la cause d'un différend entre nous. Mais non. D'ailleurs il passe à autre chose. Il s'inquiète de nos comédiennes. Ses collaborateurs ne sont-ils pas très assidus à leur égard? Pas que je sache. « J'interrogerai Zanie, Monique et Mina. Et... »

Mes filles qui sont passablement insolentes poufferont de rire le soir, quand je les questionnerai. Comme je suis surpris et que j'insiste, j'apprends que Zanie fait des ravages.

« Chez les Tchèques. Parmi nos hôtes d'abord, certes. Comme il se doit, monsieur. Cela fait partie de nos devoirs et de nos jeux : inspirer des sentiments.

– Les Tchèques, bien parfait! Mais les ambassades? »

Elle éclate de rire. Elles éclatent de rire. Leurs yeux pétillent. Elles brocardent. Elles cabalent. Je reste perplexe. Elles sont toutes trois malicieuses et adorables et pourquoi des négociateurs publics – et secrets – seraient-ils insensibles à ces coquineries et à ces très honnêtes provocations. Je m'en tire en citant Chamfort : « Madame de... a dit à son fils entrant pour la première fois dans le monde : Monsieur, je n'ai qu'un conseil à vous donner. Soyez amoureux de toutes les femmes. »

Elles apprécient hautement l'anecdote.

Les Slovaques sont merveilleux. « Voulez-vous quelque chose? Vous cherchez quelque chose? N'avez-vous besoin de rien? – Mais non, je n'ai besoin de rien. » Mon regard seulement bat la campagne. Bien qu'il n'y paraisse pas, je soliloque. Mais oui, le comédien que je suis parle tout seul. Souvent. Très souvent. En tournée, particulièrement. C'est une bonne médecine. En se levant le matin, par exemple. Parlons, parlons, parlons. Invoquons le néant, la cuisinière, Vénus, tel brechtien, tel échotier. Expectorons. Évacuons. De tous côtés. Et en même temps. Ne nous constipons pas l'esprit.

Donc nous sommes en Slovaquie. A Bratislava. Et nous sentons bien que les Slovaques mettent un point d'honneur à damer le pion sur le plan des honneurs, de l'hospitalité et des réceptions aux organisateurs des capitales fédérales sœurs : de la Bohème (Prague) et de la Moravie (Brno).

Nous aimons Bratislava.

Nous aimons ceux qui nous reçoivent.

Ils nous adorent.

Et la valse fantastique continue.

Boissons, ripailles, eau-de-vie, violon tzigane, danses du pays, ah que ces filles sont belles. Je regarde mes compagnons. Pas un seul qui n'ait l'œil allumé. Tel de mes lascars ne lâche plus telle danseuse. Je l'envie. Car je suis placé à table entre le ministre de la Culture slovaque et le traducteur. Cependant le ministre est drôle. Il s'amuse. Il boit sec. Il se dispute avec le jeune violoniste tzigane qui subitement a décidé de ne plus jouer. « C'est le premier prix du dernier concours national tzigane. » Je remercie? Pourquoi? Je n'en sais rien et c'est trop tard. Suis-je ivre? non. Et le ministre pardonne enfin au soliste qui de plus en plus coléreux se tasse sur sa chaise et bougonne. Les cris, les jeux, les danses reprennent. Les regards brillent. Je tremble car je viens d'apprendre – ou plutôt on vient de me glisser dans l'oreille – que les jeunes époux de nos jeunes danseuses sont, eux aussi, à cette même et unique table et que mon lascar numéro un en ce qui concerne « la course après tout jupon » serre de très près, de trop près – je regarde dans sa direction et ce n'est hélas que trop vrai – telle jolie fille toute ronde dont le mari fait triste et sauvage figure en face, à un mètre cinquante d'eux. Et mon Casanova d'évidence ignore l'identité de son vis-à-vis.

Corneille, Molière, Hugo sont loin.

Comment cet imbroglio va-t-il se terminer?

A 11 heures du soir, subitement, discipline, discipline! Et tout aussitôt, voici la soirée terminée. Nous ne comprenons pas. Mes Lovelace se regardent, me regardent. L'après-midi – avec les danses du pays –, la soirée – avec ses bonnes et franches lippées – avaient, comme le crie presque mon brûlant angevin, « démarré du tonnerre ». (Mon Angevin, par ailleurs ex-caporal mitrailleur de 1940, c'est le gars qui était prêt à cavaler la jolie fille tout à l'heure.) « Et alors quoi, à présent, nom de Dieu, tout à coup c'est terminé? On vous allume et puis là, tout à coup, on vous châtre? Quel régime! »

Nous rejoignons le car.

Dans la voiture, tandis que nous roulons vers Bratislava, la tristesse et le silence succèdent à la stupéfaction et à la colère. Nous avons peine à regagner nos chambres. Nos chambres solitaires. Je regarde mes renards et il est clair, à voir leur visage un peu humilié, qu'ils souffrent. Illusions perdues. Mes renards traînent un certain temps dans le hall de l'hôtel. J'éclate de rire. Ils me regardent sévèrement. Mon mitrailleur, à qui j'explique les raisons – un peu sottes – de ma bonne humeur me dit « qu'on ne plaisante pas avec ça ». Il ajoute qu'après douze heures de rires, de danses et d'entretiens, après un long et copieux repas arrosé d'alcools, toutes choses ayant été partagées avec une fille, « celle-ci quelle qu'elle soit ne doit pas se refuser, ne refuse jamais de baiser ».

D'origine modeste, anticommuniste-né, utilisant d'autre part chaque fois qu'il le peut des produits « strictement » français (il y a dix ans, nous l'appelions entre nous « buy British »), je le sens prêt à cette heure nocturne à dépecer Malenkov, Molotov, et tous les staliniens ou marxistes-léninistes quels qu'ils soient.

« Tu ne me convaincras pas, Jean. Tu ne me convaincras pas. La fille ne disait pas non. Le mari? Ben quoi, le mari, t'inquiète pas, on se serait débrouillé. Un copain l'aurait distrait le temps nécessaire. Non? » Je sourcille. « Ben oui, toi par exemple. » Il exagère. « Mais non, mais non, Jean, rien de plus simple, crois-moi. Tu appelais le Jules à tes côtés. Tu lui disais que cet après-midi tu avais remarqué le style très particulier de ses soli. Il était flatté. Darras se joignait à toi, te relayait. Une discussion s'engageait sur le folklore et la danse. Et hop, tandis que la discussion s'étalait, attirait le ministre, le tzigane, les camarades, les interprètes, les danseurs et maintenait auprès de toi et du ministre le mari, hop j'emballais la fille et l'amenais.

– Où ça?

– Oh, Jean, ne fais pas l'innocent, je t'en prie.

– Je ne joue pas à l'innocent. Je te demande : où, dans quel lieu aurais-tu troussé la fille? »

Mon Angevin me regarde, éclate de rire, pense que je ne suis pas sérieux, que je mets quelque mauvaise volonté à admettre les logiques les plus communes. Je pressens aussi, je lis dans ses regards qu'il est prêt à me reprocher ma mauvaise foi socialiste.

« Où ça, Maurice? Tu ne m'as pas répondu?

– Où ça?

– Oui. On ne t'aurait pas laissé sortir de la salle.

– Moi, on ne m'aurait pas laissé sortir de la salle?

– Non. Ou bien on t'aurait demandé : " Avez-vous besoin de quelque chose? Voulez-vous que je vous accompagne? " et on t'aurait effectivement accompagné, " vous manquez d'air, etc. " Quant à elle...

– Quant à elle?

– Eh bien, je crois que... » J'hésite. « Je crois...

– Tu crois qu'elle n'aurait pas quitté la salle, n'est-ce pas?

– Oui.

– Écoute, Jean. Tu compliques à plaisir les choses les plus simples. Et les plus naturelles. Les plus faciles à exécuter. Si. Si. Je ne sais pas pourquoi : tu t'entêtes. Voyons, Jean, tu le sais : quand on veut, on peut. Où que ce soit. Et avec qui que ce soit. »

Il ajoute :

« Malgré les ordres. Malgré la discipline. Malgré la Théorie. En dépit du mari. Malgré le Parti. »

Et fier d'avoir réduit à néant ma résistance, d'avoir tourné les difficultés passionnelles et politiques de ce monde, il me souhaite bonne nuit, me serre longuement la main, m'embrasse presque, et, après un « à demain » jovial, va se coucher.

Cependant le lendemain soir (avons-nous joué hier? oui? non? oui? et quoi?), autre réception. Je suis placé à côté du colonel ou du capitaine ou du commandant qui dirige – et met en scène – le théâtre de l'Armée. Bonasse. Visage ouvert. Assez peu soldat. Il me rappelle un peu mon chef de musique militaire, celui du 3e R.I.A. établi à Hyères (Var), monsieur Porpora, neveu de Jean Giono. Malheureusement, notre interprète s'est découvert une passion pour le savoir-faire de nos techniciens et de nos régisseurs. Mon colonel-capitaine et moi restons là, muets, souriant, souriant encore et toujours, désarmés. Nous étant livrés pendant près d'une heure à ce jeu de marionnettes, je le salue enfin et il me salue; je me lève, il se lève; je l'invite à se rasseoir, il se rassied; il sourit, je souris; il croit comprendre mais il fait erreur and I take a french leave. Par les cuisines. Immenses. Où se trouve la sortie? Je perds cinq longues minutes. Vais-je être contraint de retourner dans la salle de réception? Je traverse de véritables ruelles qui délimitent d'immenses fourneaux. Tout à coup je me trouve nez à nez avec une imposante dame placée derrière un bureau. Pas effarée du tout de me voir surgir. Plus comptable que cuisinière. Je lui fais des signes. Elle ne bouge pas et elle se plonge à nouveau dans ses registres.

Je sors enfin. Je retrouve une de nos voitures. Le chauffeur. Le bon, solide et malicieux bonhomme. A peine avons-nous roulé deux ou trois cents mètres, tout à coup le Danube dans la nuit. Je le vois pour la première fois. Je demande au bonhomme de stopper. Je descends de la voiture. Une fois de plus, je me livre à une petite gymnastique de signes. Sans résultat. Je tâte de l'anglais : « alone ». Puis de l'italien : « solo » (Soli eravamo e senza alcun sospetto, etc.). Sans résultat. Alors je mime la lassitude de l'homme et d'autre part le grand tracé des fleuves à travers la nature, l'air frais et revigorant. Le chauffeur me regarde. Je reprends le scénario et en deuxième version j'interprète, mes yeux dans les yeux du chauffeur, l'hypocondrie et l'accablement de l'homme moderne, la vie de tous les jours banale et oppressive. Alors il me comprend. Voilà qu'il remet en marche le moteur. Après un large salut, après un adieu pour l'éternité il démarre. Dix mètres après, la voiture disparaît à un tournant.

Je marche longuement sur les quais du Danube.

« De toute façon, le capitalisme est sans avenir. Il crèvera. Évidemment, auparavant, le monstre s'assouplira à tous et à toute chose. Piétiné, écrasé, broyé, des larves s'échapperont du nid de chenilles. Quoi qu'il en soit la société communiste, la communauté socialiste est malade. Que ce soit sous une forme ou sous une autre, elle croît douloureusement, elle s'établit difficilement. Capitaliste ou communiste, l'homme tue. Je me sens isolé. En quelque sorte : absent d'une époque, la mienne. Attaché à des biens de liberté individuelle, à de simples mais constants bonheurs matériels dont je ne sais pas me priver, dont je ne veux pas me priver. Un petit bonhomme d'un autre temps. »

Le Danube dans la nuit. Bruits de l'eau qui court, qui fuit rapidement. Stridence des moteurs. Le vent est vif. Odeur de calfatage, du goudron.

« Après tout, pourquoi s'attacher à des biens matériels ou à des valeurs idéalistes? Se battre ou travailler pourquoi, pourquoi? Imbécile. La vie pourrait être aussi bien celle du vagabond. Évidemment, cela aussi, ni le capitalisme ni le communisme ne l'admettent. Le représentant de l'ordre n'est jamais loin. La liberté absolue, hors de toute contrainte, hors de tout devoir? Non, interdit. Et cependant! Oui, comme ce soir, le long du grand fleuve, marcher, marcher, toute la vie. »

« Vous faites peur aux hommes et aux femmes. Vous changez les tabous, vous ne changez pas le style des dévotions. Vous contraignez à la louange, à l'ex-voto, au dithyrambe, à l'admirateur de l'Unique. Vous divinisez. Vous embaumez. Des socialistes? Non. Des serviteurs de Pharaons. »

La prière laïque et athée du petit esprit :

« Je vous en prie, camarades, faites que l'Europe préserve et maintienne à travers ses révolutions le petit bonhomme à la raison irascible, critique et déconcertante. Travailleur s'il le veut, ne le contraignez pas à la construction de vos pyramides socialistes. Une philosophie matérialiste qui n'a pas de sourire est effroyable. Camarades, je vous en supplie, ne contraignez jamais personne au devoir. »

Dans la chambre. Il est tard. Devant moi toutes ces notes. Mes poches en étaient pleines depuis Dresde.

Dresde la Détruite. Auschwitz d'un côté. Dresde de l'autre. Dans l'un comme dans l'autre camp, l'organisation scientifique et obstinée du meurtre; étude à froid de l'effacement des concentrations humaines. Établissement du « nada », de la poussière et du désert. Dresde, joyau ancien de la musique et joyau du théâtre. « M'en fous. Larguez vos bombes. Yes, sir. »

Ces pauvres notes devant moi. Faudra les mettre au net. Ou les détruire.

Achat à Prague de nombreuses brochures de textes de Lénine. Éditées en langue française à Moscou. Le génie. La hauteur de l'esprit, l'implacable sens critique. L'ironie, l'allégresse du jugement, le courage. Et le coup de poing. Impitoyable. Pauvre Kautsky.

Lénine-Oulianov est le seul homme – le seul écrivain – qui parvienne à me convaincre de l'absurdité de l'anarchie. Le seul homme de raison et d'action qui fasse éclater le grand rêve du marcheur éternel, de l'individualiste solitaire, de l'être qui ne demande rien, mange, boit, baise où il peut.

Le Danube. A la vérité souhaitent-ils connaître les goûts d'autrui? Ils imposent les contacts humains. Il vous font visiter des usines. Vous allez d'institut en institut. Mais le

Danube! « Le Danube? mais ce n'est pas une édification socialiste, camarade. » Alors vous passerez à Bratislava et vous ne verrez pas le Danube. Il coule à 100 mètres de votre hôtel.

« Depuis la création du monde, la première chose à voir à Bratislava, ce n'est pas le travail des hommes, camarades. C'est le Danube. »

De nombreuses maladies infantiles du communisme – et pas seulement le gauchisme – sont chroniques.

Athènes, avril 55

J'ignore le quantième du mois. J'ignore quelle est la date du jour. Europe. Belle Europe. Hier, Mycènes et Épidaure-Asclépios. Avant-hier, le Parnasse et Delphes. Ici venu – et pour la première fois –, je préserve, je protège cette passion de voir et de revoir, seul, loin de toute compagnie, loin de la troupe même, égoïstement. De retour à Athènes, je ne dis pas un mot de ce que j'ai vu à mes camarades. Absurdité? Je ne sollicite en rien leur propre impression. Je les évite. Je les fuis. Partant secrètement avec Daux [1] pour Mycènes et Épidaure, je retrouve cependant garçons et filles dans l'orchestra et les travées du théâtre. Je suis heureux. Les rendez-vous avec l'histoire, fixés et attendus depuis l'adolescence, sont souvent des néants peuplés d'un transistor, de touristes et d'un guide tonitruant. Au lieu du silence et dans le lieu même du silence, ça bavarde. Par contre, Daux est pour ainsi dire invisible. Dans la voiture qui nous conduisait tous deux vers nos haltes prévues sur la route tortueuse et nationale – « construite par les Américains toutefois », dit-il – Georges Daux me rappelle sans pédantisme telle chose, m'apprend même ceci et cela que, cependant, je devrais savoir depuis longtemps. Il s'étonne de ma surprise. Hé quoi, « hypocritès » en grec ancien signifie « comédien ». Il est des savants raffi-

1. M. Georges Daux, alors directeur de l'École d'Athènes.

nés en présence desquels on n'éprouve aucune honte à avouer ses ignorances. Le verre d'eau que ce diable d'homme vous tend est toujours frais.

Épidaure, Delphes. Ces théâtres, ces temples, ces sanctuaires, ces banques d'affaires aussi bien, éloignés de toute agglomération commerçante. Isolés, creusés ou construits à flanc de colline, à même le rocher abrupt, escarpé. La fête. La fête temporaire dont le théâtre ne pouvait être absent. Le théâtre dont la fête à l'heure de midi ne savait se priver. Le soleil au zénith.

J'avais prévu de prendre des notes. J'avais apporté carnet et stylo. Et puis non. A quoi bon ! Ici venu il faut se livrer absolument à la mémoire et à la vue. Si l'une et l'autre conservent peu de chose de ce rendez-vous tant souhaité, eh bien c'est que tu étais indigne de ta chance.

Épidaure. Du haut de la dernière travée, j'ai éprouvé l'envie de descendre jusqu'au cœur de ce corps majestueux, de ce corps aux multiples bras ouverts. Prendre des mesures ou prendre mes mesures ? Orgueil ou curiosité professionnelle ? Et puis non, qu'importe. Je regarde cet immense éventail de pierre déployé, ce geste large, adressé généreusement, au-delà des travées publiques, aux formes hostiles et sévères de la nature.

Non, en définitive, non. C'est l'évidence. Il ne faut pas toucher à ce théâtre. Il ne faut pas l'investir de nos langues modernes. « Que veut dire : " mettre en scène ", en ce lieu ? » Mettre en scène, mot bâtard. Abandonnons à son silence, à son soleil et à ses nuits ce lieu austère, ce geste de pierre tracé dans le ventre du roc. Du roc ennemi.

Oui, en définitive, tout ceci est mort et peut-être n'a jamais vécu. Les quatre grands s'étaient éteints depuis longtemps lorsque le théâtre d'Épidaure fut construit. Reste Delphes. On y a joué qui et quelle œuvre ? Plus je contemplais Épidaure et Delphes, plus j'étais désireux de m'en éloigner. Mes retours à Athènes en compagnie de Daux ont été moins allègres. L'objet du très ancien amour, de mon premier amour n'était plus qu'un beau cadavre, la réalité gifle. Ce dont on a rêvé, en vérité n'a jamais existé. Reste le cadavre de pierre blonde. Reste ce grand corps allongé, moins rongé par les maladies mortelles de la pierre et du temps que détruit par ces capitaines et leurs armées et leurs diacres qui au long des siècles y ont campé.

Je comprends mieux ce soir ces jeunes gens avec qui hier ou avant-hier je bavardais. « Nous respectons ces choses mais nous leur sommes étrangers, monsieur Vilar. Nous sommes vos contemporains. On nous endort avec une histoire qui n'est pas la nôtre. »

Nos ancêtres, les Gaulois..., etc.

Toujours Athènes – avril 1955

Voici plus d'un mois que nous avons quitté Paris. Malgré moi, ou du moins sans avertissement, se déclenche dans ma mémoire le mémento laïque du comédien-directeur en voyage. Allongé sur le divan, j'égrène le chapelet des noms de villes que nous avons traversées, où nous avons joué. Après Dresde, après Prague, après Brno (match de foot Tchécoslovaquie-Autriche. Cette dernière, la grande championne européenne, battue). Après Bratislava-Presbourg-le-Danube, voici Ljubljana.

C'était un samedi et un dimanche et la ville était calme, très provinciale et jolie. Puis Zagreb-capitale, puis Belgrade-capitale et l'ami Ristick le poète. J'allais oublier Sarajevo-l'Archiduc, le pont, les minarets. Déjà l'Orient. Sarajevo où le wagon contenant le matériel de scène et les costumes n'étant pas parvenu à destination – une roue cassée, quelque part entre Zagreb et Sarajevo – nous avons à la demande du public organisé une soirée impromptue (non, je ne jouerai plus de ma vie les deux premiers actes de *Don Juan* sans porter de perruque. Je suis chauve et j'ai quarante-trois ans.

Certains soirs : quatre-vingts). Après Sarajevo et Belgrade, le long trajet en chemin de fer de Belgrade à Athènes. 4 heures, 5 heures du matin, arrêt à Salonique. Présence du Consul de France sur le quai de la gare. Je m'habille et vais le remercier de sa présence. Le train repart. Je ne dormirai plus : dans quelques heures, sur notre droite, l'Olympe. J'erre dans le couloir du train, en compagnie de quelques autres.

La masse se dresse là, dans la clarté limpide du jour. Solitaire. Le sommet entouré de nuages. Et il est vrai que cette masse en impose. Le train roule vers Athènes. Un tortillard quinteux et qui ne se presse point. C'est une chance. Nous arriverons à la gare campagnarde d'Athènes vers midi.

En attendant, une herbe verte pousse difficilement, chichement entre les pierres. Tout cela est si beau, strict et pauvre. Nous sommes installés dans le dernier wagon et par la vitre de la porte arrière, je regarde disparaître le haut massif nordique. Éloigné d'Athènes, de Mycènes, de Thèbes, de Corinthe, de Sparte. Ils avaient placé le séjour de leurs dieux loin de leurs cités. C'était plus sûr.

Je vous en prie, ne faites pas jouer les femmes dans une tragédie grecque. Cette musique a besoin de voix d'hommes. Jocaste, Déjanire, Électre, Antigone, les Troyennes, Ismène, Clytemnestre, Athéna, Hélène, ôtez leur masque de théâtre, voyez : ce ne sont pas des femmes, ce sont des hommes. Et pas obligatoirement d'allure équivoque. Des hommes. Bien sûr, ils jouent suavement, s'il le faut, des cadences et des mélodies particulières que le poète en un dialecte très travaillé leur propose. Mais ce sont des mâles. Bien sûr, il faudra des mois et des années de travail. Et d'ailleurs peut-on parvenir jamais à retrouver le sens, l'efficacité, le style des grandes écoles disparues ?

Autre chose.

Cléopâtre – « heureux cheval qui porte le poids d'Antoine », Juliette – « and with a kiss I die » furent interprétées à l'origine par de très charmants pédés anglais. Amis, faites donc prononcer les vers et les proses des jeunes vierges et femmes de votre Shakespeare par vos plus jolis gitons. Alors, happy producers, vous admettrez peut-être que vous n'avez point à vous préoccuper, vous, des problèmes particuliers, occultes ou sociaux, parfois impénétrables de notre sacro-sainte mise en scène. (Car nous jouons votre Shakespeare en français. Vous le savez. Horreur, n'est-ce pas?)

Ah, cette ambiguïté vocale et qu'on peut certes imaginer de Cléopâtre-jeune garçon, de Lady Macbeth homme jeune, de Cordélia androgyne peut-être, de Portia « amoureux » de Brutus.

D'ailleurs l'homosexualité britannique est d'ancienne et de très illustre tradition. Ce n'est pas une anomalie, c'est une coutume. C'est une réalité et c'est une poésie. Chez nous au contraire cela conserve encore l'apparence ou du vice banal ou du secret connu de tous. Enfin, et depuis Chimène, toutes nos vierges de théâtre sont vraiment de jeunes femmes. Elles furent ainsi conçues. De même, les mères. Me voyez-vous jouer Agrippine, comme me le conseillait Marcel Arland?

Le théâtre d'Eschyle, de Sophocle et d'Euripide est un théâtre de voix travesties mais sans équivoque. Ce sont des voix d'hommes que celles des Océanides et des Bacchantes. Ils souriraient – ou plutôt trouveraient maussade la plaisanterie – si ces pères de l'Europe (E.S.E.) [1] entendaient nos Phéniciennes, nos Cassandre, nos Euménides.

Travailler quotidiennement dans l'orchestra – et la cavea – d'Épidaure et tenter, grâce à l'instrument de pierre, de retrouver l'exacte prononciation de l'ancien grec. De l'ancien dialecte employé par les Tragiques, du moins.

Se servir du vers d'Eschyle. Le déchiffrer à haute voix et de mille façons jusqu'au moment où se présenterait l'évidence : « voici la vraie sonorité des voyelles et des consonnes. » Aller

1. Eschyle, Sophocle, Euripide. *(Note J. V.)*

à la recherche d'une sonorité évanouie, perdue, oubliée. Un vrai et très patient travail de science et de fiction, etc.

Bref, par la pratique de l'instrument retrouver la musique.

Je rêve ?

Après des mois et des années de recherches et d'essais, ayant retrouvé au Dionysos, à Delphes ou à Épidaure la sonorité du chant, du poème tragique, découvrir enfin toute la prononciation d'un langage. Du moins celui des grands textes des Ve et IVe siècles avant J.-C.

Oui je rêve.

Delphes sanctuaire. Delphes ville sainte. Delphes, capitale religieuse. Delphes oracle, c'est-à-dire Delphes la curie. Delphes dont le Dieu dirige les intérêts grecs. Delphes-Trésorerie.

A comparer à Rome-Vatican.

La savoureuse, la très humaine coquinerie italienne : faire en sorte que les manifestations de la foi et les sanctuaires de la foi soient imposants mais, en définitive : « Évitez, Giotto, Brunelleschi et toi aussi Michel-Ange, d'effrayer le croyant. Pace, Pace ! »

Les ors confortables du Vatican et la pierre aiguë des collines de Delphes. Les mélodieuses orgues romaines et le vent vif des collines de Delphes. Les pigeons de la place Saint-Pierre et les rapaces qui, à la tombée de la nuit, survolent les rocs qui entourent les temples de Delphes. Delphes située dans un site agressif, dur et hostile et comme loin du reste du monde. Et près des temples et du Temple, voici le théâtre. Et le stade.

Rome-Vatican, Rome-Saint-Pierre, édifie son église proche de la Ville (Urbs), du Forum et des dieux morts. Dieu n'est plus éloigné des hommes et de la Cité. Et quant au théâtre et au stade, où à Olympie et à Delphes rivalisent des hommes nus, bonsoir ! « Précisément nous avons à discuter une fois de plus du sexe des anges et du célibat des prêtres, des vertus de l'Inquisition. Dès demain nous émasculons, d'autre part, tous ces petits phallus gréco-latins. » Ce qui fut fait, comme on sait. Nous sommes loin du stade, et des jeunes athlètes au corps absolument nu.

Depuis vingt-cinq siècles toutes les civilisations, toutes les philosophies de l'État et des révolutions se sont ingéniées à étouffer cette leçon. Elles ont ignoré cette union : théâtre, stade et politique.

Faut-il le regretter? Il y eut par la suite un autre art. Après des siècles de silence. Nos chers Gaulois ont campé sur le Forum comme nos Normands ont ravagé la grande Grèce. Les Francs ont dû roter à Olympie et à Delphes. « Ce qui est fait ne peut être défait. »

Il nous fallait un autre théâtre et d'autres théâtres.

Adieu, Delphes.

J'ai refusé d'aller visiter l'Acropole la nuit venue. Ces sauvages l'éclairent avec des spots [1]. Vous êtes monstrueux. Vous êtes des salauds. Ou du moins : qui a eu cette idée absurde? Quel ingénieur? qui a voulu complaire à son ministre qui, peut-être, n'y pensait pas?

Phidias, tu as besoin d'être éclairé.

Athènes. Toujours avril 1955

Nous serons restés à Athènes du 16 au 25.

Rendez-vous ce matin au Dionysos. Au flanc de l'Acropole. Le dialogue est aisé, les questions toutes simples. Mes jeunes interlocuteurs parlent de leurs propres problèmes, de leur théâtre, des difficultés qu'ils rencontrent sur le plan politique, social.

Je leur avoue, après maintes tentatives d'explications, que je suis à la vérité incapable de les aider; qu'il faudrait vivre en Grèce afin de comprendre et de voir clair; que je suis atteint de la « maladie historique » traditionnelle en ce qui concerne leur pays; qu'il me faudrait apprendre à me détacher senti-

1. Projecteurs électriques. *(Note J. V.)*

mentalement de « ça » et je désigne du doigt les flancs et le sommet de l'Acropole; que je suis – contre ma volonté peut-être – un traditionaliste; que je ne suis jamais parvenu à me défaire absolument de cette leçon grecque qui va d'Eschyle, d'Olympie et de Delphes aux derniers vers écrits par Aristophane.

J'ajoute que personne n'a de leçon à donner à quiconque; que *« trouver seul »* est le domaine précieux de notre liberté, justement; qu'ils doivent prendre garde aux maîtres et aux théoriciens, jeunes ou vieux. Je leur dis enfin que j'éprouve un sentiment de détachement complet à cette heure. Peut-être à cause de la lumière, et de l'heure et du lieu. Il est midi.

« Ce sentiment de détachement m'isole de vos problèmes. Ce serait mentir et bien sottement que de vous donner l'illusion de mon expérience, que nos expériences d'Avignon et du T.N.P. puissent vous être utiles. Je n'en ai pas conscience. »

Le théâtre, le Dionysos n'est pas très vaste, me semble-t-il. J'évalue sa jauge à cinq mille places. Nous sommes loin d'Épidaure, dont la construction est postérieure à l'ère des grands tragiques du Ve siècle. Les mesures du Dionysos ne paraissent pas très différentes de celles du théâtre de Delphes. Le Ve siècle, le IVe siècle commençant ne voyaient pas tellement grand. C'est dans la suite des temps que nous tombons dans l'énormité. Après Alexandre. Et avec Rome.

« Non, ne dites pas qu'au cours des siècles de nombreuses travées ont été détruites ou ont disparu. L'éventail de pierre ne devait pas être très vaste, si j'en évalue les mesures d'après la surface assez restreinte, regardez, de l'orchestra. »

Est-ce que le Parthénon est de dimension colossale? Le Dionysos ne l'est pas non plus. Quant à l'Hérode Atticus, oublions cette horreur. C'est aussi laid qu'Orange.

Des enfants jouent près de la skênê. Rien ne protège ces pierres désormais et à jamais malades. Nous ne sommes pas dans un musée et c'est heureux. Le Silène est libre. Il aura survécu. Et comme toute chose il mourra un jour.

Ne l'embaumez pas, je vous prie. Laissez-le devenir poussière sur le lieu de sa naissance.

Nul pépiement, nul cri d'oiseau.

Ici venu, le soleil ne se fait jamais oublier. Ce matin, du moins. Sa lumière accentue, précise, accuse le dessin des pierres, l'arête des objets les plus communs, de toute chose. D'autres présences. Dont celle du vent léger. Il a la saveur un peu piquante de la mer. Cette brise un peu salée, à peine humide, me rappelle tout à coup un lieu – oh bien différent et non accablé ou grandi par l'histoire – une ville modeste que depuis Berlin-Est au moins j'avais absolument oubliée. Oui, ma bonne ville. Sète.

La mer unit au moins ces rivages aux civilisations contradictoires, hautaines ou banales, les rivages de ce monde méditerranéen presque entièrement clos.

Demain, Sounion, où je passerai et la journée et la nuit.

Volos, tremblement de terre. Allocution au public, ce soir.

Cependant gîte dans la lointaine ou proche mémoire l'incessant mécanisme d'une activité dite « hartistique » – ah ce mot – dont je suis à la fois l'instigateur et le premier esclave. Le Patient. Cela tient du masochisme. Où est la liberté? Où se cache-t-elle?

1° – Mes vacances d'août ont désormais depuis quatre ans un fonctionnement strictement utilitaire : lectures attentives, crayon en main, en vue du choix définitif des œuvres à réaliser au cours de l'hiver suivant. En un mois, parfois trois semaines, lecture de trente à quarante œuvres.

2° – « Week-end » signifie désormais pour nous et pour moi accroissement de la tâche. (Je me suis piégé moi-même.)

3° – Les voyages en province et à l'étranger signifient responsabilité permanente du fait même que les membres de la compagnie sont, de l'hébergement aux raccords, aux visites, à l'emploi du temps de leur journée, pris en charge par l'administration et la direction.

4° – Ne parlons pas des réceptions. De tel ministre ou de tel chef d'État à saluer. Ils ne sont pas tous drôles. Je préférerais rester avec mes filles et mes garçons.

Bref, un emploi du temps ouvrier. D'ouvrier spécialisé. De rares échappées (Sounion), quelques agréables dialogues (De Leusse, de Boisanger, Georges Daux, etc.). Et l'éblouissement de Delphes, du Parnasse, de Salamine, de l'Olympe (Ô Thèbes, toi qui ressembles désormais au carrefour de Lapeyrade-Hérault).

Oui, un emploi du temps ouvrier. Il ne me reste plus qu'à pointer. Ce qui est fait d'ailleurs. Car le calendrier quotidien, hebdomadaire, trimestriel est établi. Je dresse devant moi jour après jour, chaîne après chaîne. Je pointe sur mon calendrier horaire. La journée terminée, je brûle parfois ces notes-emploi du temps et ce petit bûcher symbolique enfume un coin de la chambre. Au cours des plus belles heures de contemplation, que ce soit à Épidaure, à Nauplie, à Mycènes, au passage du détroit de Corinthe, que ce soit près des colonnes du temple de Sounion ou au bord de l'eau claire et verte, le mécanisme continue, l'antienne bavarde inlassablement. Comment faire? Peut-on se diviser, s'éloigner de soi? Peut-on se libérer de ce goût de diriger que j'ai tant souhaité et qui à toute heure est désormais pour moi une épreuve. Pour un peu, je serais prêt à regretter de revenir trop rapidement, après les chutes, à un bon état de santé. Le paquet de nerfs, en somme, sauve la baraque. Je dirige en vérité bien mal mon propre petit monde.

A ces heures de mélancolie, les chiffres et les résultats sont la meilleure ordonnance médicale. J'ai devant moi le rapport concernant nos trois ans d'activité, de 1951 à 1954. Je lis, je consulte ces relevés, ces nombres, ces colonnes, ces statistiques et je ne sais pas me défendre de l'émotion qui subitement me saisit. Il faut bien le noter ici : je pleure. Égoïsme, égocentrisme? je ne sais. Ces chiffres sont ma vie, mes maladies, mes querelles, nos doutes, nos victoires. Mais pourquoi pleurer?

Ceci dit, notons les résultats de la dernière saison de Chaillot du 3 novembre 1954 au 13 mars 1955 :

– 139 représentations,
– moyenne des spectateurs par représentation : 2 132,
– nombre total de spectateurs : 296 393,
– brochure « Collection du Répertoire » :
82 000 exemplaires vendus, c'est-à-dire 593 par représentation (ce sont les matinées données pour les jeunes qui détiennent le record de vente),
– total des recettes : 74 359 800 francs,
– moyenne des recettes : 534 963 francs,
– prix des places : 100 à 400 francs.

Mémento :

1° – Prix des places à Athènes (le drachme = 15 francs)
Premières : de 50 à 100 drachmes (3 représentations)
Autres représentations : de 15 à 50 drachmes (5 représentations)
Deux représentations pour les étudiants : de 10 à 30 drachmes.

2° – Prix des places à Salonique
Soirées : de 15 à 50 drachmes
Étudiants-matinée : toutes les places à 10 drachmes.

A quelques francs près ce sont les prix « populaires » de Chaillot. (Sauf en ce qui concerne les trois premières.) Les trois œuvres affichées sont : *Le Cid, Don Juan* et *Ruy Blas*. Le Roi assiste à une des représentations et comme il vient saluer comédiennes et comédiens à l'entracte, je me trouve en présence d'un Nordique. Sommes-nous dans un théâtre de Copenhague ou d'Athènes ?

Salonique. Le cimetière militaire. Immense. Retour à Athènes. Départ du Pirée. Détroit de Corinthe. Détroit de Messine. Feu à bord au cours du passage du détroit. Le courant (Charybde et Scylla ?) déporte le navire.

Dans la nuit, le Stromboli.

Escale à Naples. Arrivée à Gênes. Paris.

Paris 1er mai 1955

Au sujet de *Macbeth.* Note-mémento retrouvée. Était-ce un mémento pour moi ou pour les techniciens et les interprètes ? Leur ai-je lu cette note ou non ?

C'est daté du samedi 22 mai 1954 :

« Histoire de tueries assez banale. C'est hélas l'évidence après un certain nombre de répétitions. Pixérécourt. Cependant nous sentons bien, et dès les premières lectures faites en commun, que nous avons à interpréter autre chose que les faits divers et les histoires sauvages d'un tueur.

« Le sujet et l'intrigue sont simples. Y compris la symbolique des sorcières et des apparitions. L'anecdote est une des plus claires de William Shakespeare. »

Ce qui me surprend, c'est que ma note continue ainsi :

« Pas de ces beautés de poète, pas d'envol lyrique dont W.S. est pourtant coutumier (de *Roméo et Juliette* à *Antoine et Cléopâtre,* et à *Lear*... etc.). » Souhaitais-je éviter tout lyrisme dans le jeu des acteurs ? Les amener à jouer réel, vrai, épais ? Comment ai-je pu écrire d'autre part : « Au cours des répétitions, nous avons rencontré assez peu de situations pathétiques [1] ». Il est heureux que j'en sois resté là à ce sujet. La suite, toutefois :

« Ce travail de détail, de mosaïque désassemblée auquel contraignent les répétitions fait oublier, nous fait oublier que c'est l'œuvre tout entière qui est placée dans une situation pathétique. En effet :

« L'œuvre commence dans le surnaturel (les sorcières et leur sabbat). C'est une ouverture très courte. Enlevée. Scherzo. Durée : quarante secondes environ.

« Ensuite, entrée d'un capitaine blessé, sanglant, appartenant à une armée et à une nation de paysans-soldats, vivant au milieu d'une nature hostile.

1. Ce qui dans une œuvre dramatique provoque une vive émotion. *(Note J. V.)*

« Tout ce qui précède est étrange :

« Ces femmes d'abord qui sont plus que de banales touilleuses de marmite. (Pourquoi des femmes d'ailleurs? Pourquoi l'élément femelle? Ce n'est pas Macduff, ce sont elles qui ne sont pas nées du ventre d'une femme.) Ces arbres, ces rochers, ces oiseaux, ces manifestations cruelles du ciel et de la terre (cyclone, la terre tremble, etc.) dont parlent Macbeth et Lady Macbeth eux-mêmes, le vieillard, Lennox, Ross, etc. La nature éclate tout au long de l'œuvre. (Dans *Jules César,* seule la nuit qui précède l'assassinat de Jules est envahie par des manifestations extraordinaires et des bouleversements. " Quand de tels prodiges s'accumulent, qu'on ne dise pas : Ce sont choses naturelles et qui se peuvent expliquer ", dit Casca à Cicéron, illustre maître d'école à qui pourtant on ne la fait pas. Et César lui-même : " Point de paix cette nuit sur le ciel et sur la terre. Trois fois dans son sommeil, Calpurnia a crié : " A l'aide, on tue César "... Mais le couard meurt plusieurs fois avant que de mourir ")[1].

« Enfin, les êtres eux-mêmes sont malades. Ou le paraissent aux autres (Macbeth, au cours du banquet). Ce soldat, ce tueur a craint déjà de revoir le cadavre sanglant de l'" old man ", de Duncan. Lady Macbeth sombre et meurt. Si tel personnage n'est pas malade, son esprit est terrorisé (Macduff). Banquo n'est pas bon. C'est un guerrier qui me paraît se laisser aisément enivrer par l'odeur et la vue du sang au cours des batailles qu'il livre (voir les descriptions du capitaine au cours du second tableau). Il domine absolument Macbeth et cette autorité qu'il a sur son compagnon d'armes est sans humanité.

« Enfin, il n'est pas jusqu'à Malcolm, le futur jeune roi, symbole de la délivrance et de l'aube future, qui ne cède lui-même au mal – et pas tellement par ruse. Esprit politique assez tortueux, le stratagème dont il use pour sonder ses futurs compagnons de combat et de résistance sent son Néron. Il se ressaisit certes au cours de la longue et belle scène

1. Traduction Edmond Fleg. *(Note J. V.)*

entre lui, Macduff et Ross mais pendant un temps nous avons vu se dessiner le monstre possible sous l'apparence de jeune roi. " The night is long that never finds the day. "

« Enfin, Macduff – pourquoi? – abandonne sa femme. La peur aussi tenaille chacune et chacun et même ce solide bonhomme.

« Autre chose. Le ton de la scène de Lady Macduff. Elle et ses enfants, dans un instant, vont être massacrés devant nous. Ce n'est pas par un accès de mauvaise humeur qu'elle commence la scène. Je crois qu'il faut *interpréter* le fait suivant : vraiment abandonnée par son mari, elle décide et pour toujours leur séparation. C'est un caractère très ferme.

« Duncan est l'agneau. Ou plutôt le vieux mouton gras. Il a été affreusement lardé de coups de dague. Une boucherie. Le soldat Macbeth a tué comme un apprenti. Duncan est comme un personnage étranger aux maladies et aux appréhensions de ses sujets. Il se rend en visite nocturne au Château d'Inverness comme on part en week-end à la chasse en Sologne avec de bons et vieux amis. Ces premières paroles en arrivant au château des Macbeth où l'attend la mort sont empreintes d'une poésie surannée. Il madrigalise. Pour un peu, il écrirait un sonnet en l'honneur de la chère Lady, très chère et toute fraîche " Cawdor " :

The love that follows us sometime is our trouble...

« Ce n'est tout de même pas un vieux prince galant du XVIIIe siècle. Les expressions gracieuses dont il use à l'égard de tel ou tel, et en particulier de Lady Macbeth, sont des formules de berger bien éduqué ou inventif. Cela est voulu par l'auteur. (Dans la mesure évidemment où les poètes conduisent leur inspiration ou au contraire sont conduits par elle.)

« Ross est le type même du campagnard écossais. Peu bavard, il parle cependant très suffisamment pour un personnage un peu extérieur à l'action, je veux dire qui n'est pas agi par celle-ci. Il paraît assez réservé.

« Ah, oui, à propos : ici pas de place pour un prince de

Racine ou du Conservatoire National de Paris. Un comédien jeune doit savoir exprimer les sentiments juvéniles et “ naïfs ” que W. S. sait si bien placer dans le cœur et les sens des princes enfants. Je sais aussi que l'exécution toute naturelle de ces choses, il est aussi impossible de la donner avant les dernières répétitions. Attendons.

« Le tutoiement est chose courante dans l'œuvre. Ces hommes se connaissent tous très bien. Chacun connaît l'état de fortune, est inquiet de la situation plus ou moins honorifique des autres. Intérêts à la fois communs et rivaux. Ce sont des propriétaires-guerriers. Avant même l'assassinat de Duncan, premier meurtre des Macbeth, ils sont contraints de défendre leurs biens ou leurs intérêts aussi bien qu'eux-mêmes et leurs proches. Et tout ceci est corrigé par une familiarité de ton et de rapport que nous, interprètes, devons cependant respecter et conserver jusqu'à la fin de l'œuvre.

« Reste toutefois que ces caractéristiques permanentes, fondamentales de l'interprétation sont brassées – sombrent ou surnagent – dans un raz de marée sanglant, inexorable et en quelque sorte *naturel.* Les “ witches ” sont les symboles vivants, plastiques, théâtralement nécessaires, visibles de cette force qui provoque le tumulte et le dérèglement des mécanismes élémentaires. Ceux de la Terre d'abord. Et ceux de l'homme. »

Genève – début mai 1955

Au cours d'une des quatre représentations de *Cinna,* brouhaha dans la salle. Juste à la minute où le spectacle commence. Je n'en ai pas compris la raison, découvert la cause. Ce fut subit, assez court. Rien d'anormal n'est survenu sur le plateau qui ait pu justifier ces « mouvements divers ». Quid? Ce sont d'habitude de bons et de très attentifs spectateurs. (Cf. *Don Juan.* Cf. nos autres représentations données à Genève.)

Étrange.

Bruxelles – mai 1955

En trois jours, cinq représentations de *Don Juan*. Avec la même distribution évidemment.

Finalement, l'œuvre n'est pas construite à la diable, comme je le pensais à tort en 1944, quand au Théâtre La Bruyère je la répétais et la jouais pour la première fois. L'unité de conduite est sûre et les divertissements, les appoggiatures, ici et là, ne font qu'accuser et exiger d'autant plus le retour à cette leçon de liberté. Et d'insolence libératrice.

Charleroi – 22 mai 1955

Excepté quelques jours de présence à Paris, voilà plus de deux mois que nous sautons de ville en ville et de pays en pays. Du nord au sud de l'Europe d'abord : de Berlin-Est à Athènes et à Salonique. Ce n'est pas terminé. Après Charleroi et Anvers et Ostende et une pause de trois semaines à Paris pour répétitions de *La Ville* de Claudel (création à Strasbourg le 20 juin), nous reprendrons notre tournoiement de Strasbourg à Marseille (avec trois autres œuvres : *Macbeth, L'Étourdi, Cinna*), à Avignon (création de *Marie Tudor* et reprises de *Don Juan* et de *La Ville*). A la suite du IXe Festival d'Avignon dont la dernière représentation aura lieu le 29 juillet, nous jouerons le 31 à Venise (trois représentations), le 3 et le 4 août à Gardone-d'Annunzio. Enfin, le 7 et le 9 août à Salzbourg-Festival. Oui, merci : terminé.

Charleroi donc. Début d'après-midi. A travers la vitre de la fenêtre de ma chambre j'assiste au rassemblement par sections puis au défilé des syndicats. Il est dimanche. Et il fait beau. Ces syndicats sont chrétiens. Je le lis sur les banderoles, sur les innombrables drapeaux, sur les fanions.

Un curé, de temps à autre, joue de la trompette. Il est sérieux et drôle. Sur la place sont réunies une bonne quinzaine de fanfares de dix à cinquante instrumentistes. L'un de ces ensembles est composé d'enfants de 8 à 12 ans :

tambours, trompettes de cavaleries; ça fait mal aux bronches de les voir reprendre leur respiration, bomber leurs joues, souffler. Un bambin de tambour-major règne au premier rang. Cette musique militaire en miniature me met mal à l'aise. Ils jouent juste. Ils marchent parfaitement au pas. Ils défilent en ordre (Ah, l'anarchique orphéon « Les enfants d'Orphée » de mes enfances sétoises en 1920-1925). Une sorte de carrousel de mille-pattes, de mille petites pattes parfaitement réglé. Je suis un peu effrayé par cette mise en ordre. J'ouvre ma fenêtre et reste là, hypnotisé par ce jeu, par cette régie trop réglée des corps. Voilà où mène la mise en scène lorsque les comédiens sont trop dociles et le régisseur trop autoritaire. Ce jeu m'attire et me fait mal. Il est inhumain. Le « Tatoo », il y a deux, trois ans à Édimbourg m'avait émerveillé. Une leçon? Mais ces corps domestiqués, ces enfants heureux et fiers de leur uniforme et de ses garnitures, de leurs casquettes militaires, ah, non, cette parade est plus désagréable que drôle. Ici et là, trois curetons, dont celui qui joue de la trompette, ordonnent de serrer les rangs. Gentiment, il est vrai.

Notons les inscriptions qui sur les banderoles s'étalent en lettres d'un mètre à un mètre cinquante de haut :

ENSEIGNEMENT pour nos CHRÉTIEN enfants	SOCIÉTÉ SANS FAMILLE SOCIÉTÉ DE BARBARES
PLUS QUE NON JAMAIS	ENSEIGNEMENT ÉTATISÉ DICTATURE
LIBRE CHOIX DE L'ÉCOLE	RESPECT AUX FAMILLES

ENSEIGNEMENT LIBRE PEUPLE LIBRE	NON
SALAIRE HEBDOMADAIRE GARANTI	HONNEUR À NOS PIONNIERS

NON à l'étouffement de l'ENSEIGNEMENT LIBRE

DE VRAIES RESSOURCES FAMILIALES	ÉGALITÉ
RELÈVEMENT des ALLOCATIONS FAMILIALES	LIBERTÉ SCOLAIRE

ENSEIGNEMENT GRATUIT POUR TOUS

(ceci en couleur rouge)

Certains drapeaux représentent un ange aux ailes largement déployées. Sur tel autre, la croix chrétienne. Imposante. Tout cela est très coloré.

J'évalue à trois mille le nombre de manifestants. Ils défilent calmement, en famille. Tel, la pipe au bec, bat de la grosse caisse. Tel autre, tout en jouant de son tuba, surveille son gosse.

Les voici qui prennent la grand-rue. La manifestation est réglée, bien réglée. A défaut de l'obtention d'un enseignement libre, non étatisé et chrétien, ils se seront du moins dominicalement exprimés.

Je rêvasse. Je m'allonge sur le lit. La fenêtre est toujours ouverte. Les sonorités cuivrées se dissolvent et disparaissent enfin. Si je croyais en Dieu et en un Dieu chrétien, irais-je manifester, béret ou casquette rigide sur le crâne, en faveur de l'enseignement libre? S'instruit ou instruit qui veut. Mon goût de Dieu me ferait oublier ces altérations de la foi. Je n'irais pas jouer de la trompette de cavalerie ou du saxophone baryton mi-bémol les dimanches dans les rues ensoleillées ou pluvieuses. La charité étant le premier principe chrétien, j'apprendrais aux autres à savoir lire et à écrire. Et à dire. Je leur lirais les Évangiles. C'est si beau.

Est-il récit plus saisissant que celui de la mort de Jésus et de la résurrection? Il est vrai que j'ai célébré au cours des ans mes Pâques à ma manière. C'est la plus belle fête de l'année. La nature commence sa révolution. Celle qui mène à la victoire de l'été. Le corps est sensible à cela. Et qu'importe qu'il pleuve ou non ce dimanche et ce lundi.

Laissons ce paganisme de citadin, ces rêves de sous-marinier. Revenons à ma paroisse. Oui, je serais une bonne ouaille. Comme le mot est joli. A croquer. Ouaille signifie brebis, il est vrai. Peut-être serais-je un peu bélier, je veux dire : un peu meneur de jeu, animateur, agitateur, boute-en-train à la triste figure, grave, comme disent assez souvent de moi échotiers et critiques dramatiques. J'apprendrais donc à mes frères – et au curé peut-être qui sait? – à dire très, très simplement et sans forcer le ton, à mi-voix, respectueusement, comme retiré dans la méditation parlée, sans mettre sa voix et soi-même en avant, la relation de la montée du Golgotha, la nuit affreuse du Mont des Oliviers – « ne pourriez-vous souffrir et mourir avec moi? » –, la trahison, la forfaiture du brave Pierre, la triple trahison, l'infini reniement – déjà – de l'Église.

Alors mes frères et moi nous nous arrêterions. Ou plutôt : meneur de jeu, j'arrêterais ma lecture. Je regarderais, ils regarderaient le pasteur, le curé de notre paroisse. Peut-être hocherait-il la tête, comme font souvent en présence de quelque difficulté les tragédiens jouant Corneille. Peut-être (et en définitive je n'en doute pas), peut-être s'étonnerait-il de mon interruption. « Pourquoi, mon bon ami, ce silence subit? L'histoire continue. L'histoire s'est poursuivie et l'oubli de Pierre, somme toute, n'est-ce pas une prémonition? » Enfin, et ceci avec un sourire doux et pacifié : « Un avertissement? »

(Il n'oserait pas nous dire que lui, pasteur, comme tout chrétien, a renié le Christ au moins trois fois dans sa vie.)

Je continuerais donc ma lecture à haute voix. Jusqu'à la résurrection. Jusqu'à l'effroi et le halètement de ces vierges et de ces femmes de l'Orient qui, ayant couru jusqu'au tombeau à la pierre éclatée se trouvent là, interdites ou tremblantes, n'osant toucher au linceul, terrorisées par l'absence.

Si je croyais en Dieu, eh oui je serais un paroissien convaincu. Sans aucun doute, je détesterais au plus profond de ma foi ceux qui nous convoqueraient à des manifestations bon enfant, au son des petites trompettes et en ordre militaire.

Mais je ne suis pas chrétien et, en définitive, je considère comme plaisant et touchant ce défilé de musiques, de casquettes, de drapeaux aux ailes d'ange. Je me lève. Je ne vois plus les gosses. Ils ont disparu dans la grand-rue. La place est vide.

Je n'ai pas toujours noté ici, en ce mémento, les chances inattendues du voyageur. Le mémento est souvent resté au fond de la valise. Ou bien à Paris. Et les feuillets, les petits carnets, les bouts de papiers se sont égarés, sont devenus introuvables. Ou illisibles. Ou bien j'ai jeté au panier ces conneries.

Ainsi : Naples, 1er mai. Dimanche ensoleillé. Arrivée du Pirée la veille au soir par bateau. Ignorant une fois de plus le quantième du mois. Le lendemain matin, décide de faire une longue balade solitaire dans la ville. Au hasard des rues.

Je tombe en fin de matinée sur une colossale manifestation. Celle de la fête du travail. Le ton des manifestants est extrêmement dur. Les voix sont âpres. Spectateur saisi par l'événement, par l'inattendu, par la beauté rude, vraie, inanalysable du fait, pas un instant l'idée ou l'envie ne me saisit de me joindre à ces hommes et à ces femmes. Jamais un spectacle de théâtre n'est parvenu, ne parviendra à donner à l'action dramatique cette poésie farouche. La beauté était là. Avec ces chants. Dans cette admirable langue italienne dont les sonorités et les rythmes sont faits aussi bien pour le plein air et les tutti. Avec le dessin général de ces manifestations de foule, très différentes ici de celles auxquelles en France je me suis si souvent uni. La misère aussi était plus évidente.

Je m'attendais à coudoyer à Naples la nonchalance. J'étais curieux d'y entendre la douceur du langage. Je croyais y croiser la misère accablée et morne. J'ai entendu à Naples le cri barbare et le chant de la violence, vu des milliers d'hommes et de femmes éclatants, dressés, douloureux et tonnant.

Nous étions loin de Bellini, de Donizetti, de Mercadante. Et de « O sole mio ».

Anvers – mai 1955

Hippodrome. *Cinna.* Immense salle à écho. Loges glacées. Dehors, il fait chaud. Odeur de purin. J'aime bien cette odeur mais pas dans un théâtre. Scène et sièges sont fixés sur la piste. Vaste scène extrêmement profonde que nous n'utiliserons qu'à moitié.

Longs raccords au cours de l'après-midi : car enfin comment parvenir à atténuer cet écho? Cela nous paraît impossible. Et le soir, dès les premiers vers, les ondes sonores prolongeant au lointain les alexandrins tardent à s'évanouir.

Je suis comme emprisonné par ma propre voix. C'est crispant. J'ai l'impression de parler dans un « miroir sonore ». Le terroir sicilien qu'Auguste offre à Maxime en devient absolument fertile.

Puis, au long du monologue admirable d'Octave-Auguste, un des plus beaux textes qui soit de frémissement, de sensibilité humaine :

Ciel, à qui désormais voulez-vous que je fie
Les secrets de mon âme et le soin de ma vie?

je découvre la clef de notre affaire. Banale découverte en vérité. Et comment n'y avoir pas aussitôt songé? Quand on est contraint à trouver l'on trouve. Aux répétitions l'on cherche. A la représentation, la présence du public est absolument contraignante. On ne peut pas s'arrêter. Alors la solution se présente. D'elle-même. Souvent.

Donc, le petit secret, le secret de polichinelle le voici : cet hippodrome à odeur de purin, ce cirque anversois dispose, à quelque chose près, d'une acoustique de salle à ogive, de grande chapelle, de cathédrale. (Les discours aux Jacobins, aux Feuillants, lus par Robespierre ou improvisés par Danton et les autres, devaient être environnés de ce bourdonnement, de cette percussion, de cette réflexion sonore. Il fallait en tenir compte. Et ce bourdonnement sourd, cet accompagnement grave devait dans une certaine mesure agir, autant que le sens des mots et des idées, sur l'auditoire. Il y a quelques indications – assez précises, me semble-t-il, au sujet de cet effet sonore dans le passage des *Mémoires* où Chateaubriand, de retour des Amériques, décrit une réunion du Club des Cordeliers.) Tout ceci passe rapidement dans ma tête, au cours d'une légère pause après le 10e ou 12e vers du monologue du « IV » :

...qui peut tout doit tout craindre.

Je prends mon temps. Et puis, comme si j'avais à dire dans la nef d'une cathédrale un texte de Bossuet :

Celui qui règne dans les Cieux (pause)
Et de qui relèvent tous les Empires (pause)
A qui seul appartient (demi-pause)
La gloire (pause)
La majesté (pause)
Et l'indépendance (...longue pause)

je règle dans la mesure du possible les cadences et l'enchaînement des idées sur cet instrument qui, cet après-midi et au cours des premiers actes, me paraissait incommode et si je peux dire, « insensible », grossier. Bref l'alexandrin de Corneille, la syntaxe sans dentelles de cette œuvre s'accommodent parfaitement à cet orgue, à cette église-hippodrome.

(Il y a trois ans environ, en 1952, nous avions joué *Le Cid* dans une salle autrement incommode : le cercle littéraire.)

A Notre-Dame. Les deux Rubens. Je ne trouve pas le troisième tableau : l'Assomption. Les deux Rubens exposés représentent l'un la montée, l'autre la descente du calvaire. Les lignes générales des deux toiles, et particulièrement celles de « La Montée », obéissent à un rythme vif très animé. Comme une coulée allant vers le haut du tableau. Ce n'est certes pas un « jardin de la paresse ». Cette composition de la Montée au Calvaire est comme saisie par des lignes de force irrésistibles. Comme l'est une vocation. Ou un destin. Ici et là, la vérité, le réalisme sont bousculés l'un et l'autre sans ménagement dans et par la puissance même de tous ces muscles et l'épaisseur des corps. Le tableau pourrait très bien ne pas illustrer un événement, ne pas être « décoratif » et cependant être aussi saisissant.

Sur d'autres murs, fresques de... ?

Thème : le Chemin de Croix. Ces fresques sont restaurées à 100 %. Cependant, sur chacun des carreaux, un ou deux soldats en costume du XVe, très beaux et de visage et de corps et de costume.

Le Parc Zoologique. Le lamantin. Cet énorme tuyau graisseux dont la seule marque visible est une énorme ventouse. Il est là, amorphe dans un bassin à l'eau croupie où surnagent des feuilles de choux. Si mes sorcières de *Macbeth* avaient cet aspect! Ou celui de cet autre animal à allure de pauvre pédé, se dandinant lourdement, difficilement sur deux petits sabots-talons Louis XV qui terminent deux pattes beaucoup plus courtes que les pattes antérieures. Il me tourne le dos, me présente son derrière et me regarde avec une immense tristesse. Il est pitoyable. Et monstrueux.

Ceci enfin : est-il rien de plus déprimant à contempler que ces rapaces engoncés dans le repliement obstiné de leurs ailes, figés, morts-vivants, momifiés dans la poussière de leur plumage?

Toujours Anvers – 26 et 27 mai 1955

Musée et théâtre. Ces deux mots sont ennemis. Explication :

Don Juan est désormais pour nous une pièce « usée », quelque chose comme une vieille dame distinguée, disons : une œuvre-douairière. Si je ne jouais pas dans l'œuvre – et cela depuis le premier jour – m'en rendrais-je compte à ce point? Ah, ces metteurs en scène qui ne jouent pas ou abandonnent leur rôle d'acteur, comme cela leur est aisé d'exploiter une œuvre déphasée mais qui à tous points de vue rapporte.

Ici et là, quelques-uns de mes camarades et moi-même nous nous reposons, au cours de certaines représentations, sur nos moyens de tous les jours. Je ne sens plus en moi, je ne sens plus en eux ce frémissement, fût-il léger, de l'invention permanente, de la trouvaille, sœur de celle d'hier et d'avant-hier.

Cent quarante-six représentations en vingt mois et dans des lieux scéniques les plus divers – du plein air d'Avignon à tel cirque de toile, d'un hippodrome à un théâtre de verdure, d'un théâtre minuscule à un tréteau fixé au-dessus de douves dans l'humidité normande, de telle scène en ciment armé de banlieue-salle des fêtes... à un théâtre enfin humain, ont usé cette union, au moins de bonne compagnie, entre l'interprète et l'œuvre, ont usé en eux et en moi le charme de l'œuvre même.

C'est là le fait le plus décourageant de ce métier. Qu'y peut-on? et qu'y puis-je?

L'équipe ou plutôt la distribution de *Don Juan* est parmi les plus sûres, les plus homogènes et les plus efficaces de toutes les distributions et équipes du T.N.P. Et pourtant. Oui, et pourtant.

Tout travail scénique est un corps vivant. Comme tel, il est exposé, avec les jours, avec la diversité des lieux et des acoustiques, avec les voyages et avec les soirées, à toutes les atteintes. Et comme l'est un corps vivant, il est périssable. Dieu sait cependant combien, sans intransigeance et sans rigueur vaine, je veille à maintenir. En vérité, quand un comédien connaît trop bien l'œuvre et son rôle, il a tendance non pas à inventer mais à changer voire à métamorphoser son personnage. Cela, croit-il, évite l'atonie. Ou l'ennui. Alors est détruit ce qui était la marque et la signature du travail de tous, l'unité de style.

Que faire donc? Laisser *se reposer* la pièce, comme on le dit d'un corps humain, d'un patient, d'un être fourbu, d'un malade? L'abandonner?

Un théâtre ne peut être un musée. On ne peut pas conserver la fraîcheur, on ne peut pas protéger la valeur exacte et originale des *teintes*. Et le temps, comme il en est souvent pour un tableau, n'arrange pas les choses, ne les enrichit pas, ô Wilde. Heureux peintres!

Cent quarante-six représentations données, deux ans passés depuis notre première, un chef-d'œuvre à la fois du XXe siècle et du XVIIe siècle... un hippodrome pour finir.

Bien sûr, on peut surveiller ses camarades comme un flic contrôlant une manifestation *autorisée*. « Pourquoi faites-vous ceci désormais? Vous n'avez pas le droit. Attention, attention. Et pourquoi ce nouveau ton? Et pourquoi ce temps interminablement maintenu? Jouez-vous désormais avec moi ou avec Dieu? Dieu n'existe pas. Pourquoi donc ces yeux perdus au ciel? Ça ne fait qu'un regard d'œil de vache éplorée qui s'adresse non pas au Père mais aux cintres et aux herses? Pourquoi ceci. Pourquoi cela!... Etc. »

On se refuse à prendre la responsabilité de telles dragonnades, à jouer les adjudants de coulisses, les directeurs bougons. Pour nous aussi, comédiens, le théâtre doit rester un divertissement.

Van Gogh, cet après-midi.

Exposition importante de ses œuvres.

Décidément je reste insensible. Me choque, me répugne même ce romantisme primaire des jeunes années. Une vie douloureuse ne crée pas le tableau. C'est autre chose qui le crée. Et la misère est le plus souvent mauvaise conseillère.

Par contre, je me laisse prendre par le jeune dessinateur réaliste. Beaucoup de dessins, rehaussés ou non de quelques couleurs, sont admirables. Ne pas oublier que l'exposition des œuvres du peintre suivait un plan chronologique, depuis le plus jeune âge jusqu'à la mort, depuis la Hollande jusqu'à Saint-Rémy-de-Provence. Le lent et long cheminement qui va du style romantico-noir à la clarté, celle-ci baignée d'inquiétude pourtant. Le séjour en Provence a comme transformé la perception de l'homme, le visionnaire et la facture même du style.

Samedi 27 mai 1955 – Ostende

Deux heures du matin. Une fois de plus la nuit, après le travail du jour, est un agréable petit royaume, exempt de servitudes, de bruits de théâtre, de problèmes à résoudre. La rêverie y est reine.

La fenêtre de ma chambre s'ouvre sur la plage déserte à cette heure. Ce trou noir, là-bas, c'est la mer. Invisible mais sonore. Afin de savourer plus longtemps ce plaisir inquiet que provoque toujours en moi la mer mêlée à la nuit obscure, à la nuit sans étoiles, je passe un tricot, puis la veste. J'éteins les lumières de la chambre et je reste là, sans pensées, sans motif, comme environné par l'effroi attentif. Un animal dans sa tanière. Sensation du danger, mais lequel ? A la longue, cette sensation finit par me chasser de la fenêtre. Et de la nuit.

Ai revu ce matin Bruges. Memling et l'hôpital Saint-Jean. Cette « Châsse de sainte Ursule », dont la clarté du thème – je ne parle pas uniquement des couleurs – dont la clarté dans la mise en ordre, la mise en place du sujet est une *leçon*.

C'est par et à travers la contemplation de telles œuvres, de format assez réduit, que l'on comprend plus profondément, plus intimement l'union bénéfique de la couleur et du théâtre, du peintre et du metteur en scène. Ce problème a-t-il toujours été bien saisi par nos aînés ? Hormis parfois – oui parfois – Diaghilev, a-t-on jamais admis définitivement ce mariage ? Diaghilev lui-même a-t-il jamais affirmé, proclamé que la peinture, que la coloration conçue par un peintre et non pas un décorateur – Bakst – contribue à déchiffrer sans vain didactisme le sujet, *éclaire* souvent et pas plus qu'il ne faut tel sens caché ou tel passage obscur, concourt essentiellement à la *mise au jour,* à la connaissance formelle de l'œuvre ? Le peintre et non pas le décorateur ! Car le peintre – et ses couleurs – éclaire, explique, *interprète* et ce sont ses couleurs qui, unies à la qualité du style de l'auteur, au ton et au talent de l'acteur *assaille* le spectateur, ne le lâche plus ? ce qui ne l'empêche pas de réfléchir. Après.

C'est ce que j'ai tenté de faire. Aidé en cela, secouru, conseillé, voire dirigé par « mes » peintres, par des hommes qui sont des peintres, qui tous les jours manient des couleurs non de l'eau de rose, des couleurs brutes non des fadeurs, qui depuis toujours ont *engagé* leur vie dans ce maniement quotidien comme le comédien s'est accroché à jamais à l'existence illusoire, dit-on, des tréteaux, à cette existence parallèle à l'autre vie. Laquelle n'est pas plus vraie que la nôtre.

Les Bérard et autres illusionnistes sont des couturiers, des chiffonniers de génie. Ils n'aident pas à la compréhension de l'œuvre, ils ne font qu'enjoliver les corps et les dessus de porte. *Sodome et Gomorrhe* (de Giraudoux) était, jadis, sous l'Occupation, le type même de l'erreur : « Oh, c'est ravissant. » Et l'on oubliait la gravité, le désespoir de l'œuvre.

Je n'ai jamais bien saisi, non plus, la raison de ces deux costumes de *Don Juan* chez Jouvet, l'un blanc, l'autre noir.

Rien compris non plus à ces six décors pour cinq actes ! Cinq actes, c'est-à-dire cinq lieux dont Molière pourtant ne nous donne pour chacun que la plus vague des descriptions, comme s'il s'en moquait. « Un palais. Une forêt. Etc. »

Ne décorez pas, camarades, peignez.

Et ça ne s'apprend pas en quarante jours de répétitions.

Faut toute la vie, camarades.

Toujours Bruges. Le triptyque de sainte Catherine. Oui, très bien, parfait. Mais je reste sur ma faim. Je retourne contempler « la Châsse ». Jusqu'au moment où le cicérone entreprend d'expliquer à ses ouailles d'une heure cette « battue ».

Regrets de ne pas m'être arrêté à Gand afin de rendre visite une fois de plus à ton Agneau Mystique, cher Van Eyck. Mais quoi, ces trois tableaux du Musée Communal de Bruges, eh bien, en définitive, non. Quelque chose, un certain sens doit me faire défaut, j'en suis certain, car il m'arrive de peiner devant un tableau récent ou devant une œuvre classée au plus haut depuis des siècles, comme je peine devant tel interprète dont on vante, dont on a toujours admis les *dons*. Ou le savoir-faire. Et il y a beaucoup de savoir-faire dans ces trois Van Eyck du Musée Communal.

Non, je ne dirai pas, je ne noterai pas que j'ai découvert comme tant d'autres que la moindre parcelle du tableau est un tableau. C'est trop évident. D'où la trouvaille astucieuse du film panoramique. Le cinéma aura, de nos jours, non pas éclairé ou fait découvrir au plus grand nombre bien des œuvres par ailleurs difficiles et secrètes; il les aura putanisées.

(Ce qui me ramène à Anvers, à ces tableaux vivants que sont, figées derrière la vitre de leur salon style Galeries Barbès, de bonnes bourgeoises de putains.)

Bruges toujours. Les canaux. J'arrive à 11 h 45 devant le Beffroi et le carillon donne son concert jusqu'à 12 h 30. C'est très excitant et même très beau mais il n'y a rien à en tirer. Ça joue de la musique. Ça joue de la musique. Comme la radio. Ça attire les curieux. C'est le « son sans lumière » des siècles passés. C'est tout aussi commun, en définitive. Je préfère l'appel simple des Vêpres, de l'Angélus, du glas. Plus altier peut-être et plus beau que le Palazzo Vecchio [1], le Beffroi se dresse dans le ciel gris comme un immense suaire. Cette architecture n'est pas rassurante. Stop. Laissons là les comparaisons. Ma mémoire visuelle a tendance à se transformer en un dépliant de cartes postales, à se muer en un lexique d'images. En fait, elle n'a jamais influencé mon travail. Foin des reconstitutions et des reproductions des tableaux de maîtres sur la scène. C'est *son propre tableau* qu'il faut faire et non refaire celui des autres. Liberté. Liberté chérie. Et à l'égard précisément des plus grands. La vie devrait être longue, très longue, interminable afin d'être un peu plus sûrement soi-même. Peut-être alors parviendrait-on à oublier que l'on a été un jour l'élève des autres, l'élève d'un autre. Et puis trop de tentations, trop de besoins irrésistibles conduisent trop fréquemment au long de la vie à la méditation informe, à la rêverie oisive, à la nonchalance. Et quand l'emploi du temps vous réveille et vous brime, alors on peste contre ce temps perdu, contre ces paresses. Mais a-t-on raison?

Deux mises en scène, deux régies d'œuvres à créer m'attendent. Dès lundi. *La Ville* pour juin. *Marie Tudor* pour juil-

1. De Florence. *(Note J. V.)*

let. Strasbourg et Avignon. C'est ce que l'on appelle en 1955 de la décentralisation. La chose est parfois plus belle que le mot.

Réfléchis. Pense à tes recherches et à la vie que depuis la puberté tu as menée, professionnelle, collégienne, privée, etc. Non, vraiment, tu n'es pas un metteur en scène. Réjouis-toi, mon bon, tu n'as pas droit à ce titre ou à cette appellation idiote. Console-toi, tu n'en as pas le goût profond. Non, tu n'es pas un metteur en scène, sorte de flic qui ordonne la création, le sentiment et le mouvement des autres.

Autre chose enfin. Faudrait fermer le T.N.P. pendant six mois afin de s'occuper uniquement, de se préoccuper des associations populaires.

Le public d'abord. Le reste suit toujours.

Ostende – dimanche 29 mai 1955

Retenir le nom du jeune consul de France à Anvers : Debeauvais[1]. Et le nom du gouverneur des Flandres : Declerck. Proposition d'un « week-end T.N.P. ». Projet d'organisation d'un festival à Anvers. Au théâtre de verdure? Le gouverneur nous ayant quitté avant la fin de l'entrevue, je propose au consul : une semaine environ de représentations à l'Opéra Flamand.

1° – Orchestre de la Radio Belge, sous la direction de Cluytens.

2° – Une œuvre lyrique créée par l'Opéra Flamand.

3° – Nous. (Toutes ces manifestations s'adressant à un public de groupements populaires. Prix bas des places évidemment.)

1. Michel Debeauvais qui devait, à partir de 1964, aider Vilar à mettre sur pied les rencontres et colloques d'Avignon. Sa femme, Sonia Debeauvais, était devenue, dès 1956, responsable des collectivités au Palais de Chaillot.
Voir illustrations.

Hier soir, première représentation à Ostende. Public passif des stations balnéaires et des villes d'eaux.

C'est la première fois que nous jouons et que je joue devant ce genre d'assemblée. Ce sera la dernière. Cependant le mollusque à la fin se réveille. Tout à fait à la fin du dernier acte. Au cours du troisième et dernier dialogue entre la statue du Commandeur et Don Juan. Noiret-statue est parvenu enfin à les faire réfléchir, je suppose. Et voilà que ça applaudit brusquement. Étrange. Et même ça crie bravo. Tout au long du spectacle ça dormait les yeux ouverts. « Vous n'allez pas nous faire réfléchir, n'est-ce pas, jolies filles et messieurs? » L'éclairage de scène mordant sur la salle, je les voyais comme si, dans ce hall immense, nous nous étions donné rendez-vous pour bavarder; comme si nous, les pitres, nous étions là pour soulager leur ennui, combler leur solitude. Tous ces corps immobiles étaient comme des cadavres que la mort avait rassemblés là, bourgeoisement, correctement vêtus. Les héritiers n'avaient pas lésiné sur la dernière toilette. Toutes ces chairs étaient encore replètes. Et ces yeux, ces yeux fixes, ces yeux tout grands ouverts!

Cependant la médecine de l'auteur finit mais à la limite seulement par redonner un peu de souffle à ces morts.

Jouez donc pour des personnes distinguées, ne jouez toute votre vie que pour elles et, n'en doutez pas, vous serez atteints de leur mal. Ici venu nella città dolente, tout échange est impossible. Despears and die! Lasciate ogni speranza!

Cependant *Don Juan* avait ici retrouvé le style que l'enceinte à échos de l'hippodrome d'Anvers avait gommé, effacé et comme aboli.

Sorano. Triste. Why?

Paris – lundi de Pentecôte

Départ d'Ostende à 9 heures du matin. Par la route.

Halte à Arras sur l'une des deux belles places.

Arrivée vers 16 heures à Paris.
Le soir à 21 heures : première répétition de *La Ville*.

Paris – vendredi 3 juin 1955

Hier soir, mise en place terminée de *La Ville*. Excepté les quatre ou cinq dernières pages.

Ce travail de mise en place a été réglé en sept répétitions de trois heures et demie environ. Il est impossible de ne pas agir avec quelque prudence en accomplissant cette tâche. En effet l'œuvre provoque l'acteur à la fois au mouvement et à la réflexion sur place. A l'émotion contenue, à la ferveur et aussi bien aux grands élans physiques. On est partagé. Laissera-t-on « aller », chercher l'acteur ou interviendra-t-on et quand? En effet, le verbe est ici une source continue et pourquoi l'arrêterait-on? Il le faut bien pourtant.

En définitive, j'ai préféré conduire le travail de cette œuvre ainsi que je le fais à l'égard de toutes les autres : ici, tracer les grandes lignes de la mise en place; là se laisser un peu gagner par l'étude des détails, oui, en raison d'une difficulté, d'une obscurité ou au contraire parce que le comédien le souhaite et tout à coup invente avec quelque bonheur. Quoi qu'il en soit De Kerday ne prend note que des grandes lignes des mouvements, de la mise en ordre, des places.

Nous évitons de forcer l'œuvre au cours de ces sept premières répétitions et particulièrement le troisième acte qui est comme dans l'absolu. Ce dernier acte est une bien surprenante conclusion, je le crains, au reste de l'œuvre. Pas de quartier! pas de restriction! pas d'atténuation. *La conclusion à l'anarchie, c'est le fascisme.* Comme je suis troublé au cours de ces premières répétitions par cette évidence, Léon[1] me dit : « Eh bien ton Claudel-Ravachol de 23 ans décrit le fascisme, religieux ou non, trente ans à l'avance[2]. De quoi t'effrayes-tu? »

1. Léon Gischia. Peintre des costumes et des éléments scéniques de *La Ville*.
2. L'œuvre (1re et 2e partie) a été conçue entre 1890 et 1897.

Une fois de plus Maria me précède dans la recherche soit du personnage, soit du sens général de telle scène ou du sens particulier de tel détail. En réponse à quelques-unes des questions qu'elle me pose, je reste coi. Plus que son talent c'est ce goût, cette passion comme familière et permanente de la recherche qui en elle me surprend. Je ne suis pourtant pas un fainéant. Elle dit ou laisse entendre qu'il lui faut beaucoup de temps pour « trouver » la vérité, elle trouve avant moi, souvent. Avant nous [1].

La misogynie de Claudel. Quel Ancien, quel auteur latin a écrit : « Ni sans toi ni avec toi je ne peux vivre »? A quoi Lâla, le seul personnage féminin de *La Ville,* répond : « Je suis la promesse qui ne peut être tenue et ma grâce consiste en cela même. »

La Ville est *aussi* une œuvre sur la femme. Et le fait même qu'il n'y ait qu'un seul personnage féminin n'infirme pas cette hypothèse. De tous les personnages de Claudel Lâla est un des plus « vrais ». Plus elle s'explique, plus elle paraît à l'homme mystérieuse. Ce n'est pas cependant un personnage obscur; au contraire chaque parole qu'elle prononce éclaire l'ombre. Cette approche du poète est plus sûre et en quelque sorte plus efficace que celle de la raison ou de la science.

Je regretterai toujours de ne pas avoir mieux connu Claudel. Madaule avait facilité la première entrevue. Madaule, maire d'Issy-les-Moulineaux, où nous avons donné en 1953 neuf représentations (de *L'Avare* et de *Hombourg*). Il connaissait l'œuvre de Kleist aussi intimement que l'œuvre de Claudel. Aussi bien que le professeur Heuss [2].

Il fallait obtenir du poète l'autorisation de présenter *La Ville* au public, autorisation jusqu'alors jamais accordée. Au cours de l'entrevue chez Claudel, l'accent du poète et celui de son commentateur se mêlaient, identiques et d'une rudesse

1. Voir, en annexes, un « questions-réponses », Vilar-Casarès, pp. 305-306.
2. Voir note, p. 173.

chantante. J'écoutais. « C'est avec cet accent, me disais-je, c'est en employant ce phrasé ferme et bonhomme, grave et naturellement cadencé qu'il faudrait dire Claudel. »

L'adresse souriante de l'élu politique finit enfin par l'emporter sur les hésitations de l'ambassadeur – ex-anarcho. Le maire d'Issy-les-Moulineaux, donc un élu de la banlieue, avait facilité la tâche du responsable de cette compagnie banlieusarde qu'est resté le T.N.P.

La Ville est le chef-d'œuvre d'un garçon de 20 ans. Ce drame a le même souffle et exprime la même amertume que l'œuvre de cet autre poète de 20 ans : *La Mort de Danton* de Büchner. Même esprit d'analyse des sociétés. La même inspiration-critique anime le *Lorenzaccio* du jeune Musset. Bien sûr certains ne découvrent en ces trois œuvres et particulièrement dans *La Ville* que l'anarchie ou la solution totalitaire. D'autres, l'obscurité. Je dis : 1° – que tout est ici aussi clair, ni plus ni moins, que dans Racine ou dans Molière ou dans Corneille ou... etc., ou Shakespeare et Eschyle. Je dis : 2° – que la révolte d'Avare, la démission de Lambert, son amour et sa fin lamentable, l'intransigeance désespérée de Coeuvre, son égoïsme profond, sa dureté, sa vue implacable des réalités autres que superficielles concourent à faire de cette œuvre un terrain de vérité. C'est enfin, ô hommes de la gauche et de l'extrême gauche, une des plus sûres analyses de la bourgeoisie autoritaire qui, alors même qu'elle paraît s'abandonner et défaille, trouve toujours une solution, a toujours trouvé jusqu'ici une solution pour survivre. Ce qui se traduit par le fascisme – épiscopal! – du troisième acte.

Enfin l'œuvre n'est pas seulement historique. Elle est tendue à éclater par l'évolution et les anarchies les plus vraies, les plus naturelles du cœur. Et des sens.

Alors, les délicats diront : « Décidément il y a trop de choses là-dedans. »

Entre le rendez-vous boulevard Lannes avec Claudel et Madaule et la première de *La Ville* à Strasbourg, mort du poète.

Cette grande chose allongée. Cette tristesse que l'on éprouve certes devant un corps à jamais immobile mais plus encore en songeant à l'arrêt définitif d'une œuvre.

Des pieds, petits semble-t-il, chaussent des souliers vernis. Rien ne rappelle sur ce visage la grandeur du bonhomme. La mort a tout éteint, a tout aboli. Avare et Coeuvre et même Lambert ou Isidore de Besme sont des hôtes indésirables en cette veillée funèbre. Je ne vois qu'un corps imposant, comme ramassé autour des deux mains croisées.

Entre la première représentation d'*Œdipe* à Avignon et celle donnée à Paris au Marigny-Barrault, Gide était mort. Schlumberger m'avait conduit jusqu'au chevet de son ami. Élégant dans un grand vêtement clair, le visage souriait. Et tout ce corps était comme une offrande à on ne sait quoi.

Les 20, 21, 22 juin 1955 – Strasbourg-Festival

Une seule représentation de *La Ville* : soirée de la création, le 20. (Le lendemain et le surlendemain : deux représentations de *Macbeth.*)

Je crois que nous jouons bien l'œuvre de Claudel. Admirable tenue du public. Mon personnage étant en scène assez fréquemment muet et distant, d'apparence du moins, j'écoute le silence de la salle. Public de mélomanes, c'est évident. Bien qu'un peu « traqué » comme il en est lors de toute première, je me laisse aller au cours d'une de mes stations silencieuses, placé que je suis en fond de scène et assis et presque le dos tourné vers le public, à analyser la longue, l'insolite scène entre Cuny et Casarès, entre Coeuvre et Lâla.

Nous sommes dans le royaume maudit de Strindberg. *La Ville* a été écrite entre 1890 et 1897. *La Danse de mort* date de 1900.

Les 1, 2, 3, 4, 5, 6, 7 juillet 1955 – Marseille – Festival du Prado

Trois représentations de *Macbeth* (Banquo joué par Jean Topart).

Deux représentations de *L'Étourdi.*

Deux représentations de *Cinna.*

Plus de 20 000 spectateurs. Mais ce Palais du Prado est un très mauvais lieu de théâtre. Nous regrettons l'emplacement devant l'Hôtel de Ville sur les quais du Vieux-Port. Malgré le bruit.

Du 15 au 29 juillet 1955 – IXe Avignon

Le T.N.P. joue pour la première fois *Marie Tudor*. Six représentations de cette œuvre seront données dans la Cour d'Honneur.

Le jour de la première, le 15 au matin, cette nouvelle inattendue : Casarès (Marie Tudor) est aphone. Jouera-t-on, ne jouera-t-on pas? Comme par le passé, comme l'an dernier *(Macbeth)* l'exigence reste : il faut jouer. Je ne dis rien de cela à Maria. J'attends sa décision. Elle décide de jouer. Elle jouera aussi le lendemain 16.

Le soir venu, la médecine ne peut rien contre cette aphonie. Perdu dans tel puis tel autre coin de la cour, je crains l'effondrement total et subit de cette voix. Elle parvient jusqu'à mes oreilles certes mais juste audible, écrasée, amortie, douloureuse. Le jeu vif et coloré de l'interprète fait souvent oublier heureusement les efforts de cette voix rompue.

Et le public? Comprend-il notre décision de jouer malgré tout? Nous n'avons fait aucune annonce. (Une fois pour toutes, depuis toujours, il a été décidé qu'aucune annonce ne serait faite au public avant et en cours de spectacle. A moins d'événement extrêmement grave empêchant la poursuite de la représentation.)

De cette immense cour, ne s'élève ni une protestation ni une de ces injonctions : « plus haut » ou « plus fort » qui sont pour nous comédiens – et particulièrement les soirs de faiblesse ou d'effondrement – la brimade la plus blessante. Et la plus lâche.

Le spectacle enfin terminé, une douce affection, tendre presque, m'unit une fois de plus à ce public. Dans la loge à ogives que partagent les comédiennes des trois spectacles, je retrouve Maria le visage grave. La lassitude passe à travers le fard. L'ai-je remerciée? Je ne sais plus.

Élisabeth Barbier[1] n'a jamais « séché » une seule représentation du Festival depuis le premier soir, c'est-à-dire depuis le 4 septembre 1947. S'il lui est arrivé d'être absente de l'assemblée publique, eh bien c'est qu'elle nous rendait alors le bon et le très nécessaire service d'être notre – ou au moins, ma souffleuse.

Somme toute, souffler est une servitude très instructive. C'est un de ces métiers où l'effroi même, le tremblement dominé provoquent au courage, à la hardiesse et à bien d'autres facultés qui parfois cousinent avec la peur : l'attention, la riposte, la clairvoyance ou du moins la sagacité. Et la générosité, aussi bien.

Bref, Barbier est de tous les Avignonnais et Avignonnaises le symbole même de la fidélité. Eh bien, cette année, Barbier n'est pas d'accord et elle peste. Elle a horreur du drame de Hugo. Je riposte :

« Moi, non, figure-toi.

– Tu mens.

– Je ne te mens jamais.

– Tu aimes cette chose ridicule?

– Je l'aime. Vive Hugo! »

Au cours de cette quinzaine avignonnaise, ce « Vive Hugo » sert à quelques-uns d'entre nous de mot de passe; de cri de

1. Élisabeth Barbier, romancière des *Gens de Mogador*. Elle est domiciliée à Avignon. *(Note J. V.)*
Voir illustrations.

ralliement, d'injonction au travail. Il est l'antidote à la paresse, au farniente, aux accablements inévitables de fin de saison. Ce cri nous permet de réveiller les endormis, les suants, les touristes apathiques de midi, ceux qui voyant Hugo à l'affiche vont aussitôt quitter Avignon pour les stations de bains de mer. Oui, vive Hugo!

Cependant Barbier est tous les autres soirs dans la salle. Elle assiste donc aux quatre représentations de *Don Juan,* aux quatre représentations de *La Ville*. Je lui dis : *La Ville* aura été créée à Strasbourg, puis à Avignon et dans quelques jours à Venise avant d'être présentée à Paris.

« Bon. Et alors?

– Eh bien, Paris ne fait plus la loi.

– Quelle loi?

– Il ne décide plus du sort des œuvres.

– Crois-tu que Paris à ce sujet ait toujours commandé?

– Souvent.

– En ce qui te concerne, qu'Avignon commande à Paris, moi, je trouve ça normal. Vive Avignon!

– Vive Hugo.

– Si tu veux. »

Toujours Avignon – IXe Festival – 27 juillet 1955

Dans quarante-huit heures, fin de cette neuvième chose.

Pour l'an prochain, mémento [1] :

1° – Les pas résonnent sous les voûtes placées derrière la scène. Nous savons cela depuis longtemps. Et depuis tout aussi longtemps nous ne faisons rien pour atténuer l'écho de ces sonorités. Sous ces voûtes, le silence doit être absolu. Comme nos figurants avignonnais ne sont pas habitués à cette discipline élémentaire et font claquer leurs talons sur les dalles et heurtent leurs épées contre les murs, tels des Spavento capitans de l'Enfer, prière de placer l'an prochain des

1. Voir en illustrations les différents dispositifs d'Avignon.

tapis, des « chemins » tout au long de ces allées cardinalices où certains et pas seulement les figurants se prennent pour des monsignori sinon des légats. Amen et merci.

2° – Les pentes qui permettent la sortie de scène sont pour votre serviteur, qui jadis pourtant en a demandé l'établissement, des chemins de terreur. Sur ce versant raide, mon pied de Don Juan tremble. Ce n'est pas embêtant pour Toto, c'est embêtant pour le personnage. Je ne vois pas où j'appuie mon pied quand je descends cette pente. Autre prière donc : peindre sur cette déclivité des lignes claires et sensibles à l'œil. Amen et merci.

3° – Nous ne parvenons pas à obtenir le noir absolu. Ah, ces pupitres des musiciens. Ah, ces musiciens! Que ne connaissent-ils leurs musiques par cœur, comme nous, comédiens savons notre texte. Jarre, voilà le premier acte révolutionnaire à accomplir dans l'art lyrique : faire en sorte que l'on puisse éteindre les pupitres. Wagner a déjà englouti son orchestre et son chef dans la « fosse mystique »; nous sommes donc en retard.

4° – Pendant les cinq ou six premiers festivals, que dis-je jusqu'en juillet dernier, il y a eu chaque année un ou deux accidents survenus à des acteurs ou à des techniciens. Trois en juillet 1954 : l'ondiste, Jarre, Patry. Des accidents importants, n'est-ce pas? Avons-nous pris toutes les mesures de sécurité? Y pense-t-on? En a-t-on le souci? Est-on inquiet de cela? Il n'y paraît pas. Il fait chaud et les vacances sont proches. Encore Amen.

5° – Afin que les bruits de la place du Palais et les conversations des retardataires ne parviennent point jusqu'à la Cour d'Honneur, prière de placer un rideau très épais à la grande porte de l'entrée publique donnant sur la place.

6° – Le Commandeur de *Don Juan* serait-il avare? Nous lui avons offert cependant un somptueux tombeau : un Palais des Papes! Alors pourquoi cette pauvre moitié de rideau sous la grande voûte de la Bénédiction, voûte sous laquelle apparaît notre « statue parlante et marchante »?

7° – Ah, ces loges ségrégatives. Nous savons désormais

qu'elles ne seront plus là l'an prochain. Idem, pour ces fauteuils de l'ex-comité.

8° – Dans le mauvais angle public de la Cour, ne faut-il pas légèrement sonoriser? Nous n'avons jamais utilisé jusqu'ici ce type de moyen mécanique, mais devons-nous, dois-je tenir cette position jusqu'à l'absurde? A étudier.

9° – Attention : dans l'actuel dispositif, le point milieu de la scène est pris par rapport à celui de la « salle » dont la forme et les dimensions sont irrégulières. Cela n'a-t-il pas trop porté, cette année, le spectacle vers le côté « jardin »?

10° – Pauvre souffleur. Comment peut-il être d'un bon secours, dans la situation incommode où nous l'avons placé? La cage du cardinal La Balue fut un carrosse en comparaison de ce soupirail.

Autres choses.

a) Demander à Édouard Daladier [1] la suppression des soirées « Son et Lumière » pendant notre semaine de répétitions.

b) Autres emmerdements. Les touristes dans la journée. Et le soir du 14 juillet au cours duquel nous répétons pour la dernière fois la création du lendemain, boum! boum! Le feu d'artifice arrête notre travail pendant trente-cinq minutes. En fait la reprise du travail n'a lieu qu'une heure après les premiers boum! boum! Que faire? Nous appartenons à une nation guerrière, décidément.

Enfin, le Tour de France, cette année. Nous avons perdu une soirée entière de répétitions en raison de la présence sur la place du Palais de tous ces vomissements sonores des maisons et des stands publicitaires. Que faire? Nous appartenons à une nation cycliste, décidément.

c) Sur la terrasse du jardin d'Urbain, ne pas oublier de placer, à la mesure de la scène de la Cour d'Honneur, un vaste plancher de répétition. Je ne sais pas discerner si la mise en place est respectée sur le sol irrégulier de ce jardin. Enfin, un comédien travaillant a besoin de son plancher de sapin.

1. Le président Daladier fut maire d'Avignon de 1953 à 1958. *(Note J. V.)*

d) Il y a un trop grand nombre de comédiens dans une seule loge. Trouver d'autres locaux possibles dans les environs de la scène.

e) Agnès Varda demande une séance particulière pour photographier les scènes. Elle a raison. Cependant vu le petit nombre de soirées dont nous disposons, et notamment celles au cours desquelles les comédiens sont maquillés et en costumes, il faut informer ceux-ci de l'heure exacte où débute cette heure – oui environ une heure – de prises de vues photographiques.

f) Le régisseur général de service doit tous les soirs annoncer aux comédiens (ceci par micro intérieur) la représentation et la note de service du lendemain. Cela évite des oublis. Catastrophiques.

Enfin, en ce qui concerne le T.N.P. proprement dit, peut-être est-il inévitable de créer la fonction de régisseur aux raccords et aux remplacements – prévus à l'avance – des comédiens. Les remplacements « en catastrophe » doivent être évidemment réglés et dirigés par le metteur en scène. Sous le signe de la gentillesse imperturbable, du calme et de la promptitude. Ce n'est pas toujours le cas.

Le 4 août 1955 – Gardone – chez d'Annunzio

Conversation de fin de saison avec De Kerday[1] et avec Le Marquet[2]. Je leur annonce, je prends sur moi de leur annoncer l'augmentation de leur mensualité. Ce sont des choses dont en général nous évitons de parler. Mais quoi, c'est agréable, errant dans les bosquets, les jardins et les demeures de d'Annunzio le Magnifique de parler salaires. Cela ramène aux réalités.

C'est amusant de jouer *Don Juan* sur la scène même de cet autre Don Juan que fut Monsieur du Vittoriale.

1. Un des trois régisseurs généraux du T.N.P. *(Note J. V.)*
2. Alors régisseur-constructeur du T.N.P. *(Note J. V.)*

Salzbourg – le 9 août 1955 – Don Juan

Dernière représentation de la saison 1954-1955.

J'ai réuni ce soir tous les acteurs, actrices et techniciens présents à Salzbourg. Revue rapide de l'année. Annonce des grandes lignes du travail de la saison prochaine. Ai cru nécessaire de leur dire la très grande satisfaction professionnelle que j'éprouve à travailler avec elles, avec eux. « Voici quatre ans que se manifeste le T.N.P. Rien n'obscurcit l'avenir désormais. Sinon nos erreurs inévitables. Ce qui est commun à tous les groupes humains. Et particulièrement à une compagnie artistique, engagée dans les querelles de tous ordres. »

J'étais un peu ému. Ils m'écoutaient. Détendus. Gentils et bons. Je parlais vite. Non pas pour me débarrasser de mon allocution improvisée. Non. Mais j'éprouve toujours quelque gêne à louer des complices.

1er septembre 1955 – Sète

Le temps est incertain ou il pleut. Depuis notre arrivée ici le 30 août. J'assiste aux joutes du lundi de Saint-Louis. Du fond de la mémoire et comme du plus profond du corps accourent pêle-mêle et vivaces les images oubliées, les paroles anciennes, le tohu-bohu de l'enfance lointaine et de l'adolescence amoureuse. Cette ritournelle des hautbois et des tambourins, ces couleurs, ce brouhaha de la foule, l'écho des exclamations du public à la seconde où le jouteur ébranlé, vacille et va chuter, tout ce mariage des choses familières émeut et aussi bien attriste. Je ne m'explique pas cela. Est-ce le souvenir d'une enfance difficile ? Cette sensibilité malheureuse de l'homme jeune est en vérité restée le fond de ma nature, soit que je m'interroge, soit que le passé, au regard de ces joutes de toujours se dresse et m'envahisse.

Finalement, je n'attends pas les dernières « passes » et

quand je descends les quelques marches de l'estrade, le sourire affable de l'appariteur et son « à l'an prochain » me rend à mes 43 ans.

Cependant, pendant la soirée, le lendemain encore j'éprouve un sentiment d'équilibre et comme de bonheur. Ces joutes et ces musiques n'y sont pas étrangères.

Résultats du IXe Festival d'Avignon :
La Ville (2e, 3e, 4e, 5e représentations)

mardi	19 juillet	584 200 frs	1 836 spectateurs	dont	302 exos.
vendr.	22	—	548 500 —	1 540	—	—	155 exos.
lundi	25	—	488 200 —	1 406 [1]	—	—	155 exos.
jeudi	28	—	?	1 710	—	—	? —

Marie Tudor (1re à 6e représentations)

vendr.	15 juillet	381 600 frs	1 223 spectateurs	dont	262 exos.
sam.	16	—	598 100 —	1 668	—	—	155 exos.
jeudi	21	—	883 100 —	2 620	—	—	— —
dim.	24	—	840 700 —	2 383	—	—	— —
merc.	27	—	945 200 —	2 752	—	—	— —
vendr.	29	—	? —	3 195	—	—	? —

Don Juan (150e, etc. représentations)

dim.	17 juillet	655 100 frs	1 916 spectateurs	dont	155 exos.
merc.	20	—	805 000 —	2 285	—	—	— —
sam.	23	—	1 048 200 —	3 183	—	—	— —
merc.	26	—	1 067 100 —	3 248	—	—	— —

Donc, environ 31 000 spectateurs au cours de 14 représentations et un peu plus de 10 millions de recettes brutes.

Pour la première fois, organisation par Laborde et par les CEMEA des « Rencontres Internationales des Jeunes », venant d'une vingtaine de pays différents. C'est important.

1. Pluie l'après-midi. Il a d'ailleurs plu au cours des quatre représentations de *La Ville*. (*Note J. V.*)

Au cours d'interviews ou d'entrevues, je suggère que l'un des meilleurs programmes que l'on puisse dresser pour fêter l'an prochain le Xe anniversaire de la naissance du FADA (Festival d'Art dramatique d'Avignon) serait la reprise conjuguée à la reconsidération totale des œuvres créées ici depuis 1947, c'est-à-dire :

Richard II *La Mort de Danton* *Le Cid* *Le Prince de Hombourg* *Lorenzaccio* *Don Juan*	(Ce qui fait une assez belle palette. Un Shakespeare, un Büchner, un Kleist, créés par nous en France, et un Musset et un Molière peu souvent représentés.)

En ce qui concerne les œuvres modernes créées par nous à Avignon, choisir :

La Terrasse de Midi *Shéhérazade* *Tobie et Sara* ou *La Ville* *Œdipe*	(C'est-à-dire : un jeune auteur Maurice Clavel, Supervielle, Claudel, Gide.)

Six œuvres françaises, quatre œuvres étrangères.

Dix œuvres? En additionnant le nombre des soirées de répétitions ou de raccords sur le plateau même et le chiffre de trois représentations au moins pour chaque œuvre, le T.N.P. serait donc présent en Avignon pendant plus de six semaines. Du 15 juillet au 30 août. Ce qui est, hélas, impossible. Non pas certes par crainte des résultats publics mais du fait que la compagnie, travaillant jusqu'à fin août, serait privée de repos annuel, les mois de septembre et d'octobre étant consacrés d'autre part aux tournées internationales.

Ceci dit, nous pourrions désormais ne pas nous contraindre à créer de nouvelles œuvres.

L'exploitation pure et simple du répertoire établi à Avignon en 9 ans – ou plutôt en neuf fois quinze jours – cette exploitation des dix œuvres ci-dessus indiquées suffirait à établir l'équilibre financier. Pour deux raisons au moins : la *suppression* de la création annuelle qui est toujours beaucoup plus onéreuse qu'une reprise d'œuvre ; enfin, à Avignon depuis la deuxième année, l'œuvre créée fait toujours des recettes bien moins élevées que les reprises.

Bref, on exploiterait. Oui, on ferait du fric. Cela serait bien, n'est-ce pas ? Et avec de belles choses, non ? En deux ans, nous passerions du déficit à l'équilibre financier, enfin au bénéfice financier. Le sourire rondouillard et solaire de la réussite commerciale alourdirait nos visages. Voilà qui serait de la bonne administration des Beaux-Arts. On serait loué. On ne serait plus craint. Je ne pourrais plus refuser d'entrer dans l'Ordre de la Légion d'Honneur. Dans dix, douze ans, je serais Commandeur. Je mettrais ma rosette sur ma chemisette d'été. Sur les places, dans les rues et l'entrée du théâtre, les agents de ville se mettraient au garde-à-vous sur mon passage. A ma nomination et lors de chaque accession au grade supérieur il y aurait un grand ragoût à l'Auberge de France et Jeanne Struby [1] et Françoise [2] auraient la larme à l'œil. D'ailleurs Jeanne, pour services rendus à cette affaire nationale, pour dévouement absolu à la cause du régionalisme, serait citée à l'ordre de la Nation.

Revenons aux réalités sans honneurs.

Outre l'établissement de l'équilibre financier puis du bénéfice, la permanence d'un tel répertoire plairait, sinon à tous du moins à la presque totalité des fidèles ; aux sages et aux fous, aux amoureux fous de Richard, du Prince de Hombourg, de Danton, de Lorenzaccio, du Cid, évidemment. On ferait son petit Bayreuth.

D'ailleurs l'entreprise serait sérieusement exécutée soit en ce qui concerne la réadaptation de mises en scène, le renouvellement des distributions (Gérard prenant le rôle de Don Juan par exemple ou Wilson celui de Sganarelle et Sorano celui du duc de Florence, etc.), soit en ce qui concerne la reconsidération des dispositifs scéniques, etc. Bref, les mêmes

1. Patronne de l'Auberge. Voir illustrations.
2. Sa fille.

comédies toujours remises sur le chantier seraient fondues et refondues en des styles encore inconnus. Nous tenterions à chaque fois de donner une efficacité plus pénétrante à chaque œuvre que ce soit sur le plan social ou politique. Ou humain [1].

En neuf ans a grandi un enfant. Il est déjà, il pourrait s'établir éducateur. Mais est-ce que cela fait partie absolument de notre tâche! Éduquer autrui? Oui ou non? A débattre.

Des reprises, des « fil à fil », des reprises et encore des reprises, revues, recousues et corrigées! On pourrait aller ainsi jusqu'au centenaire de la fondation! En l'an 2047! A moins que les héritiers ne reviennent à l'éternel *Hamlet* ou à je ne sais quelle œuvre nouvelle traitant de « *la* Sodome et de *la* Gomorrhe des Papes et des Cardinaux » comme le suggérait déjà Michelet [2].

Début septembre 1955 – notes rédigées à Sète

Mémento concernant Venise.

Notons d'abord que ne pouvant changer les dates des représentations de Venise ni celles d'Avignon, la compagnie finit de jouer *Tudor* le 30 juillet vers 1 heure du matin au Palais des Papes et part le même matin par la route à 5 heures pour Venise, où elle arrive le même jour à 22 heures passées. A minuit répétition (en plein air) dans l'île de San Giorgio. Ceci afin de prendre une connaissance nocturne des lieux, la première représentation devant avoir lieu le soir prochain 31 juillet.

Note – Certes il fallait participer pour la troisième fois en quatre ans à ce Festival de Venise et il ne fallait pas écourter celui d'Avignon. D'autre part présentant deux œuvres à

1. Par exemple, Sganarelle deviendrait le pédé de Don Juan. Ou l'Infante serait amoureuse de Chimène tout autant que de Rodrigue. Etc., etc. *(Note J. V.)*

2. Jules Michelet : *Histoire de la Révolution Française,* cité dans « Le théâtre, service public », p. 465.

Venise, nous n'avons disposé d'aucune soirée de répétition. C'est à la lettre du travail à la chaîne. D'autre part, ce théâtre de verdure est inadaptable à une comédie ancienne *(Don Juan)* ou à un drame moderne *(La Ville)*.

A cela s'ajoutent les difficultés de locomotion. Un comédien sur vingt sait utiliser le vaporetto. Techniciens et comédiens étant éparpillés dans des hôtels différents – et pressés que nous sommes, c'est à chaque fois une gondole que choisit la voyageuse ou le voyageur quand il se rend à son lieu de travail ou retourne à l'hôtel. Trois, quatre, cinq mille lires. Le défraiement quotidien s'évapore dans les eaux de la lagune, face à ces palais où Byron, Musset, George Sand, Wagner, Mathilde, etc... Au demeurant ces fantômes se sont évanouis à nos yeux au contact des réalités épaisses. Nous rencontrons en effet dans les canaux d'autres gondoles où, béats, s'étalent des vacanciers de tous âges.

Pour une compagnie étrangère, habituée pourtant à voyager et à observer les disciplines de groupe, accomplir un travail exemplaire à Venise est une tâche difficile. Pour un travailleur de passage, c'est aussi une ville chère. Du moins au cours des mois d'août et de septembre. Les comédiens, les techniciens le disent et cela est vrai. Que faire?

Reviendrons-nous à Venise? Nous regretterons non seulement la ville mais aussi bien nos hôtes et Zajotti, responsable de la section-théâtre est un homme affable, intelligent, compréhensif.

Les choses s'arrangent parfois aux heures de non-travail. Dans la matinée. Vers 11 heures. Sur la place Saint-Marc. A telle terrasse de café. Alors les histoires du jour jaillissent des lèvres de chacun. L'une entre autres est surprenante. Une de nos jeunes comédiennes a provoqué en quelques heures un drame assez violent de la jalousie au sein d'un couple français séjournant à Venise. Nous informons la coupable. Elle en est absolument surprise. Les yeux brillant d'effroi et de satisfaction.

« Vous auriez " attaqué " le mari dès notre arrivée ici.

– Moi?

– Il paraît.

– Mais voyons, Jean, c'est inconcevable ! Je n'avais qu'une préoccupation : mes deux pesantes valises et le prix du voyage en gondole. Quatre mille lires ! quatre mille !

– Justement. Il paraît que le mari était d'une obligeance, d'une courtoisie avec vous dont sa femme prétend qu'elle n'en a plus le bénéfice. Prenez garde. Elle vient ce soir au spectacle. Tous deux risquent de prendre le même motoscaff que vous et moi. Et comme la dame est violente...

– Que puis-je faire ?

– La jalousie est chose difficile à calmer, n'est-ce pas, et quant à en prévoir les éclats, bernique !

– Je ne crois pas à ce drame. Je trouve l'homme très bon, très attentif, je le connais depuis longtemps, cependant rien que de très gentil peut m'être reproché.

– Justement.

– Ah Jean, cette histoire vous l'inventez.

– Je l'invente ?

– Mais oui. Et c'est pour nous faire oublier le peu de lires que vous nous avez accordées.

– N'en doutez pas.

– Je parlerai dès aujourd'hui à cette femme.

– Ah, non. Non. Je vous en prie. Fuyez-la.

– Moi, fuir ? Et c'est vous qui me conseillez cela ?

– Enfin, évitez-la.

– Une A... B... n'a jamais peur !

– ...

– Oh, puis zut ! Je trouve que cette histoire est tout à mon honneur. Que l'on me trouve plaisante dois-je m'en effaroucher ? A qui me sourit, dois-je faire grise mine ? Fuir ?

– La question n'est pas là.

– Je travaille, moi, ici !

– Elle non, c'est vrai.

– Pourquoi céderais-je le pas ? Boulot, boulot !

– Etc.

– Etc. »

Pluie. Il faut se rendre à l'évidence : la pièce de Paul Claudel attire la pluie. Cuny vitupère sourdement contre « Paul » et dressant le bras vers le ciel pisseux le prend à partie : « Paul, entends-tu? Paul es-tu là? Paul, si tu es à la droite du père, prouve-le, etc. » Au cours des pauses et des repos il enchaîne sur des histoires d'établissement religieux, les conte d'une voix douce et comme câline et chaque détail savoureux nous fait un peu oublier la chaude humidité du jour et la frigidité de ce lieu a-théâtral.

Pluie. Orages sur la Lagune. C'est beau. C'est très beau. C'est trop beau et cela nous distrait de notre affaire.

Le soir en jouant *Don Juan,* le lendemain et le surlendemain en jouant *La Ville,* je ne cesse de me demander ce que nous faisons là, devant ces têtes de spectateurs émergeant des loges, fosses ouvertes. Ils n'ont aucune réaction. Morts, ils sont morts. Ils se sont éteints. Nous, comédiens, sommes les survivants d'un monde évanoui, défunt. En fond de scène, un tamaris négrillot, rachitique est le dernier élément de la nature. Il pleure. Nous jouons Claudel. Cuny, Maria, Wilson, Noiret, Moulinot, Mollien, Darras, Topart c'est étrange, paraissent croire à ce qu'ils disent. Je suis tenté de me placer entre eux et ces morts, de les conjurer d'arrêter les frais, de ne pas dépasser les normes de la tragédie en nous adressant sur ce ton à des cadavres, de leur dire enfin, que tous ces smokings blancs en vérité sont des suaires.

Cependant les versets claudéliens s'enchaînent.

D'évidence, ces morts très distingués, le jour du Jugement, n'entendront pas la Trompette dernière. Dieu sera contraint de venir les chercher un à un.

Ils sont là les yeux ouverts. La cigarette au bec. Ou au bout de leurs doigts bagués.

A la fin du prochain verset, je saisirai Cuny par la manche de son veston.

« Alain, ne parlons plus, ne scandons plus. Chuchotons. Nous nous sommes trompés d'île. Ce lieu n'est pas San Giorgio mais le Campo Santo. Partons. Sur la pointe des pieds. »

Hélas, je n'ai pas le cœur d'arrêter Cuny.

Mais enfin la dernière minute arrive. Voici le dernier des derniers versets. Le dernier mot va être prononcé. Il est prononcé. Ouf! vite, courons à nos loges, passons nos costumes de ville, filons!

C'est ainsi parfois que le responsable d'une compagnie française accomplissant ses devoirs à l'étranger est envahi par de très mauvaises pensées.

Il pleut toujours.

Promenades avec les Gischia dans le quartier de l'Accademia. Ici, enfin, pas de touristes.

Les Gozzoli. Les Carpaccio. La mise en place des personnages dans les tableaux de Carpaccio. La mise en scène, oui *« en scène »*, est sensible. Sans ostentation, certes. Bien au contraire. Mais cette mise en place des êtres et des objets de la plus grande variété rappelle les exigences de la mise en espace, problème qu'un régisseur a toujours à résoudre, du moins sur un vaste plateau. « Ici, ce personnage! Oui! Et pas ailleurs! Pourquoi? Je n'en sais rien. Mais il sera là, côté cour et non au centre. Et surtout pas côté jardin. Cet autre doit s'agenouiller. Pourquoi? Un homme ne doit pas s'agenouiller devant un autre? Qu'est-ce que vous voulez que ça me fiche. Je le fais s'agenouiller et il ne peut s'insérer autrement dans l'espace déjà occupé par les autres personnages, par cet objet, par cette statue, par la foule. Non, je ne suis pas formaliste. » Oui, Carpaccio, régisseur de théâtre.

« A jouer ici en plein air plutôt qu'à l'intérieur de la Fenice, ai-je dit à Zajotti, ce n'est pas dans ce théâtre de verdure qu'il faudrait inviter comédiens et spectateurs. Mieux vaudrait choisir une des places parmi les plus familières de la ville. Pas Saint-Marc, cependant.

– Ni Saint-Marc ni une autre piazza, me murmure-t-il.

– Les riverains protesteraient?

– Oui et non. Quoi qu'il en soit, nous serions contraints de bloquer certaines ruelles ou certains passages. Les gens alors ne découvriraient plus leur chemin. »

Je lui fais part de ce public *à huit mille lires la place*. Il me regarde d'un sourire un peu triste, soulève légèrement les épaules, penche la tête, dit : « eh oui, eh oui. » Je comprends qu'insister à ce sujet serait lui faire de la peine, qu'il ne peut être question de faire appel à un public populaire, que le prix des places restera toujours aussi élevé, que...

Nous faudra-t-il donc abandonner toute idée de retour du T.N.P. à Venise ? Cependant que de choses peuvent être faites, ici. Et populaires. Et belles.

Faudra-t-il donc toujours retourner à la Fenice qui est un boudoir ? un bijou ? Adieu, places publiques amples et familières. Adieu, comédie italienne, vivace et populaire. Et vénitienne. Adieu, Goldoni. C'est triste.

Note sur le Vittoriale de d'Annunzio. Gardone. En définitive la villa du Victorieux ne m'a pas paru aussi singulière, aussi époustouflante qu'on me l'avait laissé entendre. Oui, bien sûr, il y a l'avion, le vieux zinc. Eh bien, n'était-il pas du métier ? Le lieu, les jardins sont beaux. Cependant comme tant d'autres lieux-souvenirs la maison est devenue musée et ce genre de musée est toujours affligeant. Celui-ci l'est-il ? Mais non. Il n'est qu'extravagant ici et là.

Je songe à la Duse en parcourant ces pièces. Étrange couple. Elle n'a pas dû toujours conserver ce beau masque impénétrable que la photographie, le dessin, la statuaire nous ont transmis. Belle Duse, toi qui, paraît-il, ne te fardais jamais pour la scène, maquillais-tu tes sentiments les soirs du Vittoriale ? Chère Duse. Et tu aimais Gabriele ? Cette chance qu'il a eue.

Que Mussolini ait été contraint de constituer et de fixer son dernier État à Salo, c'est-à-dire à cinq ou six kilomètres de Gardone-d'Annunzio sur le même lac de Garde, puis à Dongo (ô Stendhal, Mosca et Ranuce IV ou VII).

Mémento sur le Festival de Salzbourg

Représentation de *La Flûte enchantée.*

C'était laid. Oui, visuellement, c'était affreux. Question chant, seule l'interprétation de Tamina apportait quelque séduction, un peu de mystère. Toutefois, est-on en droit de critiquer la qualité du chant chez des interprètes que l'on expose à l'air vif, glacé, humide de cette carrière de pierre (Salle des Manèges)? Et toi, pauvre Reine de la Nuit, placée dans une anfractuosité, à 12 mètres au moins au-dessus du plateau! De quoi faire trembler l'interprète et la voix.

Zoroastre étant mal chanté et assez ridicule, l'œuvre dans l'essentiel de son histoire – et de sa musique – dans son sujet même perd toute subtilité, tout pouvoir de séduction.

Ai-je tort? *La Flûte* n'est pas seulement une composition musicale. Ce n'est pas seulement une œuvre que l'on doit ou chanter ou diriger. Elle a un *sens*. Elle raconte une histoire. Elle tente d'éclairer des mystères. Elle est conduite par une action *dramatique*. Et Papageno, non plus que le Sganarelle du *Don Juan* de Molière, n'est pas le personnage essentiel. L'essentiel, c'est le sujet traité à la fois par l'union intime de la musique et du texte.

D'autre part, suis allé visiter dans la journée la place et le parvis de l'église où Reinhardt a créé jadis *Iederman*. Une vraie place de théâtre, cela frappe aussitôt. Et l'acoustique est bonne, certainement. Cependant, ce plateau que je vois devant moi, ce plateau tout en longueur, est-il vraiment celui de Reinhardt? En a-t-on conservé les dimensions? L'aspect en est banal, avaricieux, mal fini. Au cours des ans on a dû ajouter au travail original « des aménagements », comme on dit. De petits riens. Ceux-là mêmes qui ont provoqué ces légers changements s'en sont-ils rendu compte? Non; et vingt ans après la mort du régisseur, rien ne reste de son travail. Vingt ans? Non. L'année après.

Mort le régisseur, morte son œuvre.

Toujours Salzbourg-Festival.

Les places sont chères. Les places sont trop chères. Les places sont extrêmement chères.

D'autre part, les quatorze artistes et techniciens du T.N.P. qui ont désiré entendre *La Flûte* ont dû payer leurs places. De très mauvaises places. Quant à moi et à Andrée, placés à l'orchestre, emmitouflés dans des couvertures, vêtus de tricots épais, les pieds bardés de grosses chaussettes de laine, nous grelottions.

Étrange race que les mélomanes et les fidèles. Ça ne craint ni le froid, ni la pluie, rien? A ce degré de constance, sont-ils encore sensibles à la vérité de l'exécution?

Voyage en voiture de Salzbourg à Sesto-Calende (sur le lac Majeur) où nous attendent les Caputo, les Gischia, les Arnaud et notre hôtesse « Mamina » Sommaruga. Six frontières, douze contrôles! « Le monde est beau, ma bien-aimée, le monde est beau mais il est fort partagé. » Partis le 10 août, au matin, de Salzbourg, nous arrivons à Sesto le 11 au soir. Joies, baignades, conversations de tous ordres et des plus osées, chère merveilleuse, balades, jeux familiers, représentations théâtrales dans les environs, charme indéfinissable de notre hôtesse : de merveilleuses journées!

Nous quittons Sesto-Calende le samedi 29 au matin et arrivons à Dieulefit le soir à 20 heures. Nous assistons à une représentation organisée par les enfants et jouée par eux. Stéphane est l'auteur, le régisseur, le chef-machiniste de l'œuvre. Christophe, acteur et machiniste! Dominique, actrice. (Le théâtre ne me lâche pas.)

Nous arrivons à Sète le lendemain à 16 heures.

Au courrier, une lettre de Wilson et une carte de Maria.

Sienne.

Je quitte Sesto le 15 août afin d'assister aux fêtes du « Palio » le lendemain à Sienne. Étonnant spectacle. Et cette course de chevaux sans étriers et sans selle, où tous les coups – ou presque – sont permis. L'extraordinaire vie des quartiers, des « contrade ».

Ceci dit, notons quatre manifestations populaires auxquelles j'ai assisté au cours de ces vingt-quatre derniers mois :

Le Palio (Sienne),

Le Tatoo (Edimbourg),

Le 1er mai (Naples),

La manifestation catholique (Charleroi).

En allant de Sesto à Sienne, arrêt à Florence où je couche. Levé tôt, dès l'aube, j'erre avec plaisir dans les rues désertes. De telles villes, désormais, ne peuvent être visitées que tard dans la nuit ou plutôt à l'aube, entre chien et loup. Alors on peut imaginer ce qu'a pu être leur passé. Idem, Avignon.

Aussi bien, je suis un peu las de ces voyages dans l'histoire. Venise, Salzbourg, Sienne, Avignon, Athènes, Prague, etc. J'en ai mon compte. Pour longtemps. Car émoussé le plaisir de la découverte, éteinte l'interrogation un peu anxieuse sur ce qu'a dû être la vie de jadis en tel ou tel lieu, on est devant ces grands jouets du passé comme devant ces grosses coques marines vides, polies, vernissées et cependant encore sonores. Par ailleurs on découvre trop aisément la rénovation ici, là le divorce entre telle réfection insolente et telle prétention, il en est beaucoup, de la pierre originale. Les deux insolences se contrarient et jurent.

Les pierres vierges et agonisantes, dévorées par le temps sont encore plus attachantes que cette momification trop souvent impertinente de l'archéologue ou du conservateur. Protégeons certes les choses du passé mais laissons-les à leur silence et à leur mort. On s'apercevra un jour que l'archéologie, par son bras séculier, n'aura aidé qu'à engrosser de satisfaction le touriste le plus béat, le plus conformiste, le plus indolent, c'est-à-dire le contraire de la curiosité inquiète et du besoin, inné en tout homme et en toute femme, de découvrir.

Plongeons donc dans le présent. Il est des heures où je préfère ma mauvaise mais très moderne salle de Chaillot, qui n'a que 18 ans d'âge, la pauvre, à telles salles chargées d'histoire qui neuf fois sur dix ne sont plus que des squelettes reconstitués. Il en est des pierres comme des hommes lorsque l'agonie est là et que la mort est proche.

Jouant au Grand Théâtre de Bordeaux, il y a un an – et ceci pour la première fois – je me heurte au cours des répétitions sur la scène à des problèmes de fosse d'orchestre. Je la trouve trop vaste pour les dimensions de cette salle et demande à mes constructeurs de la couvrir. La direction du théâtre refuse. Courtoisement. Elle nous interdit d'autre part, l'accrochage de quatre ou cinq projecteurs dans la salle. « Le Grand Théâtre de Bordeaux est historique. Aucune structure ne doit être surchargée de quoi que ce soit. » Bon. Parfait. Je me laisse gagner (ou vaincre) par le respect de l'Histoire. Nous jouons *Don Juan.* Le lendemain nous quittons Bordeaux pour Paris. Avant de quitter l'immeuble de Louis [1], très obligeamment le directeur m'offre un beau livre très documenté sur le théâtre. Je remercie. Je rentre dans le car. Nous roulons vers Paris. Lentement. Le chemin sera long. J'ouvre le beau livre. Nous sommes fin octobre. Le soleil va vers son couchant. Cependant ne rien faire me pèse. Je suis encore un peu étourdi par la représentation, par les longues promenades faites en cette ville que j'aime bien : « Je suis né dans un port... » (de Miremont). Mais je m'ennuie. Je pagine donc le bouquin comme un enfant va d'image en image, et patatras! mes yeux tombent sur une gravure du XVIIIe siècle représentant la scène et la salle du théâtre de Louis.

Eh bien, mes bons amis bordelais, votre théâtre a été retouché en son *âme,* comme on le dit du violon; c'est-à-dire, en ce point essentiel où la scène et la salle s'unissent. Wagner et Saint-Saëns et bien d'autres sont passés par là. On a agrandi cette fosse d'orchestre. On l'a élargie. Le petit orchestre de Rameau s'y perdrait. Et les loges d'avant-scène qui, comme leur nom le suggère, donnaient sur l'avant de la scène, ne sont plus à leur place. Une quarantaine de mètres carrés ont été

1. Architecte, entre autres monuments, du Grand Théâtre de Bordeaux. *(Note J. V.)*

bouleversés et en réclamant très innocemment la couverture de la fosse je ne faisais que rendre à ce théâtre « historique » le style, l'enveloppe de son âme.

Apelle[1] a tout à fait tort : le cordonnier a le droit de regarder au-delà de la cheville.

Ce matin, ai relu *Vautrin,* la pièce de Balzac. Hé non, ce n'est pas possible. Nous sommes loin du Papa Vautrin de *Splendeurs et Misères des Courtisanes,* du *Père Goriot,* etc. (A noter toutefois certaines scènes entre « gens du monde » et certaines scènes de marlous.) La passion, l'intérêt du monstre pour le beau jeune homme sont-ils traités? *La Comédie humaine* reste la bible et le lexique de cet amour. De cette société.

Refaire la pièce? Qui l'oserait, le père du *Faiseur* ayant perdu sa mise?

Jeudi 2 septembre 1955 – Sète

Je ne regrette pas d'avoir offert, en cours de saison, quatre soirées de répétitions sur le plateau, prises sur mon propre plan de travail assez serré, à l'opéra de Pékin. Je n'ai pas toujours bénéficié à l'étranger ou en province d'un pareil geste. Je ne le regrette donc pas. Avec peu d'éléments et un nombre assez réduit d'interprètes ils savaient peupler la scène de Chaillot. Cette scène, ou plutôt, ce « champ de Mars » comme m'a dit récemment Camus traversant le plateau après une répétition.

La leçon qu'ils donnent est pure, et, tout simple d'apparence, leur savoir-faire. La technique est effacée et seuls restent sensibles l'humour, la poésie, l'impondérable de l'exécution. Dommage – et c'est mon seul regret – que la soirée soit une sorte d'anthologie de scènes extraites de telle ou telle œuvre. Si le charme de l'expression scénique n'était pas aussi prenant, nous n'aurions devant nous que des

1. Apelle, peintre grec (IVe siècle avant J.-C.). *(Note J. V.)*

exploits d'interprètes. Allant en Chine, jouant à Pékin, une compagnie française aurait-elle la hardiesse – ou le toupet – de présenter en une seule soirée et à la suite : « Si bien donc contre nous cette troupe s'avance... » puis : « Au voleur! au voleur! à l'assassin! au meurtrier! » et de plus en plus saisie par l'esprit anthologique : « N'allons point plus avant, demeurons, chère Œnone », « Bon appétit, Messieurs. O ministres intègres, conseillers vertueux, voilà... », etc.?

Reviendront-ils avec une œuvre jouée en son entier?

Cependant, ce qui me surprend le plus ce n'est pas la qualité de l'exécution ou ce pot-pourri de scènes, c'est l'attachement que cette nouvelle république communiste me paraît avoir pour les œuvres du passé. Comme en U.R.S.S. Je pose la question : « Existe-t-il un théâtre communiste? Qu'est-ce qu'il est? Est-ce qu'on le prépare? Qu'est-ce qu'il peut être? Quels sont les thèmes de ce théâtre socialiste? »

De Marseille et du public marseillais.

Jouant sur le plateau, on le sent proche de vous, présent. Vivant. Et sensible. Il est venu nombreux. Or, nous représentions *Cinna* – qui n'est pas, faut-il le répéter, une œuvre particulièrement populaire – et *Don Juan* (déjà représenté par nous l'an dernier à Marseille) et *Macbeth*.

Je trouve ici à Sète parmi mes notes une feuille indiquant la première recette de *Macbeth,* le 1er juillet dernier : 2 700 personnes; 1 061 000 francs de recette. De soir en soir, l'affluence s'accrut et nos deux dernières représentations, celles de *Cinna* et de *Macbeth,* groupèrent l'une 2 300 personnes, la dernière 3 670. C'est considérable.

Nous avons inauguré l'an dernier, *seuls,* ce Festival. Sur la demande du maire, Gaston Defferre. Il en eut l'idée. Nous avons tenté de prouver que Marseille n'est pas une ville où la gaudriole est au théâtre la seule chose appréciée. Dès le premier jour un excellent et nombreux public répondit à notre tentative, à notre appel. Outre les trois pièces nommées ci-dessus, les œuvres présentées étaient évidemment celles de notre répertoire (Corneille, Hugo, etc.).

Répétons ici une lapalissade : il n'y a pas de mauvaises villes, il n'y a que de mauvais maires et conseillers. Il n'existe pas de villes grossières et sottes; il n'existe que des conseillers grossiers, sans confiance aucune envers leurs concitoyens.

J'ai bien connu Marseille. Juste avant la guerre. J'étais soldat au 15e C.O.A. Je venais de l'infanterie, le 3e R.I.A. où j'avais été rappelé comme « disponible » comme bien d'autres à la suite de l'invasion de la Tchécoslovaquie par Hitler. Daladier, futur maire d'Avignon, était président du Conseil (et ministre de la guerre si je m'en souviens bien). Je le maudissais. A 26 ans, repiquer aux godillots de deuxième classe, aux bandes molletières, à l'énorme béret basque et au gros drap kaki n'était pas chose divertissante ou provoquant l'esprit à l'aventure. Je maudissais donc Édouard Daladier.

Cependant, ayant terminé ma tâche de « disponible » vers 8 heures du matin, je partais comme coursier en ville. Abusant de la connivence et de l'indulgence d'un officier rappelé comme moi, je roulais à travers la belle Marseille. Ou plutôt, après avoir suivi du regard très longuement les filles qui se rendaient à leur travail, j'établissais mes quartiers dans un des bistrots de la ville et particulièrement dans quelques-uns de ceux du Vieux-Port, dans ce coin du Vieux Marseille que les Fritz ont détruit pendant la guerre. Je lisais un livre par jour ou en trente-six heures. Sans me presser. Quand j'étais las de tel bistrot j'allais passer mes après-midi dans tel ou tel bordel où l'on fichait la paix à ce « deuxième classe ». On ne lui demandait pas de « monter ». Les dames souvent n'étaient pas encore arrivées. La sous-maîtresse du lieu me disait : « Assieds-toi là, mon petit. » Je m'asseyais. Je lisais. A peu près certainement, ce bordel de mes habitudes appartenait à un vieil immeuble du XVIIIe siècle. Sade était-il passé par là? Les murs construits en pierre de taille y maintenaient une fraîcheur et une odeur féminine agréables. Les putains sont parfois malades et contagieuses mais enfin elles ne puent pas. La pénombre aidait à la lecture, à la réflexion et au retrait. Oui, ce bordel a été ma plus belle et confortable salle de bibliothèque. J'y ai savouré la prose ou les aventures de bien de mes contemporains : Malraux, Drieu la Rochelle, Jules Romains, Mauriac, Montherlant, Trotsky et les articles de Vaillant-Couturier (en quel lieu public autre qu'un bordel un soldat pouvait-il lire sans ennuis *L'Humanité?*). Je détaillais avec un plaisir vengeur les caricatures de Cabrol. Je lisais enfin ce qui de Valéry alors paraissait. Gide commençait à me lasser.

J'ai conservé de Marseille un souvenir merveilleux pour d'autres raisons encore, évidemment, que ces haltes studieuses dans les anciennes maisons du Marquis. J'en ai conservé un souvenir vivant et chaud. Parce que les hommes et les femmes de cette ville sont parmi les plus attachants et les plus généreux qui soient au monde (on est bon juge de la générosité et du cœur des civils quand on est soldat de deuxième classe). Enfin parce que la ville dans son désordre même est comme un beau corps toujours en mouvement, ample, et bien vivant. Bien d'autres villes du monde, et parmi les plus célèbres, sont fades en comparaison de ce port, de ces rues, de ces places. Si le bruit est là incessant alors s'ouvre tout proche un havre de silence et d'ombre.

Cette rade enfin, majestueuse et sévère.

Quinze ans après et devenu responsable d'une certaine histoire, peut-être ces souvenirs de solitude du soldat ont-ils concouru à m'attacher comme amoureusement à cette ville.

Cependant, il est un empêchement à cette union : trouverons-nous jamais le lieu scénique compatible avec le style de nos représentations de plein air? Le Festival d'Avignon et celui de Marseille, à huit jours et à cent kilomètres environ de distance, se complètent si bien l'un l'autre. Oui, trouverons-nous ce lieu scénique?

Les prix des places étaient cette année alignés sur notre habituel tarif populaire (et les recettes furent plus élevées que celles d'Avignon).

Du festival d'Avignon et de ses nonchalances.

L'énorme crevasse de la Cour d'Honneur du Palais, ce que les touristes appellent « la piscine », a été enfin couverte

Paris 12. 12. 46.

Cher Jean Vilar

Il serait urgent que je vous vois.
Mais êtes-vous à Paris? J'ai écrit le
scénario et les dialogues d'un film qui
sera tourné au printemps dans des
conditions sérieuses. J'ai pensé à vous
pour un rôle dont je voudrais vous
parler.
Soyez gentil aussitôt que cette lettre
vous touchera de téléphoner à Littré 46-94
(Yvonne Zervos) pour me fixer rendez-vous.
Yvonne Zervos est une des principales
intéressées de notre film avec Roger Lesbats.
Croyez cher Jean Vilar à mon
amical souvenir.

René Char

40 rue du Bac 7e

ttre autographe de René Char à Jean Vilar qui fut à l'origine
sa rencontre avec les Zervos et donc... à l'origine du Festival d'Avignon.

d'un plancher, cette année. Idem, en ce qui concerne le sol de la cour. De ce fait, on n'entend plus pendant les représentations les crissements des chaises et des pas sur les petits cailloux; la poussière, au cours des soirs venteux ne s'élève plus et n'entre plus dans nos gorges; le spectacle tout en conservant son charme familier peut enfin se dérouler normalement tous les soirs. D'autre part, ce plancher s'incline en pente légère vers la scène et facilite la visibilité du « jeu » à tous les spectateurs [1].

Il a fallu attendre neuf ans.

Des erreurs, cependant, ont été commises. Ceci malgré la précision des plans de construction. Et la sécurité du plateau est toujours incertaine.

Attendons encore neuf ans. Il faut avoir confiance quand on aime, n'est-ce pas? Nous attendrons donc encore neuf ans. *Roma non fu fatta in un giorno.* Ce n'est pas une phrase adressée à Laure par Pétrarque.

FIN

DU MÉMENTO

(du 29 novembre 1952 au 1er septembre 1955)

1. Voir illustrations.

ANNEXES

RÉPUBLIQUE FRANÇAISE

SECRÉTARIAT D'ÉTAT AUX BEAUX-ARTS

DIRECTION GÉNÉRALE DES ARTS ET DES LETTRES

THÉÂTRE NATIONAL

DU

PALAIS DE CHAILLOT

CAHIER DES CHARGES

RÉPUBLIQUE FRANÇAISE

SECRÉTARIAT D'ÉTAT AUX BEAUX-ARTS

DIRECTION GÉNÉRALE DES ARTS ET DES LETTRES

THÉÂTRE NATIONAL

DU

PALAIS DE CHAILLOT

ARRÊTÉ

Le Secrétaire d'État aux Beaux-Arts,

Sur la proposition du Directeur Général des Arts et des Lettres,

ARRÊTÉ :

Le Théâtre National Populaire sera exploité aux clauses et conditions qui font l'objet du présent cahier des charges.

TITRE PREMIER

ARTICLE 1er

M. Jean Vilar est nommé directeur du Théâtre National Populaire pour la période du 1er septembre 1951 au 31 août 1954; la salle de spectacles du Palais de Chaillot lui est concédée pour cette même période, sous réserve des dispositions des articles 23, 38 et 39 ci-dessous.

En raison des accords passés entre le Gouvernement français et l'Organisation des Nations Unies, M. Jean Vilar ne disposera en fait de la salle de spectacles du Palais de Chaillot qu'après la fin de la session de cet organisme dans un délai et des conditions qui seront fixés par arrêté du secrétaire d'État aux Beaux-Arts pris dans le mois qui suivra la notification du présent arrêté.

M. Vilar est tenu d'affecter cette salle à des représentations populaires dans les conditions fixées par le Titre II du présent cahier des charges.

Il peut également, en dehors des jours et des périodes réservés à ces spectacles populaires, organiser dans cette salle sous sa direction d'autres représentations théâtrales ou manifestations artistiques ainsi que des concerts, conférences ou représentations cinématographiques de films artistiques, documentaires ou éducatifs.

Il peut, en outre, louer ou prêter ladite salle aux personnes ou groupements qui en feraient la demande en vue de manifestations artistiques ou autres. Ces locations ou prêts ne peuvent avoir lieu qu'avec le concours du personnel habituel du Théâtre et, s'il y a lieu à utilisation de la cabine cinématographique, du ou des opérateurs au service du Directeur dans les conditions prévues à l'article 10.

Toutes demandes de ce genre doivent être nécessairement soumises à l'agrément du Ministre.

Si ces demandes émanent d'institutions ou de groupements ayant un caractère éducatif ou philanthropique, le Directeur ne pourra exiger d'eux au maximum à titre de redevance que le remboursement des frais de chauffage et d'éclairage et une somme forfaitaire pour contribution aux frais généraux. Toutefois, les manifestations de cette nature ne pourront avoir lieu que de façon à ne pas interrompre le cycle normal des représentations populaires.

Le Ministre se réserve la faculté de disposer de la salle de Théâtre pour les réunions, représentations ou manifestations officielles qu'il pourrait devoir donner en prévenant le Directeur, un mois à l'avance.

ARTICLE 2

La présente concession est accordée à titre personnel : par suite le Directeur ne peut céder le droit qui lui est conféré, d'une manière quelconque, partielle ou entière, temporaire ou définitive ni l'affecter en garantie. En cas de mariage, le Directeur doit justifier au Ministre du régime sous lequel il est marié. En cas de dissolution de mariage ou de séparation judiciaire il doit en faire la déclaration.

Dans le cas où le Directeur viendrait à cesser ses fonctions pour quelque motif que ce soit, ses héritiers ou ayants droit ne peuvent prétendre la faire revivre à leur profit.

ARTICLE 3

Le Directeur doit fournir un cautionnement de CINQ CENT MILLE FRANCS (500 000 francs).

Ce cautionnement est déposé en espèces ou en Bons du Trésor à la Caisse des Dépôts et Consignations. Ce cautionnement est affecté :

1°) par privilège dans l'ordre ci-après :

a) A la garantie de toutes les reprises, répétitions, indemnités, amendes, dommages et intérêts que l'Administration peut avoir à réclamer au Directeur.

b) Au paiement des primes d'assurances échues.

c) Aux traitements des artistes et du personnel du Théâtre.

d) Aux redevances au titre de la Sécurité Sociale.

e) Aux diverses taxes sur les spectacles.

f) Aux droits d'auteur.

2° par concurrence :

A la garantie des engagements de toute nature contractés par le Directeur pour les besoins de son exploitation.

Ce cautionnement ne doit jamais cesser d'être complet.

Dans le cas où il vient à être entamé pour une des causes ci-dessus, il doit être reconstitué dans les quinze jours qui suivent, sous peine de déchéance pour le Directeur.

Il est incessible et insaisissable; le paiement des créances privilégiées, ci-dessus mentionnées, a lieu nonobstant toute opposition, délégation, signification ou autres empêchements quelconques.

Toute stipulation particulière, qui aurait pour objet de modifier les dispositions des clauses ci-dessus, est nulle de plein droit.

Un duplicata du récépissé délivré pour constater le versement du cautionnement à la Caisse des Dépôts et Consignations doit être remis au Ministre.

L'arrêté de nomination n'a effet qu'après le dépôt du cautionnement dans les formes ci-dessus indiquées.

Les cautionnements que le Directeur peut exiger des personnes avec lesquelles il croirait devoir traiter pour l'exploitation de services attachés au Théâtre (bar, vestiaire, programmes) doivent être immédiatement versés par lui à la Caisse des Dépôts et Consignations et ne peuvent en être retirés qu'avec l'autorisation du Ministre.

ARTICLE 4

Le Directeur doit se conformer à toutes les prescriptions concernant les locaux à lui concédés contenues dans le règlement de conservation du

Palais de Chaillot approuvé par M. le Ministre de l'Éducation nationale le 9 mars 1939, règlement dont il déclare avoir parfaite connaissance.

ARTICLE 5

Le Directeur doit se conformer à toutes les dispositions légales et réglementaires, instructions et consignes qui régissent ou régiront les Théâtres et à toutes les prescriptions faites tant par le Ministre que par le Préfet de Police dans l'intérêt de l'ordre et de la sécurité publique et notamment prendre toutes mesures pour préserver de l'incendie tous décors, costumes et matériel des Théâtres et assurer l'hygiène de tous les locaux concédés.

ARTICLE 6

Sous la réserve prévue au deuxième paragraphe de l'article 1er ci-dessus, le Directeur a, pour la durée de sa concession, la jouissance gratuite, aux conditions ci-après déterminées de la salle de spectacles du Palais de Chaillot et de ses dépendances, telles qu'elles se comportent présentement : ces locaux et les installations en dépendant lui seront livrés à l'état de neuf dans les conditions fixées par l'arrêté prévu au 2e paragraphe de l'article 1er ci-dessus; toutefois il pourra prendre possession dès le 1er septembre 1951 des locaux administratifs laissés par l'O.N.U. à sa disposition dans le cadre des accords visés à l'article ci-dessus.

Un état des lieux des bâtiments et de toutes les installations (matériel ou mobilier), immeubles par destination, sera établi contradictoirement, lors de la prise de possession par l'Architecte en Chef Conservateur et aux frais du Directeur.

Le matériel mobile et les objets mobiliers non fixés au sol qui pourraient exister à ce moment-là sont également mis gratuitement à la disposition du Directeur.

Un inventaire en sera dressé contradictoirement dans les mêmes conditions en présence du Conservateur du matériel.

ARTICLE 7

Tout matériel d'exploitation existant au moment de l'entrée en fonctions du Directeur (décors, costumes, accessoires, meubles, etc.) appartient à l'État. Il en sera fait inventaire contradictoirement entre l'État et le Directeur aux frais de ce dernier. Le procès-verbal d'ouverture des opérations d'inventaire devra être envoyé par le Directeur à l'Administration des

Arts et des Lettres dans la quinzaine de la notification du présent arrêté. Toutefois, le matériel actuellement mis à la disposition de l'O.N.U. conformément aux accords passés par le Gouvernement français ne sera pas compris dans lesdites opérations. Il fera l'objet d'un autre inventaire dans les mêmes formes lors de sa livraison au Directeur.

Tout le matériel d'exploitation (décors, costumes, accessoires, meubles, etc.) acquis par le Directeur ou créé par lui pour les spectacles donnés dans la salle du Palais de Chaillot pendant la durée de la concession devient dès sa première utilisation dans ladite salle, propriété de l'État. Le matériel d'exploitation acquis ou créé par le Directeur pour les spectacles donnés hors du Palais de Chaillot et au titre du Théâtre National Populaire devient également et dès sa première utilisation à ce titre propriété de l'État. Il est immédiatement dressé inventaire de ces matériels.

Le Conservateur du matériel désigné par l'Administration des Arts et des Lettres est chargé de surveiller l'usage qu'il fait du matériel et de tenir les inventaires au courant. Il a accès dans toutes les parties du théâtre et de ses dépendances.

Au cas où des parties de matériel seraient devenues inutilisables en leur état, le Directeur pourrait, d'accord avec le Conservateur du matériel, en proposer le déclassement à l'Administration des Arts et des Lettres.

Il ne pourra être disposé desdites parties de matériel (qu'il s'agisse de nouveau classement, de remploi de la matière ou de vente) que par décisions de l'Administration des Arts et des Lettres prises selon le cas d'accord avec l'Administration des Domaines.

Le Conservateur du matériel tiendra régulièrement registre de toutes les modifications apportées au matériel de toute nature.

ARTICLE 8

Le Directeur ne peut faire exécuter dans la salle aucune modification, arrangement ou amélioration sans l'autorisation du Ministre.

Ces travaux, s'ils sont autorisés, doivent être exécutés par l'Architecte Conservateur du Palais de Chaillot.

Il en est de même pour les travaux décoratifs qui peuvent être effectués en vue de bals, soirées et fêtes de toute nature qui peuvent être donnés en dehors des représentations ordinaires.

A la fin de la concession, tous ouvrages, embellissements ou améliorations appartiendront à l'État, sans indemnité pour le Directeur.

Le Directeur est tenu de supporter l'exécution de toutes réparations pouvant devenir nécessaires et ce sans recours contre l'État; chaque année, avant le 1er octobre, une visite générale des locaux est faite par l'Architecte

Conservateur contradictoirement avec le Directeur en vue de constater l'état des lieux et d'indiquer les travaux locatifs à exécuter.

L'Architecte Conservateur du Palais de Chaillot et ses représentants ont le droit, à toute heure de jour et de nuit, de pénétrer dans toutes les parties du théâtre pour affaires de service.

ARTICLE 9

Le Directeur est tenu de supporter :

1°) Tous les frais de garde de surveillance et de police des locaux concédés. Il doit organiser la surveillance régulière desdits locaux pendant la nuit dans les conditions fixées par l'Architecte Conservateur.

2°) Toutes les dépenses d'entretien et de consommation mises à la charge de l'Administration des Beaux-Arts par le règlement de conservation du Palais de Chaillot susvisé.

3°) Les réparations locatives prévues par l'article 1754 du Code civil.

4°) Les frais d'entretien courant de la salle, de la scène et de ses dépendances autres que ceux prévus au règlement de conservation susvisé.

5°) Les réparations de toute nature consécutives à toutes fautes ou dégradations résultant de l'exploitation théâtrale ou provenant du fait du Directeur, de ses préposés ou de toute personne avec laquelle il aura traité pour l'exploitation de l'un des services rattachés au Théâtre.

6°) Les frais de nettoyage annuel tels qu'ils seront déterminés par l'Architecte Conservateur.

ARTICLE 10

Le Directeur doit se conformer pour le fonctionnement de l'installation cinématographique aux prescriptions édictées par le ministre de l'Intérieur, les ordonnances de police et l'architecte en chef, et rappelées à l'article 12 du règlement de conservation du Palais de Chaillot.

ARTICLE 11

Le Directeur a la charge de l'entretien courant des locaux et installations à lui concédés dans des conditions prévues au règlement de conservation visé à l'article 4.

Il doit les laisser en bon état à la fin de la concession.

Il doit en outre, l'entretien courant du mobilier de la salle, de la scène et des autres dépendances du Théâtre qu'il rend complet et en bon état à la fin de la concession, à défaut de représentation de ce mobilier en fin de concession il doit remplacer les objets manquants ou en payer la valeur au gré de l'État.

Il ne peut aliéner, louer ou prêter aucun des objets dont la jouissance lui est confiée, sauf autorisation du Ministre.

ARTICLE 12

Les bâtiments composant le Théâtre et ses dépendances, y compris tous les aménagements, immeubles par destination, ainsi que les matériels, mobiliers et objets de toute nature qui sont ou peuvent être la propriété de l'État sont assurés contre l'incendie, les explosions, les dommages occasionnés par la foudre et les dégâts des eaux, pour une somme totale de DIX MILLIONS DE FRANCS (10 000 000 francs).

Les polices d'assurances sont établies au nom du ministre de l'Éducation nationale agissant au nom et pour le compte exclusif de l'État. Les primes afférentes à ces polices sont néanmoins intégralement à la charge du Directeur.

Ces polices doivent contenir une clause d'assurances au premier feu et stipuler la renonciation, par les Compagnies, à l'application de la règle proportionnelle, en cas de sinistre.

Elles doivent contenir également une clause stipulant la renonciation, par les Compagnies, à tout recours qu'elles pourraient être en droit d'exercer en cas de sinistre contre le Directeur et son personnel.

Ces polices doivent couvrir le risque afférent à toutes représentations données dans la salle et hors de la salle lorsqu'il s'agit de représentations données au titre du Théâtre National Populaire, quel qu'en soit l'organisateur et spécialement en cas de sous-location ou de prêt de la salle, ainsi que ceux afférents aux services rattachés au Théâtre pour lesquels le Directeur pourrait traiter avec des tiers (bar, vestiaires).

Elles doivent contenir une clause de renonciation à tous recours contre les organisateurs des représentations susvisées et des divers sous-traitants.

Les traités de location et de sous-concession doivent également prévoir, de la part des organisateurs et des sous-traitants, une renonciation expresse tant pour leur compte que pour le compte de leurs propres assureurs, à tous recours contre l'État, le Directeur et son personnel.

ARTICLE 13

Le Directeur doit :

1°) Assurer contre l'incendie et les dégâts des eaux, les mobiliers, matériels, décors, costumes et objets de toute nature lui appartenant ou appartenant au personnel ou à des tiers vis-à-vis desquels il peut être reconnu responsable, en cas de sinistre.

2°) Il doit assurer jusqu'à concurrence de 20 millions le risque de responsabilité civile pour accident de toute nature qui peut survenir du fait de l'exploitation et ce pour toutes les personnes appelées à se trouver dans la salle ou ses dépendances, à un titre quelconque.

3°) Assurer contres les accidents du travail, conformément à la législation en vigueur, le personnel de tout genre du théâtre.

Ces polices sont souscrites en son nom pour la durée de la concession et doivent comporter une clause formelle de renonciation à tous recours des Compagnies contre l'État.

Les primes afférentes à toutes ces polices sont intégralement à la charge du Directeur. En cas de sinistre les sommes dues par les Compagnies d'Assurances sont versées à la Caisse des Dépôts et Consignations pour être employées au remplacement du matériel détruit ou endommagé.

Le Directeur doit également se conformer à la législation sur la Sécurité Sociale pour le personnel assujetti.

ARTICLE 14

Pour toutes les représentations autres que les représentations populaires visées au titre II ci-après, le Directeur a toute liberté pour fixer le prix des places.

ARTICLE 15

Le Directeur doit s'assurer du consentement préalable des Auteurs et Compositeurs de toutes les œuvres qu'il fait ou laisse représenter, exécuter ou diffuser dans la salle de spectacles du Palais de Chaillot et ses dépendances, ou de leurs ayants droit conformément aux lois et règlements protégeant le droit d'auteur. Il passe à cet effet tous traités avec les intéressés ou les sociétés qui les représentent.

ARTICLE 16

Si un ouvrage devient un sujet de trouble le Ministre peut en suspendre et même en interdire la représentation si les auteurs ne consentent pas à y apporter les modifications qu'il ordonnerait.

ARTICLE 17

A toutes les représentations une loge est mise à la disposition de monsieur le Président de la République;

Une loge est réservée pour monsieur le Ministre de l'Éducation Nationale;

Une loge est réservée pour monsieur le Directeur général des Arts et des Lettres;

Une baignoire est réservée pour monsieur le Sous-Directeur des Spectacles et de la Musique, Commissaire du Gouvernement près le Théâtre National Populaire.

Sont également réservées :

Deux places pour le Chef du Bureau des Spectacles;

Deux places pour le Conservateur du Palais de Chaillot;

Deux places pour le médecin de service;

Deux places pour le Commissaire de Police;

Deux places pour la Police municipale;

Une loge ou baignoire commune pour les Préfectures de la Seine et de Police.

Le Directeur est en outre tenu d'accorder les entrées dont le droit est reconnu par le Ministre.

Aucune réserve de loges et de billets ne peut être insérée dans aucun acte public ou convention privée sauf le droit reconnu aux auteurs pour la représentation ou l'exécution de leurs ouvrages.

ARTICLE 18

L'organisation générale des services d'exploitation est établie par le Directeur sous le contrôle du Ministre.

Il passe à cet effet toutes conventions nécessaires.

Ces conventions ne peuvent, en aucun cas, être en contradiction avec les prescriptions du présent cahier des charges.

Dès son entrée en fonctions le Directeur doit remettre au Ministre un état de tous les agents ou employés de son administration; il doit également lui faire connaître toutes les mutations qui peuvent survenir dans ce personnel.

Le Directeur doit également adresser au Ministre une copie du règlement de discipline intérieure qu'il est tenu d'établir.

Tout conflit entre le Directeur et le Personnel à l'occasion du service doit être examiné par une commission de conciliation composée de deux représentants de la Direction, et deux représentants du personnel : elle est présidée par le Commissaire du Gouvernement près les Théâtres subventionnés.

ARTICLE 19

Si le Directeur croit devoir sous-traiter avec des tiers pour l'exploitation du bar, des vestiaires ou des programmes, il ne peut le faire que dans le cadre d'un appel à la concurrence et doit insérer dans les conventions qu'il passe les obligations qui lui sont imposées à lui-même en tant qu'elles concernent lesdits services.

Ces conventions ne seront valables qu'après approbation du Ministre.

Elles ne peuvent jamais excéder la durée de la présente concession. Dans tous les cas, le Directeur demeure seul responsable vis-à-vis de l'État.

ARTICLE 20

Les médecins composant le service médical sont nommés par le Ministre sur la proposition du Directeur.

Pour les représentations populaires, ce service est assuré aux conditions d'usage dans les théâtres.

Pour les séances organisées par les sociétés et tous occupants temporaires, il peut être alloué au médecin de service une indemnité à fixer d'un commun accord avec eux.

ARTICLE 21

Le Directeur doit adresser au Ministre, au commencement de chaque mois, un état contenant l'indication des spectacles joués au cours du mois précédent avec les chiffres des recettes brutes de chacun d'eux et le total des recettes du mois.

ARTICLE 22

Le Directeur doit tenir à la disposition des administrations des spectacles et des finances tous renseignements, registres, livres de caisses et autres documents dont elles pourraient avoir besoin pour le contrôle de la gestion.

ARTICLE 23

En dehors des cas prévus aux articles 38 et 39 ci-dessous, la présente concession prend fin avant l'expiration de son terme normal si le Directeur contrevient aux dispositions stipulées dans le présent cahier des charges.

Dans le cas, toutefois, où le Ministre ne juge pas devoir pour ce motif considérer la concession comme ayant pris fin, il peut infliger au Directeur des amendes de CINQ MILLE FRANCS (5 000 francs) au moins, à VINGT MILLE FRANCS (20 000 francs) au plus, à raison des infractions par lui commises.

Ces amendes sont prélevées sur le cautionnement qui, dans ce cas, doit être complété dans les vingt-quatre heures.

La présente concession prend fin également :

1°) Si la salle est incendiée.

2°) Si le Théâtre reste fermé pendant un mois sans autorisation au cours de la période d'exploitation normale.

3°) Si le Directeur tombe en état de faillite ou de liquidation judiciaire.

4°) S'il est notoirement insolvable ou dans un état de mauvaises affaires constaté par le non-paiement des artistes, employés, agents ou fournisseurs du Théâtre, ou par des poursuites, actions et mesures judiciaires, de nature à entraver la liberté de sa gestion.

5°) Si par des actes personnels le Directeur a cessé de mériter la confiance de l'Administration supérieure. Dans chacun de ces cas, notification de cette situation lui sera faite par le Ministre.

ARTICLE 24

Lors de la cessation pour quelque cause que ce soit de la présente concession, et notamment dans les cas prévus aux articles 38 et 39 ci-dessous, le Directeur doit restituer à l'État la Salle de Spectacles dont il s'agit ainsi que toutes installations en dépendant, matériel et mobilier, en parfait état de conservation.

Aucune dette, obligation ou charge quelconque provenant du fait de son administration et aucun des contrats qu'il aura passés en vue de l'exploitation du Théâtre, ne sont opposables à l'État. Mention de cette clause doit figurer obligatoirement dans tous les contrats, marchés ou conventions. Le Directeur ne peut d'ailleurs passer aucun traité ou marché pour une durée dépassant celle de la présente concession.

TITRE II

REPRÉSENTATIONS POPULAIRES SUBVENTIONNÉES

(Théâtre National Populaire)

ARTICLE 25

M. Jean Vilar est chargé de l'organisation des représentations populaires subventionnées par l'État dans les conditions ci-après fixées.

Il prend à ce titre la qualité de directeur du Théâtre National Populaire.

La durée normale de cette mission est la même que celle de la concession relative à l'exploitation de la salle du Palais de Chaillot accordée à M. Jean Vilar par l'article 1er du présent cahier des charges.

ARTICLE 26

Le Directeur est responsable de la gestion artistique et financière de toutes les représentations organisées par ses soins.

ARTICLE 27

Le directeur du Théâtre National Populaire est tenu d'organiser chaque année un minimum de 200 représentations théâtrales ou concerts symphoniques dont 150 au moins hors du Théâtre du Palais de Chaillot et de préférence dans les quartiers périphériques de Paris et la banlieue.

Ces représentations sont données à des tarifs dits populaires approuvés par arrêté ministériel.

Elles ont lieu en principe du 15 octobre au 15 avril.

Le programme artistique de ces représentations est soumis au Ministre un mois au moins avant l'ouverture de chaque saison théâtrale.

ARTICLE 28

Le Directeur peut également organiser sous sa responsabilité des représentations de même nature à prix modéré, dans les localités des départements chaque fois qu'il le jugera possible.

ARTICLE 29

Le directeur du Théâtre National Populaire doit représenter au cours des spectacles qu'il est tenu d'organiser des œuvres théâtrales lyriques ou dramatiques appartenant au répertoire classique et moderne français et étranger.

ARTICLE 30

Le Directeur est tenu d'engager une troupe permanente d'acteurs hommes et femmes.

ARTICLE 31

Il peut en outre faire appel, avec l'accord des administrateurs des établissements intéressés, à des artistes de la Comédie-Française ou de la Réunion des Théâtres Lyriques Nationaux.

Il peut aussi traiter avec tous autres théâtres lyriques ou dramatiques.

ARTICLE 32

Chaque année à l'issue des concours annuels du Conservatoire National d'Art Dramatique, il doit engager par contrat d'une durée minimum de deux ans un lauréat de ces concours.

Il peut aussi faire appel aux élèves de cet établissement, d'accord avec le Directeur.

Il peut en outre, avec l'accord des administrateurs des Théâtres nationaux, choisir, dans le répertoire de ces théâtres, les ouvrages susceptibles d'être momentanément prêtés au Théâtre National Populaire avec l'agrément des auteurs ou de leurs héritiers, des éditeurs et de tous ayants droit, et après entente avec la Société des Auteurs et Compositeurs Dramatiques.

ARTICLE 33

Les spectacles du Théâtre National Populaire peuvent être radiodiffusés d'accord avec les Administrations intéressées et dans des conditions à déterminer.

Le Directeur doit toujours se réserver cette faculté dans les accords qu'il passe avec tous autres directeurs, troupes ou artistes, en vue de l'organisation de ses spectacles.

ARTICLE 34

Le tarif du prix des places, soit en location soit au bureau, pour toutes les représentations du Théâtre National Populaire, est soumis à l'approbation du Ministre.

Le Directeur peut diminuer ce tarif s'il le juge utile, mais ne peut l'augmenter sans l'autorisation du Ministre.

ARTICLE 35

Le directeur du Théâtre National Populaire reçoit pour l'organisation de ses spectacles une subvention de l'État, dont la quotité est fixée chaque année par voie budgétaire.

Cette subvention est payable mensuellement par douzième. Elle ne peut devenir le gage d'aucune créance.

Pour obtenir le paiement des portions échues de la subvention allouée par l'État, le Directeur doit remettre au Ministre :

1°) Un état des spectacles du mois précédent.

2°) Un état des recettes et dépenses de l'exploitation pendant le mois précédent, comprenant notamment le relevé des sommes payées au titre des taxes diverses et des droits d'auteur.

3°) Un double de l'état émargé des traitements des agents ou employés du Théâtre du mois précédent.

4°) Un duplicata des quittances des primes payées aux Compagnies d'Assurances contre tous les risques assurés.

5°) Un duplicata de la quittance des sommes portées au compte prorata établi par l'Architecte Conservateur du Palais de Chaillot.

Dans le cas où, par suite de non-paiement des artistes, employés et agents du Théâtre, le Directeur se trouverait dans l'impossibilité de produire le double de l'état émargé ci-dessus exigé, le paiement de la part subventionnelle échue à ce moment serait effectué entre les mains du Commissaire du Gouvernement près les Théâtres subventionnés, qui en ferait lui-même la répartition au marc le franc entre tous les artistes, employés et agents non payés, et produirait, à l'appui, un état émargé des sommes reçues par eux.

Les artistes, employés et agents resteraient créanciers de l'entreprise pour les créances que cette répartition proportionnelle n'aurait pas entièrement éteintes.

TITRE III

CONTRÔLE DE L'EXPLOITATION

ARTICLE 36

Le Commissaire du Gouvernement près les Théâtres subventionnés est chargé de surveiller la gestion du Théâtre National Populaire et notamment de veiller à l'exécution des obligations imposées au Directeur.

Il doit adresser au Ministre des rapports sur le fonctionnement des spectacles, les infractions commises et en général sur toutes questions qui lui paraissent devoir être signalées.

Il adresse chaque mois au Ministre un certificat constatant l'exécution pendant le mois précédent des obligations imposées au Directeur et autorisant la délivrance du mandat de paiement de la part de subvention acquise. Ce certificat doit être accompagné des pièces énumérées à l'article 35.

A cet effet, il peut obtenir du Directeur communication de tous registres, livres de caisse, documents et renseignements dont il a besoin pour remplir sa mission.

ARTICLE 37

La comptabilité est contrôlée et vérifiée tous les ans par un inspecteur des Finances.

ARTICLE 38

La mission confiée à M. Jean Vilar en vertu de l'article 25 ci-dessus prend fin dans tous les cas prévus à l'article 23 du titre 1er. En outre M. Vilar aura, sous réserve d'un préavis de trois mois minimum, la faculté de renoncer au prolongement de cette mission à l'issue de la première année d'exploitation (31 août 1952); la concession de la salle à son profit cesserait dans cette hypothèse à la même date.

ARTICLE 39

Le présent arrêté cessera d'avoir effet si, par suite d'un vote législatif, la subvention proposée annuellement au budget de l'Éducation nationale n'est pas accordée ou est réduite à un chiffre inférieur à VINGT-CINQ MILLIONS (25 000 000) à moins que M. Jean Vilar ne consente à assurer l'exploitation avec une subvention diminuée ou sans subvention.

ARTICLE 40

Lorsque prend fin la mission confiée à M. Jean Vilar pour quelque cause que ce soit, l'organisation des spectacles populaires est assurée par l'État ou par telle personne avec laquelle il traite pour cette organisation. Dans ce cas toutes dettes, obligations, concessions et charges, provenant de la gestion du Directeur sortant, demeurent entièrement à la charge de celui-ci. Aucun des contrats qu'il aura passés en vue de l'exploitation n'est opposable à l'État. Mention de cette clause doit figurer obligatoirement dans tous contrats, marchés ou conventions passés par le Directeur. La durée de ceux-ci ne peut en aucun cas excéder celle de la présente mission.

Le Directeur ne peut en cas de perte exercer aucune répétition contre l'État.

Fait à Paris, le 20 août 1951,

le secrétaire d'État aux Beaux-Arts,

A. CORNU

Je soussigné, après avoir pris connaissance de l'arrêté qui précède, déclare en accepter les clauses et conditions pour tout leur contenu.

Je m'oblige à les remplir fidèlement et à subir les conséquences de leur non-accomplissement.

JEAN VILAR

THÉÂTRE NATIONAL POPULAIRE
ET
PALAIS DE CHAILLOT

COMPAGNIE DU THÉÂTRE
NATIONAL POPULAIRE

CONTRAT D'ACTEUR

ARCHIVES
T.N.P.

ENTRE : M. JEAN VILAR
Directeur du Théâtre National Populaire et Concessionnaire de la Salle de Spectacles du Palais de Chaillot,

d'une part,

ET : M. GÉRARD PHILIPE
demeurant à Neuilly S/Seine,
45, boulevard d'Inkermann.

d'autre part,

Il a été arrêté et convenu ce qui suit :

A – M. GÉRARD PHILIPE a l'honneur de faire partie de la Compagnie du Théâtre National Populaire, du 1er octobre 1951 au 31 juillet 1952.

B – M. GÉRARD PHILIPE s'engage à mettre au service du Théâtre National Populaire toutes ses qualités professionnelles.
Il s'engage à travailler dans le meilleur esprit au sein de la Compagnie.
Il s'engage à n'y exercer aucune propagande confessionnelle ou politique susceptible de porter atteinte à la bonne marche du travail, et à l'union générale.

C – M. GÉRARD PHILIPE n'ignore pas que l'entreprise du Théâtre National Populaire est une œuvre nationale et française : tout autant que le Directeur, un membre de ce Théâtre national assume une charge publique. Il doit donc avoir la passion de la chose bien faite, et admettre, ce faisant, que les directives et les suggestions du metteur en scène ou du Directeur obéissent uniquement à ce souci désintéressé.

M. GÉRARD PHILIPE sait encore que l'entreprise du Théâtre National Populaire est une œuvre collective, à l'intérieur de laquelle le comédien reçoit le sens de sa mission propre, celle redoutable de résumer et de présenter au public le travail de ceux qui, à d'autres postes, ont accepté d'assumer une tâche obscure, mais pourtant essentielle : administration et secrétariat général – dactylographie, courrier, comptabilité, service des marchés, propagande – régies de plateau, machineries, accessoires, costumes, équipement électrique, sonorisation, services de location et de contrôle de la salle, etc.

Le personnel du Théâtre National Populaire constitue, autour du Directeur, une équipe unie. Chaque membre de cette équipe accomplit la tâche qui lui est impartie, sans récrimination, et en conscience.

D – M. GÉRARD PHILIPE, compte-tenu de l'observation des deux précédents articles, recevra, à la fin de chaque mois de la Saison 1951-1952, ainsi qu'elle a été définie au paragraphe A, un traitement fixe brut de TRENTE MILLE FRANCS.

E – M. GÉRARD PHILIPE percevra, par répétition, un feu de QUATRE CENTS FRANCS. Ce feu est attribué pour chaque séance de travail (matin, après-midi, soirée) à laquelle M. GÉRARD PHILIPE aura pris part.

F – Ainsi que chaque acteur de la Compagnie du Théâtre National Populaire, M. GÉRARD PHILIPE recevra, par représentation à laquelle il aura pris part, un feu variable selon l'importance du rôle qui lui sera dévolu dans l'œuvre produite; cette importance ne sera pas obligatoirement considérée eu égard au nombre de lignes de son texte. M. JEAN VILAR sera, dans tous les cas, seul juge de l'importance attribuée aux différents emplois de la pièce. Il s'agit là, en effet, et d'un jugement qualificatif appartenant au metteur en scène, et d'une responsabilité financière du ressort du directeur du Théâtre National Populaire.

Le montant de ce feu est, pour la saison théâtrale 1951-1952, fixé à :
4 500 francs pour le grand premier rôle.
3 000 francs pour les premiers rôles.
1 500 francs pour les rôles essentiels.

Dans le cas où M. GÉRARD PHILIPE serait amené, au cours d'une même représentation, à interpréter plusieurs rôles, le feu accordé serait celui attribué à l'emploi le mieux rémunéré.

G – M. GÉRARD PHILIPE s'engage à accepter tout emploi que lui attribuera M. JEAN VILAR agissant en toute bonne foi, et dans l'intérêt de l'œuvre à représenter comme dans celle du Théâtre National Populaire.

H – M. GÉRARD PHILIPE s'engage à participer aux « représentations exceptionnelles » données par le Théâtre National Populaire. Il percevra, pour chacune de ces « représentations exceptionnelles » le double du feu de représentation correspondant à son emploi dans l'œuvre produite.

Une indemnité de séjour, payée par le Théâtre National Populaire à M. GÉRARD PHILIPE sera étudiée et fixée à l'occasion de chaque nouveau déplacement par M. JEAN VILAR.

Le voyage des comédiens, effectué en car ou en seconde classe de chemin de fer, sera, dans tous les cas, pris en charge par le Théâtre National Populaire.

I – M. GÉRARD PHILIPE s'engage à effectuer répétitions et représentations aux lieux qui seront fixés par M. JEAN VILAR. Toute répétition ou représentation effectuée en dehors des limites administratives de Paris, dans un lieu situé à moins de 50 kilomètres de la capitale donnera lieu à versement, par le Théâtre National Populaire, d'une indemnité supplémentaire de :

Francs : 400 – si le déplacement contraint à prendre un repas hors de Paris.

Francs : 800 – si le déplacement contraint à prendre deux repas hors de Paris.

Francs : 1 200 – si le déplacement contraint à prendre deux repas et à coucher hors de Paris.

M. JEAN VILAR décidera, pour chaque déplacement, du tarif à appliquer.

J – Une exactitude absolue sera exigée de chaque comédien en ce qui concerne les répétitions. Tout retard excédant cinq minutes, dûment constaté, pourra amener le Directeur à donner un avertissement au comédien défaillant. La rupture pure et simple du contrat, sans versement de l'indemnité de dédit pourra être prononcée par M. JEAN VILAR, après trois avertissements.

K – M. GÉRARD PHILIPE sera tenu de se conformer loyalement aux instructions données par la Direction. Celle-ci sera représentée selon le cas, par le Chef de Troupe, le responsable de l'Administration Générale et, éventuellement, les régies de scène : premier régisseur – le metteur en scène étant ainsi considéré – deuxième régisseur, régisseur des costumes, régisseur de la musique.

L – Une possibilité de dénonciation du présent contrat est laissée en cours d'année, à l'une et l'autre partie, sous la condition formelle que la décision soit notifiée par lettre recommandée, adressée par le contractant défaillant à l'autre contractant, et portant trois mois de préavis. Dans tous autres cas, la rupture du présent contrat entraînera le versement, par la partie défaillante à l'autre partie, d'une indemnité de dédit égale à trois cents fois le montant moyen des feux de représentation perçus par le comédien au cours des mois d'exercice relevant du présent engagement.

M – Ce contrat sera tacitement reconduit, sauf dans le cas où la partie désirant le non-renouvellement de l'engagement adresserait à l'autre partie, sous la forme d'une lettre recommandée parvenant à destination au plus tard, le 31 avril 1952, une dénonciation écrite.

N – Toute disposition légale entraînant augmentation de la catégorie de salaires à laquelle appartient celui des acteurs, ne s'appliquera qu'au salaire de base, les cachets appelés « feux » étant calculés forfaitairement pour la saison.

O – Le présent contrat donne à M. le Directeur du Théâtre National Populaire et à tout moment, une *priorité absolue* sur tous autres engagements que pourrait, par ailleurs, contracter M. GÉRARD PHILIPE.

En aucun cas, M. GÉRARD PHILIPE ne pourra refuser sa présence à une répétition ou une représentation, sous prétexte d'engagements extérieurs à quelque moment qu'il ait été prévenu de l'existence de cette répétition ou représentation.

Toutefois, M. GÉRARD PHILIPE assuré de son non-emploi par le Théâtre National Populaire pendant une période déterminée, pourrait obtenir de M. JEAN VILAR une autorisation de contracter un engagement extérieur. Cette autorisation devrait être écrite.

P – Toute contestation sur l'interprétation des clauses du présent contrat serait soumise à l'arbitrage d'un comité composé de quatre membres choisis par moitié par chacune des deux parties.

Fait à PARIS, le 29 SEPTEMBRE 1951.

LE DIRECTEUR
DU THÉÂTRE NATIONAL POPULAIRE

JEAN VILAR.

LE COMÉDIEN :

GÉRARD PHILIPE.

Est ajouté ce qui suit à la clause H :

« Est appelé " représentation exceptionnelle " toute représentation donnée pour le compte d'un organisme et entraînant, de la part de ce dernier, l'achat global du spectacle au Théâtre National Populaire. »

LETTRE OUVERTE

Théâtre National Populaire
Palais de Chaillot
Paris

M. Jacques DEBÛ-BRIDEL
Conseil de la République
Paris

Monsieur le Sénateur,

Rentrant d'une tournée en Allemagne de l'Ouest et en Alsace, je trouve, sur mon bureau, le numéro du 29 décembre 1951 du Journal Officiel, numéro consacré à la discussion, au Conseil de la République, du Budget des Beaux-Arts, et j'y relève le paragraphe suivant :

« *M. Jacques Debû-Bridel, rapporteur.*

« ... La tentative du Théâtre National Populaire est à encourager, mais nous aimerions, pour de multiples raisons, qu'on ne limitât pas son activité à la banlieue parisienne. Dans cette banlieue, le Conseil général de la Seine fait, depuis deux ans, un effort méritoire modeste en accordant 3 millions de subvention, qui permettent à une dizaine de jeunes troupes, toutes sélectionnées du reste par vos services, de donner des représentations.

« Les opinions politiques des artistes – je tiens à le préciser – ne nous regardent pas. Mais dans l'activité du théâtre populaire, à côté du spectacle, il y a les chants, les danses, le veau froid *(Sourires);* il y a le public mondain de Paris qui se rend en banlieue en voiture de luxe comme l'on va à une partie de campagne; il y a toute une atmosphère qui pourrait être utilisée à des fins politiques quand l'on sait qu'il y a entre les organisateurs pleins de talents – auxquels j'ai rendu un hommage mérité – et un certain parti politique des liens certains.

« L'abattement de 10 000 francs qui a été opéré sur ce chapitre par votre commission des finances a comme simple signification, monsieur le secrétaire d'État, de vous dire : effort artistique national, vraiment national, élargi à toute la France? Oui, mais pas limité à un petit coin de banlieue et surtout, que derrière cet effort national n'apparaisse aucune activité politique quelle qu'elle soit. *(Applaudissements)...* »

Au moment où vous prononciez ces paroles, monsieur le Sénateur, nous nous trouvions en Allemagne, à Nuremberg pour être précis. Notre régisseur-constructeur, Camille Demangeat (qui, vous le savez peut-être, fut, pendant quinze ans, le chef machiniste de Louis Jouvet), établissait au « Lessing Theater » notre dispositif scénique. Il n'avait pas dormi depuis deux jours, devant démonter et transporter ce même dispositif scénique qui nous avait servi, la veille, à Augsbourg; notre régisseur-électricien installait ses batteries de projecteurs; nos comédiens, après avoir roulé toute la journée en car, faisaient ce qu'en argot de métier nous appelons un « raccord », c'est-à-dire une répétition des entrées et des sorties de plateau. Un de nos camarades entrait à l'hôpital pour y subir une grave opération, et devait être remplacé d'urgence.

Chacun travaillait de son mieux, conscient qu'il était de remplir une mission de propagande française dans un pays qui, le « résistant » Debû-Bridel s'en souviendra peut-être, ne nous a pas toujours porté dans son cœur, et dans une ville qui a entendu une autre musique que celle du Quatuor Parrenin (ce quatuor accompagnait notre tournée, non seulement pour exécuter la musique de scène du *Cid,* mais, plus particulièrement, pour faire connaître, dans toutes les villes où nous passions, les quatuors de Debussy, Roussel et Ravel).

Le soir, nous devions jouer *Le Cid,* pièce dont chacun sait qu'elle exalte, mieux qu'aucune autre, le sens de l'honneur français.

A ce moment précis, monsieur le Sénateur, vous demandiez qu'un abattement de 10 000 francs soit opéré sur la subvention du Théâtre National Populaire, abattement qui, dans votre esprit, devait prendre le caractère d'un avertissement.

Pardonnez, monsieur le Sénateur, ce long préambule.

Et permettez-moi de répondre maintenant, point par point, à votre argumentation :

1° *Je suis seul Responsable et unique Directeur du Théâtre National Populaire.*

2° *Je n'appartiens à aucun parti politique. J'affirme qu'il n'existe, sous aucune forme, de liens personnels ou collectifs, si ténus soient-ils, entre la Direction du Théâtre National Populaire et quelque parti que ce soit.*

Toute affirmation contraire à cette évidence est particulièrement gratuite.

Et grave.

Le Théâtre National Populaire s'est, une fois pour toutes, ainsi que je l'ai indiqué dans notre programme, fixé pour tâche de donner au public populaire des œuvres théâtrales de valeur, interprétées par une Compagnie de haute tenue, dans une présentation de qualité. Ce but peut paraître étrange à ceux dont l'activité n'est pas d'ordre strictement artistique. Pour moi, ce but me suffit.

Je me refuse à y mêler des préoccupations politiques, par ailleurs estimables, *mais qui ne sont ni de mon domaine, ni de mon expérience.*

Je m'interroge, monsieur le Sénateur, sur la nature des éléments qui sont à la base de l'affirmation, extrêmement grave, que vous avez émise à la tribune du Sénat où, pourtant, la courtoisie et la plus scrupuleuse exactitude dans l'exposé des faits sont de règle.

3° Dans le contrat, – établi dès le 20 septembre dernier –, qui lie tout mon personnel artistique, administratif et technique au Théâtre National Populaire, sont inclus les articles suivants :

« *Art. A.* – M... a l'honneur de faire partie de la Compagnie du Théâtre National Populaire du... – au...

« *Art. B.* – M... s'engage à mettre au service du Théâtre National Populaire toutes ses qualités professionnelles. Il s'engage à travailler dans le meilleur esprit au sein de la Compagnie.

« Il s'engage à n'y exercer aucune propagande confessionnelle ou politique susceptible de porter atteinte à la bonne marche du travail, et à l'union générale.

« *Art. C.* – M... n'ignore pas que l'entreprise du Théâtre National Populaire est une œuvre nationale et française; tout autant que le Directeur, un membre de ce Théâtre National assume une charge publique. Il doit donc avoir la passion de la chose bien faite, et admettre, ce faisant, que les directives et les suggestions du metteur en scène ou du Directeur obéissent uniquement à ce souci désintéressé.

« M... sait encore que l'entreprise du Théâtre National Populaire est une œuvre collective, à l'intérieur de laquelle le comédien reçoit le sens de sa mission propre, celle redoutable de résumer et de présenter au public le travail de ceux qui, à d'autres postes, ont accepté d'assumer une tâche obscure, mais pourtant essentielle : administration et secrétariat général – dactylographie, courrier, comptabilité, service des marchés, propagande – régies de plateau, machinerie, accessoires, costumes, équipement électrique, sonorisation, services de location et de contrôle de la salle, etc. »

« Le personnel du Théâtre National Populaire constitue, autour du Directeur, une équipe unie. Chaque membre de cette équipe accomplit la tâche qui lui est impartie, sans récrimination, et en conscience. »

4° Il est inexact que nous ayons limité notre activité « à un petit coin de banlieue parisienne ». Si vos fonctions de rapporteur du Budget des Beaux-Arts vous laissaient le loisir de vous tenir au courant de l'actualité théâtrale, vous ne pourriez ignorer qu'après « le petit coin » *(sic)* de Suresnes, nous sommes allés dans un autre « petit coin » *(sic)* qui s'appelle Clichy, puis dans la ville sinistrée qui a nom Caen, puis dans cinq grandes villes allemandes, puis à Strasbourg et Colmar. Vous sauriez enfin, que nous allons jouer *Le Cid*, à Lyon, les 14, 15, 16 et 17 janvier; que nous allons rendre visite à toutes les villes universitaires belges, et au Luxembourg, entre le 21 et le 30 janvier. Enfin, vous connaîtriez nos projets plus lointains : 15 jours à Gennevilliers, à partir du 3 février, un mois au

Théâtre des Champs-Élysées à partir du 23 février, pour ne pas parler des représentations que nous donnerons au Théâtre du Palais de Chaillot, lorsque l'O.N.U. nous en aura rendu la jouissance, et du prochain (le VIe!) festival d'Avignon.

Vous trouverez d'ailleurs, ci-joint, un rappel de nos activités.

5° Puisque, aussi bien, les pièces choisies par le Théâtre National Populaire semblent avoir fait l'objet d'une discussion entre M. le secrétaire d'État aux Beaux-Arts et vous-même, il me paraît indispensable, monsieur le Sénateur, de vous rappeler à quelles conditions j'ai accepté la tâche, lourde croyez-le, de diriger le Théâtre National Populaire.

Je précise :

a) que ces fonctions me rendent *financièrement responsable* de la gestion du T.N.P.;

b) que la subvention qui m'est versée vise seulement à combler la différence qui existe entre le prix des places qui nous est imposé par décret de M. le secrétaire d'État aux Beaux-Arts (et qui, comme vous le savez, doit se situer entre 100 et 400 francs), et le prix qui devrait être pratiqué dans le cadre d'une exploitation commerciale normale. En somme, le Théâtre National Populaire bénéficie d'une subvention du genre de celle qui est attribuée aux producteurs de blé ou de lait, en compensation du prix social que leur impose l'autorité administrative;

c) enfin, que le choix des pièces est laissé à mon seul jugement.

Un homme de théâtre, digne de ce nom, ne saurait, en effet, accepter de dépendre d'une censure politique quelconque.

Les pièces que j'ai choisies, l'ont été en raison de leur seule qualité artistique. La tradition théâtrale française, peut-être l'avez-vous oublié, monsieur le Sénateur, est, depuis *Tartuffe,* une tradition de liberté. S'il m'était interdit de monter *Mère Courage* sous prétexte qu'on peut y voir une satire de la guerre et de ses horreurs, il me serait interdit demain de monter *Le Prince de Hombourg* sous prétexte qu'on y fait l'éloge de la Raison d'État; après-demain, *La Mort de Danton* parce que certains y verraient l'apologie de la Révolution, d'autres celle de la Monarchie.

Je veux croire, monsieur le Sénateur, que cette mise au point aboutira à dissiper ce qui n'est, peut-être, qu'un malentendu. J'en appelle de M. Debû-Bridel mal informé à M. Debû-Bridel mieux informé.

Je ne puis croire que le rapporteur du Budget des Beaux-Arts se refuse plus longtemps à prendre en considération la vérité d'abord, et peut-être encore l'effort que mes camarades et moi faisons pour la permanence d'un art qui a servi, plus qu'aucun autre sans doute, le prestige de la France.

C'est dans cet espoir que je vous prie de croire, monsieur le Sénateur, à l'assurance de ma parfaite considération.

JEAN VILAR,
élève de Charles Dullin.

Paris-Presse 8 juin 1952

LA LETTRE DE JEAN VILAR

Voici la lettre que nous a adressée M. Jean Vilar :

Monsieur le Directeur,

Il n'est pas dans mes habitudes de m'élever contre les critiques qui peuvent être formulées à l'endroit de certains de mes spectacles.

Les critiques et compliments font, me semble-t-il, partie du jeu. Il serait aussi puéril d'être affecté par celles-là que d'être grisé par ceux-ci.

Ceci posé, il m'est impossible de laisser passer, sans protester, l'article non signé paru à la rubrique *Première colonne* dans votre numéro d'hier en raison des contre-vérités évidentes qu'il contient. Contre-vérités qui risquent de donner à vos lecteurs une fausse image du Théâtre National Populaire que j'ai l'honneur de diriger.

1° Il est faux que les recettes du T.N.P. au Palais de Chaillot « oscillent autour de 80 000 francs ». La recette moyenne de nos représentations dans cette salle est très exactement de 391 805 francs.

Je me permets de rappeler, à cette occasion, que les prix de places pratiqués par le Théâtre National Populaire oscillent entre 150 et 400 francs (prix fixés par M. le secrétaire d'État aux Beaux-Arts), ce qui vous permettra d'évaluer le nombre de spectateurs présents à chacune de nos représentations.

2° Il est faux que le contrat qui me lie à l'État soit annuel. C'est pour une durée de trois ans que j'ai été nommé directeur du Théâtre National Populaire, à compter du 1er septembre 1951.

3° Votre collaborateur anonyme parle du « fiasco » du T.N.P. qu'il annonce « sensationnel et hors de proportion avec l'importante subvention qui lui est allouée ».

Vous me permettrez donc de mettre sous les yeux de vos lecteurs quelques chiffres :

En six mois, le Théâtre National Populaire a :

a) monté cinq pièces : une tragédie classique, *Le Cid;* une comédie classique, *L'Avare;* un drame romantique, *Le Prince de Hombourg;* une pièce réaliste moderne, *Mère Courage;* une pièce poétique moderne, *Nucléa.*

b) joué dans 21 lieux scéniques différents, dont : trois localités de la banlieue parisienne (Suresnes, Clichy, Gennevilliers); onze villes d'Allemagne et de Belgique; quatre villes de province (Caen, Strasbourg, Colmar, Lyon); sous le chapiteau d'un cirque (Porte Maillot); au Théâtre des Champs-Élysées; au Théâtre National du Palais de Chaillot.

c) donné 82 représentations du *Cid,* 25 représentations du *Prince de Hombourg,* 22 représentations de *Mère Courage,* 12 représentations de *L'Avare,* 5 représentations de *Nucléa;*

organisé 12 concerts, 16 dialogues « Comédiens-Public »;

présenté les œuvres complètes de Robert Flaherty au cours de quatre séances cinématographiques.

d) réuni au total près de 180 000 spectateurs de toute origine.

Enfin, il intéressera sans doute vos lecteurs de savoir :

Que le Théâtre National Populaire a été sollicité pour représenter la France au cours du prochain festival de Venise (*Le Cid* serait joué; la pièce *Nucléa,* demandée, ne pourrait être emportée pour des raisons techniques);

Que quarante-trois villes de France (parmi lesquelles Lyon, Marseille, Lille, Strasbourg...) ont demandé nos spectacles;

Que des organismes culturels suisses, allemands et italiens appellent le T.N.P. en septembre pour une tournée qui le mènerait de Genève à Berlin et de Munich à Venise;

Que le Théâtre National Populaire est sollicité pour représenter la France en Amérique du Sud (Brésil, Argentine, Chili) en 1953;

Qu'enfin, le VIe Festival d'Art dramatique d'Avignon se déroulera du 15 au 23 juillet prochain.

Je vous prie monsieur le Directeur, etc.

JEAN VILAR,
directeur du Théâtre National Populaire.

MINISTRE
DE L'ÉDUCATION NATIONALE

Paris, le 18 septembre 1952

Direction générale
DES ARTS ET DES LETTRES

53 et 55, rue Saint-Dominique
PARIS (7e).

Tél : INValides 99-30

Mon cher Vilar,

Bravo pour votre succès au festival de Berlin! Je joins ce petit mot à la lettre officielle que j'ai dû vous adresser. Il me paraît, en effet, indispensable d'attirer votre attention sur certaines dispositions de votre cahier des charges.

1° *L'activité lyrique*. Le versement à bref délai des subventions correspondant à l'équipement, d'une part, et à l'occupation de la salle en 1951, d'autre part, supprimera toute excuse.

Il est urgent d'annoncer des représentations qui seront données avant la fin de l'année budgétaire, soit le 31 décembre. Vous ne pouvez penser à une création.

Trois solutions sont possibles : l'appel à la Réunion des théâtres lyriques nationaux, la diffusion d'un spectacle de festival, l'appel à un animateur parisien qui pourrait donner des représentations honorables.

2° *L'engagement d'un lauréat du Conservatoire*

L'article 32 dispose que cet engagement doit être fait « à l'issue des concours ».

3° *Activité en banlieue et dans la périphérie de Paris*

L'article 27 prévoit qu'une fraction importante de votre activité doit être consacrée à ces lieux déshérités. Si vous ne pouvez rien faire au cours du 1er trimestre il sera bon d'annoncer un effort important pour le 2e et le 3e trimestres.

4° *Répertoire*

L'esprit, sinon la lettre, prévoit évidemment que le répertoire français sera le premier servi. Étant donné votre mission un éclectisme s'impose en ce qui concerne la littérature étrangère.

5° *Collaboration avec les peintres*

Ici ce n'est plus le cahier des charges qui me préoccupe mais les déclarations de Léon Gischia imprimées dans votre programme.

Pour éviter des critiques qui vous opposeraient à vous-même il serait peut-être bon de faire appel à un ou deux nouveaux peintres cette saison, d'accord avec Gischia naturellement.

Je m'attends à recevoir une demande de Debû-Bridel en vue de l'établissement de son rapport. J'aimerais que tout fût en ordre quand sa lettre arrivera.

Je serais tranquillisée si vous pouviez, dans quelques jours, faire une apparition de quarante-huit heures à Paris.

Plus j'y réfléchis et plus il me paraît indispensable que vous n'attendiez pas le 15 octobre.

Je me reproche de n'avoir pas insisté avant votre départ pour faire un tour d'horizon avec vous.

Je joins à cette ennuyeuse lettre un rapport de Dullin qui vous intéressera, j'en suis sûre.

Dites, je vous prie, mon affectueux souvenir à toute la troupe et croyez à ma fidèle amitié.

JEANNE LAURENT.

Combat, *17 novembre 1952*

MALAISE AU T.N.P.

OÙ ALLEZ-VOUS JEAN VILAR?

Une enquête de Jean Carlier

Certaines inquiétudes sont nées après le départ de Mlle Laurent, sous-directrice des Spectacles à la direction des Arts et Lettres. Qu'allaient devenir Jean Vilar et son T.N.P.? Allait-on le laisser continuer sur sa lancée ou au contraire en réduire la subvention, ou même la supprimer purement et simplement?

On sait que le président André Marie n'est pas un des plus chaleureux partisans du T.N.P. et il fut même un temps, la saison dernière, où il avait d'assez méchantes intentions à son égard.

Or il se pourrait bien que ces intentions-là le reprennent à l'heure où certains ennemis bon teint du T.N.P. poussent quelques parlementaires à interpeller de façon indiscrète au moment du vote des budgets.

Il est donc temps de veiller au grain, d'autant plus qu'à ces menaces extérieures s'ajoutent des dangers intérieurs dont se réjouissent fort ces mêmes ennemis et que Combat *veut ici mettre à jour.*

Après avoir, les premiers, consacré des pages aux week-ends, à L'Avare *ou même à* L'événement Nucléa, *nous voulons être les premiers à tirer la sonnette d'alarme et à crier amicalement « Casse-cou! » à Jean Vilar.*

Il est 11 heures du matin, mais déjà l'hypogée de Chaillot est la proie des clartés électriques. Pour l'équipe du Théâtre National Populaire, Chaillot n'est pas cet hémicycle haut et blanc aéré de terrasses, d'escaliers et de jardins. Chaillot pour eux c'est Metropolis : une enfilade de couloirs où serpentent des faisceaux de monstrueux tuyaux pleins de borborygmes, où gémissent les ascenseurs et où cliquettent les transformateurs électriques. Pichette y a sûrement trouvé l'atmosphère de son *Nucléa :* premier sous-sol; deuxième sous-sol, etc., jusqu'au cinquième sous-sol, fin fond de la termitière au niveau du plateau.

Seul souvenir laissé par Pierre Aldebert, ancien directeur, le père Rives, huissier du T.N.P., s'est arrêté au premier sous-sol. Sur une pile de journaux, il porte un café fumant qu'il est allé chercher au Tabac du Trocadéro et, de sa main restée libre, il pousse la porte du bureau directorial ouaté de pénombre : il est 11 heures du matin et Jean Vilar boit son troisième café filtre de la journée.

Il le prend très fort et fait en le buvant le fameux geste napoléonien (main pressée au creux de l'estomac) en même temps que se crispe son visage. Son ulcère se réveille, souvenir des temps de bohème où il lui arrivait de dîner d'une tartine de moutarde.

Jean Vilar, cependant, a une autre raison de faire la grimace, il est inquiet. Il fut évidemment le premier à penser que le départ de Mlle Laurent sentait la catastrophe. D'autant plus que la récente démission de son secrétaire général Claude Planson le laissait mal assuré, plus vulnérable après une histoire encore peu expliquée (tout au moins officiellement) de communiqué intempestif dont on se servit beaucoup en coulisses. D'autant plus, enfin, que Vilar a des raisons très personnelles de vouloir gagner la partie.

Il aborde un tournant de sa vie qu'il ne doit pas rater. A la façon d'un comédien que l'âge oblige à changer d'emploi, cet intellectuel mal nourri, tôt vieilli par la passion et le surmenage, n'a plus le goût de s'astreindre aux cruautés de la bohème. Il dispose maintenant de moyens matériels suffisants pour monter les spectacles qu'il choisit et parallèlement ce prophète du dépouillement des solennités dramatiques s'est souvenu qu'il était un homme : avec l'horreur rétrospective des tartines de moutarde lui est venu le désir d'acheter l'appartement confortable auquel il ne pensait pas tout d'abord et un assez beau cabriolet Salmson, nouveau jouet tellement inattendu qu'il s'est... retourné avec lui sur les routes bourguignonnes.

« Il s'embourgeoise », disent les moins de trente ans comme s'ils lui en voulaient de voir qu'après une vie d'homme de théâtre, commençait pour lui à quarante ans une vie d'homme tout court.

Et d'évoquer Jean-Louis Barrault qui, après avoir couché sur le sommier de Volpone remisé dans les coulisses de l'Atelier, dort maintenant dans un lit choisi par l'ensemblier Jansen, entre un Braque et un Picasso.

C'est à tout cela que pense Jean Vilar, en avalant la dernière goutte de son café brûlant. Il y pense en confrontant les documents étalés sur son bureau : ses déclarations publiées récemment après une quadruple interview faite en compagnie de Jean-Louis Barrault, Pierre Fresnay et Raymond Rouleau, le texte de la conférence qu'il doit prononcer mercredi au Palais de Chaillot sous le titre *Le théâtre et la soupe,* les articles publiés par lui la saison dernière, ou en sa faveur par son ami Morvan Lebesque ou contre lui par François Mauriac. A tout cela il compare son manifeste manuscrit inséré en tête du premier programme du T.N.P.

Ensuite, avant d'essayer de concilier le tout pour y trouver une doctrine, il appelle le père Rives et lui commande un quatrième café.

(A suivre.)

MALAISE AU T.N.P.[1]

JEAN VILAR PRIS ENTRE BOURDET ET LES ÉPIPHANISTES

Une enquête de Jean Carlier

« Nous sommes tous d'accord. Il faut que la mise en scène disparaisse... »

Jean Vilar s'arrête sur cette phrase imprimée. Une phrase qu'il a dite, qui fut enregistrée par ce témoin narquois, un peu agaçant, et de toute façon implacable qu'est le magnétophone. Une phrase qu'il a lue et approuvée sur épreuves avant qu'elle ne soit imprimée dans un hebdomadaire spécialisé qui avait réuni à l'occasion d'une sorte de « Tribune libre » les « quatre Grands » de la mise en scène : Jean Vilar, Jean-Louis Barrault, Raymond Rouleau et Pierre Fresnay. A cette phrase d'autres s'ajoutent, véritables prises de position :

« L'essentiel (sous-entendu : de l'art dramatique contemporain) peut se centraliser autour de Claudel et Giraudoux, c'est-à-dire autour d'une forme, d'un essai puis finalement d'une victoire de la poésie au théâtre qui remonte à l'effort de Copeau... »

Et plus loin :

« Il y a eu – et c'est peut-être heureux pour le théâtre français dans son ensemble – une sorte de mariage, d'abord contrarié, entre ce qu'était le Cartel et le théâtre de Boulevard... »

« ... Et ce n'est pas sans importance si un homme de boulevard comme Bourdet a su se marier avec les quatre metteurs en scène du Cartel qui venaient d'une tout autre école. »

Et de parler du... « merveilleux mariage de Jouvet et de Giraudoux »... Et d'insister : « La plus belle rencontre de ce siècle est celle de Giraudoux et de Jouvet. »

Est-ce bien Vilar qui parle? Oui, le texte imprimé en fait foi. Imprimé dans ce même journal où, la saison dernière, Morvan Lebesque, président

1. Voir *Combat* du 17 novembre 1952.

des Amis du T.N.P., affirmait à peu près qu'il était temps que Vilar arrive, et où Vilar en personne traitait de haut le même Bourdet qui l'intéresse aujourd'hui. De si haut que François Mauriac dans le Figaro et Roger-Ferdinand au micro (et au nom des auteurs) ripostaient vertement.

Que s'est-il donc passé depuis la fameuse apostrophe qu'avait lancée Jean Vilar : « Adamov ou Claudel, je choisis Adamov »? Il s'est passé que depuis quelques mois, les auteurs et les directeurs ne se sont pas contentés de protester. Ils ont agi plus ou moins ouvertement contre Vilar et plus ou moins ouvertement, Vilar privé du soutien de Mlle Laurent, lâche du lest, donne des gages.

C'est pourquoi ces déclarations publiques rendent aujourd'hui un autre son que la profession de foi manuscrite mise en préface au premier programme du T.N.P. :

« Il (l'art du théâtre) ne prend enfin toute sa signification que lorsqu'il parvient à assembler et à unir... (Or) le théâtre à rampe, le théâtre à herses, le théâtre à loges et à poulailler ne réunit pas, il divise. »

Et encore :

« ... Notre scène s'offrira dans sa nudité formelle : nul colifichet, nulle tricherie esthéticienne, nul décor... »

Alors? Comment concilier hier et aujourd'hui? Jean Vilar se prend à y réfléchir, adossé à sa bibliothèque surmontée l'année dernière du masque mortuaire de son maître Charles Dullin, ce masque qu'un sort malicieux a fait glisser depuis, butant du nez sur le dos des volumes qui le dissimulent à moitié. Vilar réfléchit, car il lui faut en même temps rester en paix avec son passé, dominer le présent et menacer l'avenir.

L'avenir immédiat, c'est la conférence qu'il va prononcer demain au Palais de Chaillot. Conférence dont son nouveau secrétaire général, le normalien-auteur Maurice Clavel a eu l'idée et qu'il a, grosso modo, rédigée après l'avoir titrée : « Le théâtre et la soupe [1] ». Plus qu'une prise de position de Vilar, cette conférence est manifeste d'une nouvelle phalange qui prend au T.N.P. une influence de plus en plus grande et que l'on pourrait appeler « le commando épiphaniste » : le poète (Pichette), le cerveau (Clavel, normalien chevelu, aux lunettes unibranche), et l'archange engagé (Gérard Philipe). Pour eux et pour leurs partisans, Jean Vilar a le grand tort d'avoir déjà 40 ans et, cherchant dans l'art dramatique la préfiguration d'une société future (et meilleure évidemment), ils considèrent que le T.N.P. se justifie surtout par des expériences du type *Nucléa*. Ainsi que le déclarait l'autre jour Clavel, la rencontre Jouvet-Giraudoux leur paraît « la dernière fleur de l'alexandrisme ». (Sous-entendu qu'il faut ranger au magasin des accessoires.) Ils aimeraient entraîner Vilar sur le chemin des

1. Titre pittoresque dont les bonnes langues se sont emparées y trouvant matière à plaisanteries faciles. Ainsi cet « à peu près » : « Par ici la bonne soupe » (sous-entendu : des subventions).

aventures et au besoin des compromissions politiques. Alors que Vilar, jetant aujourd'hui un œil vers Jouvet-Giraudoux et même vers Bourdet, envisage de monter *La Maîtresse,* de Jules Renard.

Dans le même temps, le doctrinaire Morvan Lebesque sentant sans doute se disperser la doctrine, projette, dit-on, de baptiser ses « Amis du T.N.P. », « Les Amis de la Scène populaire », qui monteraient leurs propres spectacles. On dit même qu'ils envisageraient des expériences de « théâtre en rond » tel qu'on en voit aux États-Unis.

Déchiré par tous ces tiraillements, Jean Vilar relit la phrase de son manifeste (qui d'un coup devient ironique) où il dit que la fonction du Théâtre Populaire est définie en deux mots : « Je vous assemble, je vous unis. » L'état de choses actuel correspond davantage à ces déclarations récentes : « Je crois que nous sommes des gens qui pilotons un navire sans savoir ce que nous découvrirons à l'horizon... Il y a toujours beaucoup de brume. On recherche, on tâtonne, on va d'un côté et de l'autre. »

D'autant plus qu'autour de lui, certaines difficultés et non des moindres ne sont pas purement idéologiques. Nous y viendrons demain.

(A suivre.)

MALAISE AU T.N.P.[1]

AVEC 100 MILLIONS ET CHAILLOT

FAIRE UN THÉÂTRE À LA FOIS « NATIONAL » ET « POPULAIRE »

Une enquête de Jean Carlier

Branle-bas d'alerte dans les sous-sols du Palais de Chaillot, ligne Maginot de la défense du T.N.P. : *Le Cid* n'a pas fait salle comble. Or le public s'était battu pour assister à la dernière représentation de la saison précédente.

Et, comme Jouvet comptait sur *Knock*, Vilar croyait pouvoir compter sur *Le Cid,* pièce-terre-neuve dont il disait encore l'autre jour : « Par principe, nous ne la jouerons plus souvent, car elle marche " trop " bien, ce serait la voie de la facilité. »

Or *Le Cid* a justement suivi la courbe de l'ascension de Jean Vilar marquant surtout son passage en Avignon où il fut appelé après avoir obtenu l'estime des intellectuels amoureux de théâtre avec *Meurtre dans la cathédrale* et *La danse de mort.* C'est *Le Cid,* monté au Palais des Papes (après *Richard II* et *La mort de Danton*), qui lui fit découvrir peu à peu, par empirisme, ses principes d'esthétique de la scène. Où a-t-il puisé son mépris de la rampe, du cadre de scène, du rideau, des herses, des cintres et des décors sinon en plein air où il n'y avait ni rampe, ni cadre de scène, ni rideau, ni herses, ni cintres, et où il n'y eut, tout d'abord, pas assez d'argent pour construire un décor. Il a même pris aux ciels des nuits avignonnaises le noir profond de ses rideaux, faire-valoir de ses mises en scène.

Ces données naturelles imposaient aussi une absence d'artifices, une certaine grandeur aux pièces de son répertoire, et, de la part des comédiens, l'impossibilité de truquer, de jouer faux devant la rampe et la nécessité de se sacrifier à l'ensemble du spectacle.

Ces nécessités de dépouillement, de grandeur correspondaient merveil-

1. Voir *Combat* des 17 et 18 novembre.

leusement au tempérament de Jean Vilar et à son génie dramatique tout de suite reconnus par une poignée de fidèles candidats à l'abnégation (Jean Négroni, Jean-Paul Moulinot, Charles Denner et André Schlesser pour les hommes, Françoise Spira et Monique Chaumette pour les femmes) auxquels vint s'agréger plus tard Gérard Philipe, apportant avec lui son prestige, son talent et le désir de participer à une grande aventure théâtrale.

Or cette année 1951 où Gérard Philipe vint collaborer loyalement à l'expérience Vilar fut pour l'homme d'Avignon l'année-sommet, l'année de chance. Le contrat de Pierre Aldebert, directeur du Palais de Chaillot, arrivait à expiration et Mlle Laurent, après avoir envisagé de confier la direction du Théâtre Populaire à un cartel de jeunes metteurs en scène dont Vilar et Jacquemont, la proposa au seul Vilar, fort du succès qu'il venait d'obtenir par son premier vrai contact avec le grand public parisien *(Henri IV, Œdipe, Jeanne au bûcher)*, fort du récent triomphe de son nouveau *Cid* avignonnais, fort de son expérience du plein air revivifiant les techniques de la mise en scène, fort de son équipe toute dévouée galvanisée par un « esprit Vilar » et fort d'un soutien enthousiaste de la presse de l'extrême droite à l'extrême gauche.

Le premier jour de son entrée en fonction, M. Cornu, nouveau secrétaire d'État aux Beaux-Arts, signait donc sa nomination sans même avoir besoin des chaudes recommandations que ne manqua pas de lui faire son frère, le bâtonnier Cornu, membre du comité du Festival d'Avignon. Alors chacun se réjouit à l'espoir d'événements considérables.

Et tout de suite se posèrent pour le nouveau directeur du T.N.P. les données du problème à résoudre : on lui donnait une soixantaine de millions par an auxquels s'ajoutait le montant des recettes plus ou moins détaxées et le fruit de la location de la salle. De cette centaine de millions Jean Vilar était personnellement responsable, comblant personnellement les pertes éventuelles ou encaissant les bénéfices. Seuls les achats faits pour le théâtre restaient propriété de l'État.

Aventure excitante pour l'ancien élève de Dullin qui n'avait jamais vraiment trouvé auprès de son maître l'occasion d'employer à plein ses talents : il était désormais libre pour trois ans du choix de ses collaborateurs et des pièces de son répertoire sous la simple condition d'amener les masses populaires au théâtre et plus particulièrement de constituer des « bastions » d'art dramatique autour de Paris et dans sa banlieue. Il s'agissait en somme de faire un théâtre à la fois « national » et « populaire ».

Ces conditions, Jean Vilar les acceptait d'enthousiasme. Il allait même au-devant, écrivant en tête du programme du premier festival :

« ... Créer des théâtres vivants aux marches de Paris, répond, me semble-t-il, à l'actuelle réalité démographique de Paris, et donc de la France... Le nouveau Théâtre National Populaire sera ce que le public de ce nouveau Paris le fera. »

Et tout de suite ce fut l'enthousiasme des premiers week-ends, où Vilar fut suivi par la presse avec un tel élan que ses confrères et directeurs parisiens en conçurent quelque jalousie. Mais l'ombre passa, et le succès du *Cid* balaya tout. Un vent neuf soufflait et l'on applaudit très fort.

Plus tard seulement les choses devaient prendre une autre tournure...

(A suivre.)

ERRATUM

Quelques coquilles ont assez sensiblement déformé certains mots de mon dernier article. Par exemple : Maurice Clavel, à propos de la rencontre Jouvet-Giraudoux, y voit « la dernière fleur de l'alexandrinisme » et non de « l'alexandrisme » ainsi qu'on me l'avait déjà fait écrire dans un précédent article. (Coquille à réaction en chaîne d'ailleurs, puisque le mot fut repris par l'un de nos confrères.)

Il fallait lire également que Jean Vilar devait « ménager l'avenir » et non « menacer l'avenir ».

Enfin, après : « ...la saison dernière Morvan Lebesque, président des Amis du T.N.P., affirmait à peu près qu'il était temps que Vilar arrive... » On a oublié cette ligne : « ...car on n'avait rien fait en art dramatique depuis trois siècles... »

A cela s'ajoutaient quelques omissions (lettres ou mots) de moindre importance.

MALAISE AU T.N.P.

Parlementaire en mal d'interpellation

M. X... ENTR'OUVRE LE « DOSSIER T.N.P. »

Une enquête de Jean Carlier

Il est très flatteur pour *Combat* d'avoir, par la publication du début de cette enquête, amené Jean Vilar à transformer sa conférence en un plaidoyer pro domo. Ces modestes articles lui auraient-ils servi à se ressaisir que nous aurions atteint notre but. Dommage cependant qu'il ait opposé un « mépris de fer » à certains de nos arguments de bon sens.

C'est pourquoi nous avons l'intention d'aller plus loin. Après avoir fait le point sur « l'homme Vilar », sur son apport considérable au théâtre, sur ses réussites et sur son actuel désarroi, nous mettons à jour certaines erreurs qui peuvent être corrigées.

Évoquons auparavant l'une des réactions les plus agréables qu'ait suscitées cette enquête : « Tout cela n'était pas encore mûr, aurait dit un industriel du théâtre, et risque, à être dit prématurément, de couper l'offensive que nous préparons. »

C'est le dossier de cette offensive que nous ouvrons aujourd'hui. Un dossier qui existe... en plusieurs exemplaires.

Sur son bureau, M. X... vient d'ouvrir un épais dossier à la couverture rouge barrée de trois lettres majuscules : « T.N.P. ».

M. X... est parlementaire et les amis qui connaissent l'intérêt qu'il porte aux choses du théâtre lui ont laissé peu de repos depuis le départ de Mlle Laurent. Ceux qui l'avaient assailli de coups de téléphone anti-Vilar à la fin du printemps dernier l'ont relancé à l'automne. De l'un à l'autre, le thème ne varie guère : « Elle » est partie, débarrassons-nous de « Lui » maintenant. Mieux même : débarrassons-nous du T.N.P. pendant que nous y sommes. Il est question de faire de la salle Luxembourg une section « populaire » de la Comédie-Française. Cela suffirait bien.

C'est pourquoi M. X..., parlementaire en mal d'interpellation, a intitulé

« T.N.P. » plutôt que « Jean Vilar » le dossier où il réunit les éléments que lui apportent patiemment ses informateurs intéressés.

Pour étayer ses arguments, M. X... s'intéresse plus aux chiffres qu'à la doctrine. Que Jean Vilar ait repris, pour jouer *L'Avare,* le dispositif imaginé par Copeau pour jouer *Les Fourberies de Scapin,* cela le laisse indifférent. Par contre, s'il apprend que *Nucléa,* spectacle de laboratoire, a coûté autant que *Le Cid* et *Le Prince de Hombourg* réunis, il note, il note...

Il a noté aussi :

1° Que le T.N.P. reprend cette saison ses « fours » de l'année dernière revus et corrigés, la première version n'étant qu'un brouillon de la seconde. *Le Cid* et *Le Prince de Hombourg,* en effet, ne sont que des spectacles avignonnais réutilisés et les spectacles proprement T.N.P. (*Mère Courage, L'Avare* et *Nucléa; Lorenzaccio* ne devant être montré aux Parisiens, s'il l'est jamais, qu'au printemps prochain) furent des demi-fours qui eussent été pleins fours pour un directeur non subventionné.

2° Qu'une sur deux des pièces mises à l'affiche est une adaptation d'œuvre étrangère (*Mère Courage* et *Le Prince de Hombourg* pour la saison dernière et pour cette saison la reprise de *Meurtre dans la cathédrale* et *La Mandragore,* adaptée de Machiavel par Jean Vauthier).

3° Que Jean Vilar n'a jamais monté le spectacle lyrique imposé par son cahier des charges.

4° Que l'on ne trouve pas trace, tout au moins jusqu'à ces jours derniers, de l'engagement annuel d'un lauréat du Conservatoire imposé par le même cahier des charges.

5° Que surtout le T.N.P. ne remplit pas la mission qui lui avait été confiée à l'origine avec beaucoup de précision dans les termes et que Vilar lui-même avait confirmée dans son manifeste : amener au théâtre les masses populaires de Paris, de sa banlieue et de France en insistant sur la création de « bastions » d'art dramatique sur la périphérie de la capitale.

Or Jean Vilar après avoir donné la saison dernière 26 représentations théâtrales au Palais de Chaillot, 16 à Suresnes, 14 à Clichy et 17 à Gennevilliers n'est plus retourné en banlieue depuis février dernier, a fait de nombreuses tournées dont une en Belgique, une en Suisse, une en Italie et deux en Allemagne. Va-t-il se rattraper cette année? Non. Il annonce seulement deux séries de 10 jours chacune en banlieue et quelques semaines à Chaillot. Le reste du temps il loue fort cher son immense salle (38 fois le mois dernier par exemple, et continue à voyager souvent hors frontière).

Or M. X... sait que pendant les tournées le T.N.P. n'est plus tenu, sauf pour les représentations dites populaires, d'appliquer le prix maximum des places fixé à 400 francs, par décret ministériel. Ainsi à Berlin les fauteuils les plus chers se payaient 10 marks (environ 800 francs), à Vicence de 1 200 à 2 000 lires (de 800 à 1 400 francs) et à Venise de 5 à 7 000 lires (soit environ 5 000 francs).

Quant aux tournées dans les provinces françaises, il arrive qu'elles donnent à l'administrateur du T.N.P. l'occasion d'ajouter à son budget les subventions municipales de Villes-étapes (on dit par exemple que la ville de Caen accorda une subvention de 100 000 francs par représentation). Cela expliquerait son goût des voyages car chacun sait qu'au T.N.P. il est le plus chaud partisan des tournées. Arrivé à ce point de l'examen de son dossier, M. X... s'attarde sur le chapitre « administration », le plus copieux sans doute.

L'administrateur du T.N.P. s'appelle M. Rouvet. Ancien instituteur détaché à la tête du mouvement « Éducation et Théâtre », grand concurrent du pionnier Léon Chancerel qu'il obligea à saborder ses *Cahiers d'Art dramatique,* créés dès 1933 à l'instigation de Copeau et de Jouvet, il organisait des stages de plein air pour ses jeunes à l'occasion de chacun des festivals d'Avignon. C'est là que Mlle Laurent le présenta à Jean Vilar, lui conseillant de l'intégrer à son équipe déjà toute formée au moment de son entrée à Chaillot.

Bientôt le peu de santé du « patron » et son peu d'aptitudes au calcul lui firent prendre une importance de plus en plus grande dans la maison. Il en profita pour transformer une équipe unie par l'effort commun et l'amitié en énorme appareil bureaucratique inondé de centaines de notes de service et où les lettres recommandées tenaient lieu de contacts humains.

C'est ainsi que, peu à peu, une série de cloisons étanches séparèrent Jean Vilar de ses plus anciens collaborateurs. Enfermé dans sa tour d'ivoire – bureau directorial – il en arrive même à laisser à son administrateur le soin de susciter de plus en plus nombreuses tournées et de traiter lui-même les affaires.

Et l'on en arrive à des différends du type « incident Lamoureux » que se racontent les musiciens de Paris : Jean Vilar aurait préféré collaborer cette année encore avec son ami Jean Martinon à la tête des concerts Lamoureux mais il avoue lui-même volontiers qu'il n'a pas pu revenir sur les accords passés directement entre son administrateur et les Concerts Pasdeloup qui apportaient dans la balance... une contribution financière.

Toutes ces activités dirigées transforment peu à peu l'administrateur du Théâtre National Populaire en entrepreneur de tournées, âpre aux discussions d'argent, qui adapte à vue d'œil son standing aux exigences de plus en plus grandes de sa charge : ainsi ses nombreux voyages l'ont obligé à changer quatre fois sa voiture en quelques mois. C'est pourquoi les comédiens qui empochent leurs billets de deuxième classe à destination d'une quelconque ville frontière, le voient claquer la porte de sa « Frégate » acquise après avoir bazardé 2 Simca 8 et une Vedette.

Tout cela (et bien d'autres choses dont volontairement nous ne ferons pas état), M. X... l'a noté. Avec l'intention de garder momentanément le silence. Il espère que Jean Vilar (voulant toujours ignorer certaines erreurs de gestion d'« Éducation et Théâtre » qui lui furent signalées et qui eussent dû le mettre en garde) continuera à laisser faire.

M. X... l'espère fortement, car alors son interpellation, qui prend déjà bonne tournure, sera bientôt à point.

(A suivre.)

Demain fin de notre enquête : « Jean Vilar, voulez-vous prendre la direction du T.N.P.? »

MALAISE AU T.N.P.[1]

LETTRE OUVERTE A JEAN VILAR :
Voulez-vous prendre la direction du Théâtre National Populaire?

Une enquête de Jean Carlier

Monsieur le Directeur,

J'aurais aimé pouvoir commencer cette lettre par : Cher Jean Vilar. Le lignage total et le contenu des articles que *Combat* vous a déjà consacrés auraient dû pouvoir m'y autoriser, mais au ton de votre récente conférence, j'ai cru comprendre que vous n'acceptiez les critiques qu'avec mauvaise humeur si vous cueillez les louanges avec sérénité. Me voilà donc obligé de garder respectueusement les distances.

Nous sommes au terme d'une enquête[2] qui aurait pu être beaucoup plus longue (il resterait à dire beaucoup de choses et nous n'avons publié ici que ce que tout le monde sait et répète dans les milieux de théâtre), une enquête qui a pu sembler acide lorsque nous avons cité des chiffres et des faits gênants plutôt que d'enfiler des idées générales. Une enquête qui aurait pu facilement être très méchante, mais justement nous n'avons voulu ni aller « au-delà », ni rester « en deçà », profitant de la liberté que me permet d'exercer cette vieille démocratie vermoulue dans laquelle nous vivons en attendant mieux et en craignant le pire. Lorsqu'un homme, chez nous, prend la charge d'un service public aussi important que le vôtre, il accepte de voir naître autour de lui la libre controverse. C'est pourquoi nous avons cru devoir publier nos déceptions et nos inquiétudes dans la mesure où nous avions chanté vos succès.

Nous avons applaudi à l'épopée du Palais des Papes, nous avons vécu

1. Voir *Combat* des 17, 18, 19, 20 et 21 novembre.
2. Avant son terme, cette modeste enquête a déjà amené Jean Vilar à faire le point sur lui-même dans sa récente conférence et elle a contribué à le décider à reprendre deux de ses meilleurs spectacles populaires : « Richard II » et « La mort de Danton ». N'aurions-nous obtenu que ces résultats, l'entreprise en valait la peine.

les espoirs magnifiques de Suresnes et d'ailleurs, nous nous sommes passionnés pour l'expérience du chapiteau puis, après, nous nous sommes inquiétés du manque de simplicité de certaines de vos prises de position, nous avons été déçus par le plat de résistance de votre première saison du T.N.P. : *Nucléa* du poète truqueur Henri Pichette. Notre déception grandit aujourd'hui que vous semblez considérer la salle de Chaillot comme un pied-à-terre parisien pratique à sous-louer en meublé, vous apprêtant à faire une apparition-alibi en banlieue avant de vous engager sur les routes d'Europe.

Votre troupe elle-même sentit tout cela. Cette troupe si étroitement unie, si bien galvanisée par vos soins lorsque vous aviez les mains vides, et dont les meilleurs éléments tournent aujourd'hui les regards vers l'extérieur bien qu'ils soient les comédiens les mieux payés de Paris si l'on tient compte de la régularité des cachets. Après Jean Le Poulain, ce sont Jean Leuvrais et Jean Negroni qui s'apprêtent à exercer ailleurs les possibles talents de metteurs en scène qu'ils ne trouvent pas à exercer chez vous; c'est Jeanne Moreau qui « plaque » Chaillot pour aller jouer au Théâtre Antoine, c'est Gérard Philipe lui-même qui, malgré les grandes possibilités que vous lui donnez au T.N.P., se laisse reprendre par le cinéma pendant la moitié de la saison qui vient, etc. On pourrait multiplier les exemples dont certains malheureusement montreraient comment le groupe extrêmement uni et pur du T.N.P. n'a mis qu'un an à prendre, en coulisses, l'esprit Comédie-Française.

Au fond, ce que nous vous demandons, c'est d'être fidèle à la fois aux beaux soirs d'Avignon, à votre public populaire, à nos espoirs, et à vous-même. Pour cela, il faut reprendre en main votre Théâtre National Populaire où vous avez la chance de disposer de pouvoirs presque dictatoriaux que vous envient sûrement M. Pierre-Aimé Touchard et, surtout, M. Pierre Descaves son successeur. Servez-vous-en s'il le faut sans jamais rien déléguer complètement de vos responsabilités, sans vous laisser tourner par votre « gauche épiphaniste » ou votre « droite financière » assez comparable aux « marchands de soupe » que vous stigmatisiez si justement mercredi dernier.

Peut-être faudrait-il vous résoudre à ne pas tout faire, mais, au moins, à tout contrôler. Peut-être faudrait-il faire le sacrifice de ne pas jouer pendant une ou deux saisons (l'expérience a prouvé que vos nerfs n'y pouvaient résister, ainsi d'ailleurs que la qualité de votre travail).

Alors vous serez sans doute vraiment directeur du T.N.P. Alors vous pourrez peut-être envisager d'aligner comme vos camarades du Piccolo Teatro sept ou huit mises en scène par saison (que vous auriez peut-être simplement supervisées d'ailleurs). Alors vous pourriez envisager de faire des « expériences Pichette » dans un petit théâtre d'essai adjoint à la salle monstre de Chaillot. Alors vous pourriez peut-être même songer à former des jeunes comédiens, et organiser des échanges avec les Centres de province entre lesquels vous seriez ce lien, cette tête, ce cœur commun dont ils manquent. Alors vous pourriez, fourrant sous le nez de vos détracteurs un cahier des charges largement dépassé, leur opposer la seule réponse-choc : le succès.

Alors *Combat* (nous tenons la gageure) serait le premier à prendre la tête d'une campagne en faveur... de l'augmentation de la subvention accordée au directeur du Théâtre National Populaire, c'est-à-dire à Jean Vilar, continuateur de l'effort de Gémier.

Henri Gouhier écrit dans le numéro d'octobre du « Théâtre contemporain » :

« ... Jean Vilar aurait pu créer un de ces ateliers d'art dramatique où l'on renouvelle l'interprétation des classiques et où les jeunes auteurs trouvent leur voie : il s'est embarqué dans une aventure passionnante et sans doute décevante de " théâtre populaire ". »

A vous de savoir si vous pouvez au contraire concilier ces deux tâches et, ne vous laissant pas dominer par les multiples responsabilités que cela comporte, vous pouvez faire en sorte que l'épithète « décevante » soit de trop.

FIN

Le Figaro Littéraire, *13 décembre 1952*

VILAR-CLAVEL À ROGER-FERDINAND

En une allocution radiodiffusée, M. Roger-Ferdinand, président de la Société des auteurs, interrogeait, ces jours derniers, Jean Vilar sur la formule employée dans un manifeste par le directeur du Théâtre National Populaire : « De 1920 à 1940, les metteurs en scène ont eu beaucoup plus d'importance que les auteurs, Claudel et Giraudoux mis à part. »

Comme Armand Salacrou et Georges Neveux notamment, Roger-Ferdinand voyait dans cette affirmation une volonté agressive de nier la part revenant à l'auteur dramatique dans la révolution théâtrale dont les années 1920-1940 ont été témoins.

Le secrétaire général du T.N.P., Maurice Clavel, lui-même auteur dramatique, commente la déclaration de Jean Vilar par le texte que nous publions ci-dessous. Son ton engage le dialogue d'une façon qui touchera tous ceux qu'intéresse le théâtre.

Monsieur le Président,

Ne me prêtez pas l'intention d'avoir le dernier mot dans une querelle : je ne veux travailler qu'à son apaisement, non par quelques formules polies et vaguement réconciliatrices, mais par de véritables explications sur le fond. Je vous les dois. Dirai-je que je me les dois à moi-même, étant de la Société des auteurs avant que du T.N.P. ?

*

« Le créateur, au théâtre, c'est l'auteur... Le texte est là : tout ce qui est créé hors de ses indications est " mise en scène " et doit, de ce fait, être méprisé. Et rejeté. »

Ces quelques mots sont de Jean Vilar.

Comment le même a-t-il pu dire que « de 1920 à 1940 les metteurs en scène ont eu beaucoup plus d'importance historique que les auteurs, Claudel et Giraudoux mis à part », voilà, monsieur le Président, ce qui me reste à résoudre.

Je ne vois là, malgré les apparences, aucune contradiction. Un indice : rapprochons cette exception faite pour Claudel et Giraudoux des quelques mots « le texte est là ». Vous m'accorderez que Claudel et Giraudoux sont, de 1920 à 1940, nos seuls auteurs dits « de texte ». Dès lors le problème se déplace. Il faudrait tout au plus reprocher à Vilar d'accorder une priorité abusive aux auteurs de texte sur les auteurs d'intrigue, de mœurs, de situations. Vilar a-t-il le droit de nous diviser ainsi? Sommes-nous au contraire un bloc intouchable, sacré en quelque sorte? Examinons-le.

*

Dire : « Le texte est là », c'est parler au présent, ou, si l'on veut, à l'intemporel. Parler de 1920 à 1940, c'est désigner le passé, un moment éphémère de l'histoire. Donc, s'il était vrai que seul un théâtre de texte pouvait avoir, de 1920 à 1940, une importance historique, la pensée de Vilar se trouverait unie, éclairée, justifiée et ne porterait nullement atteinte à la notion éternelle, à l'idée d'auteur.

Nous avons appris depuis peu, en art, monsieur le Président, que le temps passe.

Notre Panthéon est motorisé. Dire qu'Anatole France écrit comme Voltaire n'est plus un éloge. Dire de telle pièce de Porto-Riche qu'elle est « racinienne », c'est l'accabler. Dire d'un drame qu'il est classique, de style ou de construction, trois cents ans après le classicisme, c'est avouer qu'il n'est rien : vous, qui hésiteriez à le dire de telle œuvre de tel confrère estimé, ne le diriez-vous pas spontanément de Voltaire dramaturge?

Il me semble que chaque époque, si elle veut compter dans l'histoire de l'art, a l'obligation de créer des « formes » nouvelles et non seulement des œuvres nouvelles; chaque époque, et surtout la nôtre, et voici pourquoi.

Tous les arts n'ont-ils pas fait, à la fin du siècle dernier, une grande, une immense révolution formelle : l'impressionnisme en peinture, Debussy en musique, Rimbaud en poésie? Et cette révolution n'a-t-elle pas consisté à abandonner le sujet, le modèle, le thème ou la narration, pour exalter en chaque art ce qu'il a de spécifique : la couleur en peinture, la matière instrumentale en musique, la « vision pure », mieux, l'« illumination » en poésie?...

Tous les arts, dis-je? Non. Tous, sauf le théâtre, monsieur le Président – si l'on excepte le jeune homme qui, selon ses propres paroles, voyait monter les feuilles de *Tête d'Or* en même temps que la tour Eiffel, mais seul, et d'une fenêtre du quai d'Orsay sans doute, le boulevard étant à Victorien Sardou. Oui, tandis que peinture, poésie et musique sont devenues un immense champ d'investigation, et comme l'horizon infernal d'elles-mêmes, convenez que nous en sommes encore à montrer sur planches des agencements de situations entre des personnages ayant tel caractère, en trois actes de préférence! et que nul, sauf Claudel déjà nommé et deux ou trois dont Henri Pichette, ne songe à exalter exclusivement au théâtre ce qu'il a de plus propre, sa source, ses moyens, sa destination vraie : la parole, la parole charnelle d'un vivant à des vivants... Et tel est le sens véritable de ce théâtre de texte – où « texte » n'a rien à voir avec « littéraire », avec « bien écrit », avec « long et verbeux », mais peut-être aussi condensé et aussi explosif que Strindberg, sans cesser pour autant d'être texte, parole suivant l'émotion en elle-même, bref, poésie. Tel est ce théâtre nouveau, enfin nouveau, que Jean Vilar estime tellement supérieur, pardon, tellement plus significatif et que tout autre, et que toute mise en scène. « Le texte est là. » Tel est le but de nos efforts, de nos échecs, de nos recherches : et je crois bien savoir que vous les approuvez.

*

Alors, ne conviendrez-vous pas avec nous que les metteurs en scène, de 1920 à 1940, ont plus d'importance historique, sinon de talent, que les auteurs, leurs contemporains : car vous ne pouvez pas leur refuser d'avoir, avec un art insuffisant à soi-même, créé des formes nouvelles, des moyens nouveaux d'expression, d'illusion, d'imprégnation d'une assemblée par ce qu'elle voit sur la scène? Et vous m'accorderez que ces formes nouvelles n'étaient pas absolument commandées par les œuvres qu'elles servaient : le grand talent de Salacrou a été servi par Dullin. Il n'appelait pas Dullin au sens historique où Giraudoux appelait Jouvet. Citez-moi un Français monté par Pitoëff qui fût aussi poète que Pitoëff : Supervielle, certes, qui fut aussi joué au festival d'Avignon. Citez-m'en un autre... Et c'est pourquoi Vilar est arrivé, s'il a un sens, non pour l'exaltation, mais pour la suppression du metteur en scène au bénéfice de l'auteur du XXe siècle, qu'il aura aidé à venir. Il termine le règne des grands « régisseurs » comme un régent sait en finir avec la régence. Je le crois donc, dans ses déclarations, très modeste. Il joue Pichette dans l'espoir qu'on parle de Pichette quand lui-même sera peut-être oublié. Serons-nous vains? Disputerons-nous l'immortalité à qui se prétend un intérimaire? Ferons-nous respecter le nom d'auteur contre celui qui le veut plus grand? Bref, si une formule un peu classique peut contribuer à la paix que nous désirons, n'êtes-vous pas, monsieur le Président, vous et Vilar, deux très grands serviteurs des auteurs français, vous, tel qu'ils sont, lui tel qu'ils peuvent être?

MAURICE CLAVEL.

BERLINER
ENSEMBLE

Berlin 2 octobre 1951

Cher Vilar,

Le contrat, signé par tous les intéressés habitant Berlin est envoyé à Serreau qui doit encore le faire signer à sa femme. Ci-joint, la copie d'un mot que Brecht m'envoyait, au sujet de la distribution de *Mère Courage* qui sans doute vous intéressera. Vous aurez très bientôt les notes et photos de la mise en scène de Brecht. Je continue à souhaiter très vivement que vous choisissiez finalement Montero pour le rôle de Mère Courage. Elle me paraît satisfaire le mieux aux nécessités du personnage. Elle en a certainement la force et saura prendre ces allures de *petite* commerçante coriace et obstinée.

A bientôt, j'espère, vous seriez gentil de nous faire signe dès que vous aurez arrêté vos dates et commencé les répétitions.

Sincèrement à vous,

B. BESSON.

BERLINER
ENSEMBLE

Lieber Besson,

Die Besetzung der Courage betreffend : ich selber würde die jenige Schauspielerin wählen, die am besten einfachsten und realistischsten die kleine Händlerin darstellen kann. Die Courage ist ja nur einer von den ganz kleinen Raubfischen, und es darf nicht so aussehen, als solle kauptsächlich die Unzerstörbarkeit vitaler Typen durch den Krieg bewiesen werden. Ganz im Gegenteil.

Mitleid muß das Publikum mit der Courage erst ganz am Ende haben und nur, weil sie nicht die Fähigkeit hat, etwas zu lernen.

Herzlich, Ihr

BRECHT.

En ce qui concerne la distribution de la Mère Courage : pour moi, je choisirais l'actrice qui pourra représenter le mieux, le plus simplement et de la façon la plus réaliste la petite commerçante. Mère Courage n'est en définitive qu'un tout petit rapace. Il ne faut pas donner l'impression au public, qu'on cherche d'abord à lui prouver que la guerre ne vient pas à bout des individus de grande vitalité. Au contraire.

Le public ne doit éprouver de la pitié, de la sympathie pour la Mère Courage que dans les dernières scènes de la pièce et seulement parce qu'elle est incapable de rien apprendre.

QUESTIONS — RÉPONSES

JEAN VILAR — MARIA CASARÈS

sur le métier de comédien...

J. V. : C'est un dialogue. Sur le métier du comédien, ou sur le comédien. L'un de nous deux questionne l'autre qui répond et, à son tour, interroge.

Me permets-tu de commencer?

M. C. : Oui.

J. V. : 1° On considère la comédienne et le comédien comme des êtres *à part*. J'ai parfois pensé oui, parfois pensé non. Quel est ton avis? Si tu avais pratiqué un autre métier ou *pas de métier du tout* crois-tu que tu serais autre, éprouvant des sentiments, des passions différentes? Aurais-tu un comportement différent?

M. C. : Mais... si j'avais éprouvé d'autres sentiments, d'autres passions, si j'avais été autre, si j'avais eu un comportement différent, serais-je devenue comédienne?

J. V. : 2° Une comédienne qui joue et travaille à un rythme régulier éprouve-t-elle ou a-t-elle jamais éprouvé le sentiment de *l'angoisse?*

M. C. : Qu'appelez-vous « l'angoisse »? Des détails, s'il vous plaît.

J. V. : 3° Quand tu viens de sortir de scène, as-tu conscience de retrouver Maria?

M. C. : Je n'ai pas conscience hélas! de l'avoir jamais perdue.

J. V. : 4° (tout à fait secondaire) : Pour toi, comédienne, est-ce que Dieu le père existe? (t'est-il possible de répondre par oui ou par non?).

M. C. : Si vous appelez cela une question secondaire, je voudrais bien savoir les points que vous considérez comme principaux.
Enfin; moi, « comédienne », je pense que « Zeus » existe.

J. V. : 5° (très importante pour une femme) : Une femme vierge peut-elle enfanter?

M. C. : Une comédienne peut-elle exercer son art sans imagination? – Mais dans certains cas, il faut du génie, je crois.

Ton serviteur,
J. V.

P.-S.
Recopie mes questions quand tu réponds, car je n'ai pas le double de ces questions.

M. C. : 1° Une première question, à mon tour : qui est l'interprète? Pouvez-vous me définir l'interprète? Ses droits vis-à-vis de l'auteur, du metteur en scène, des autres interprètes qui l'entourent, du public?

M. C. : 2° Pourrions-nous parler de la part de trahison apportée par un interprète à l'œuvre? Où doit s'arrêter la fidélité du comédien? Où doit commencer la création personnelle et jusqu'où peut-on aller dans l'inspiration pour ne pas trahir l'œuvre?

(Les questions de Maria Casarès sont restées sans réponse.)

NOTES D'UN PEINTRE
EN MARGE DES SPECTACLES D'AVIGNON

Les termes « Théâtre » et « Spectacle » sont – ou plutôt devraient être – synonymes. Je veux dire que l'art dramatique s'adresse au cœur et à l'esprit *par l'intermédiaire des yeux,* autant que par tout autre moyen. Le public ne s'y trompe pas, qui dit couramment : aller au spectacle.

Le théâtre est une cérémonie dont les comédiens sont les officiants et à laquelle participe le public. Le style d'un spectacle digne de ce nom doit être en quelque sorte « liturgique ».

Quand j'assiste à une représentation d'où le côté spectacle a été plus ou moins volontairement banni (disons une pièce des boulevards), j'ai mauvaise conscience.
Je ne suis plus spectateur, mais « voyeur ».

En Avignon, nous jouons dans un décor *« vrai » :* les murs de la cour d'honneur, la vigne vierge du jardin. Il faut à tout prix que nos personnages « tiennent le coup ». Pas moyen de tricher, la masse à peine visible mais toujours présente du Château ne pardonne pas.

Le rôle essentiel du peintre, au théâtre comme devant son chevalet, est de combiner formes et couleurs en vertu du développement d'une logique interne, d'une dialectique qui vaut par elle-même et non point seulement par rapport à l'œuvre représentée. Il s'agit en somme de conjuguer valeurs plastiques et valeurs dramatiques en une synthèse harmonieuse et, à proprement parler, inédite.

Le peintre se situe devant les tréteaux exactement comme il se situe devant sa toile. Les mêmes préoccupations l'animent. En fait le principe est le même, quelles que soient les exigences propres du théâtre et les solutions originales que comportent ces exigences.

Sur les tréteaux, formes et couleurs représentatives d'un personnage sont en mouvement. Elles se déplacent dans un espace à trois dimensions suivant un rythme qui, proprement réglé, doit avoir la rigueur et l'unité d'un mouvement musical. Ainsi le costume cesse d'être un déguisement. Il devient un élément essentiel du jeu dramatique, au même titre que le geste, la voix, la lumière, la musique... La perfection n'est atteinte que lorsque tous ces éléments, devenus inséparables, sont parvenus, par un dépouillement successif, à leur maximum d'intensité; lorsque le spectacle dans son entier ne supporte plus ni changement de voix, ni déplacement de geste, ni substitution de couleur; lorsque, comme dans un tableau réussi, on ne peut plus rien y ajouter ni rien en retrancher.

On parle beaucoup, en notre temps, d'un divorce entre l'art et le public. Or, fait singulier, nombre de spectateurs qui acceptent allègrement les spectacles d'Avignon sont déconcertés si de tels spectacles leur sont offerts transposés dans le cadre d'une toile (nous en avons eu la preuve en Avignon même). Où est donc le divorce? N'est-il pas entre le public et lui-même?

Les peintres ont beaucoup à attendre de Jean Vilar, et Jean Vilar a beaucoup à attendre des peintres. Des spectacles tels que ceux d'Avignon peuvent et *doivent* jouer, par rapport aux peintres de ma génération le rôle que les Ballets russes, par exemple, ont joué par rapport à nos aînés.

Je m'aperçois, en relisant ces notes, que pas une fois le mot « décoration » ne s'est présenté sous ma plume.

C'est sans doute qu'il s'agit d'autre chose.

LÉON GISCHIA, Juin 1951.

Suisse, 5 février 1953

Cher Vilar,

Je n'ai aucune pièce à vous proposer, rassurez-vous. (Je crois que vous auriez pu aimer et monter la *Jeanne* que j'ai donnée à Barsacq en vertu d'un vieux traité secret de compagnonnage qui date du temps où vous hantiez la cour de l'Atelier avec votre pièce espagnole.)

Je n'ai pas tout vu de vous, j'en suis resté au *Prince de Hombourg* que j'ai traîné dix ans chez tous les directeurs en les suppliant en vain de le monter. C'est une de nos plus grandes, de nos plus nobles soirées de théâtre, j'en ai oublié le hall de gare où vous travaillez.

J'en suis avec vous à une lettre de mauvaise humeur cocasse qui répondait à Clavel à laquelle vous n'avez rien dû comprendre et c'est pour ça que je vous écris. Je veux vous dire que dans cette malveillance générale qui vous entoure momentanément – après avoir été promu Pape, par ce même Paris femelle et capricieux – que moi je vous tiens pour un de nos plus grands hommes de théâtre depuis les trente ou quarante ans qu'on essaie de refaire le théâtre. Vous êtes un des seuls à m'avoir redonné des joies de Pitoëff. Je n'ai jamais oublié et je n'oublierai jamais votre *Don Juan* (à la lumière du jour et alertes). N'oubliez jamais que votre génie part de l'intérieur. J'ai la nostalgie des scènes trop petites, des deux spots et des quatre bouts de bois avec lesquels on fait du vrai Théâtre. On a beau arriver à la nudité, rien ne remplace la pauvreté.

Enfin sachez que je suis avec vous s'il faut le dire ou le montrer d'une façon quelconque.

Ceci dit j'aime le rideau et la rampe à en mourir de plaisir dès que je vois un bout d'étoffe rouge et un éclairage par en dessous, et je place avant tout le *jeu* qui est la plus noble conquête de l'homme. Je crois que lorsqu'on abandonne le jeu pour la messe on fait la bête, croyant faire l'ange. Je suis persuadé quoi qu'en dise la Sorbonne que la tragédie grecque était « joue à me faire peur » malgré la présence des dieux auxquels ils ne croyaient pas plus que nous. Les choses par l'intérieur et le jeu toujours présent. N'oubliez jamais le second terme de la formule.

On dirait un testament, pourtant je risque tout au plus de me casser la jambe ici. Peut-être d'ailleurs suis-je un homme fini, comme on dit, et pourtant je me sais encore un merveilleux ouvrier. Il faudrait qu'un cataclysme supprime les monstrueuses charges qui me condamnent au succès et que nous nous retrouvions tous exilés, dans une roulotte. On se réamuserait bien.

En tous cas tenez bon, vous êtes un zèbre, et croyez à mon affection.

JEAN ANOUILH.

Note de Jean Rouvet

QUELQUES CHIFFRES... ACQUIS FIN 1953

... Le Palais de Chaillot a été remis à Jean Vilar dans un grand état de dénuement.

A la fin de son mandat, Jean Vilar aura racheté pour

45 *MILLIONS*

de matériel technique, acquis à l'État (Clause 7 du Cahier des Charges)

Soit : le montant de la subvention d'État pour 1952.

... En 27 mois :

332 représentations d'auteurs français (61 %)
(dont 318 de *Corneille, Molière, Musset*)

207 représentations d'auteurs étrangers (39 %)
(dont 145 de *Shakespeare, Büchner, Kleist*).

... Le « Programme » vendu au T.N.P. apporte le texte complet de l'œuvre, agrémenté de photographies de scène, à l'exclusion de toute publicité.

110 000 brochures ont ainsi été vendues au cours de l'exercice 1953

1 spectateur sur 3 achète la brochure.

... Sait-on que l'État récupère

24 % de la subvention en taxes et impôts divers
(11 millions pour l'exercice 1952)?

Sait-on que les dimensions de la salle de Chaillot contraignent à dépenser en

nettoyage et entretien (4 millions annuels)

chauffage et éclairage (6 millions annuels),

22 % de la subvention de l'État?

Si l'on ajoute que le rachat du matériel technique indispensable – dont le Palais de Chaillot était démuni, et qui reste, après acquisition par le Directeur, propriété de l'État –

a nécessité l'engagement du tiers de la subvention d'État (accordée pour les 27 mois écoulés).

... En 27 mois : *810 000* spectateurs atteints

soit environ 1 500 par représentation

(soit : la Comédie-Française – Salle Richelieu – comble pendant 540 représentations consécutives, et refusant chaque soir 50 spectateurs).

... Actuellement, pour cette seule saison d'Hiver à Chaillot, (depuis le 1er novembre 1953) :

48 représentations

88 668 spectateurs

1 847 par représentation.

Extrait du projet de Budget de l'État 1954

CHAPITRE 36 – 74

Théâtres nationaux

Crédits demandés pour l'exercice 1954 :

Article 1er :

§ 1er.	– Subvention à la Réunion des Théâtres Lyriques Nationaux	977 263
§ 2.	– Subvention à la Comédie-Française	343 000
§ 3.	– Subvention au Théâtre National Populaire	40 000
	Total pour l'article 1er	1 360 263

B. Mesures nouvelles :

Article 1er, § 3. – Réduction jugée possible .... – 12 000

Réponse de Jean Rouvet
au projet de budget de l'État

SUBVENTIONS AUX THÉÂTRES NATIONAUX POUR L'EXERCICE 1954

– La reconduction, en 1954, des crédits accordés pour l'exercice 1953 concernant l'ensemble des Théâtres Nationaux entraînerait, pour l'État, une dépense globale de :

1 372 millions
(pour 5 salles de spectacles –
Ce dont on pourrait déduire : *275 millions* par salle)

qui se répartirait ainsi :
Réunion des Théâtres Lyriques : 977 – soit 71 % de la subvention totale
Comédie-Française : 343 – soit 25 %
Théâtre National Populaire : 52 – 4 %

– Il a été décidé d'opérer, sur l'ensemble de ces Théâtres, une économie totale de :

60 millions (J.O – document n° 7112 – Assemblée Nationale)
\+ 12 millions (J.O – document n° 6754 – Assemblée Nationale)
soit

72 millions

Or, le projet de budget présenté par le Gouvernement, porte, en ce qui concerne le Théâtre National Populaire – et avec la mention *« réduction jugée possible »* –, une diminution de crédits de :

12 millions
soit : 17 % de l' « économie totale » à réaliser
soit : *4 fois plus* que ne l'exige la stricte proportionnalité (pour autant qu'il soit normal de retrancher au montant de la subvention accordée au Théâtre National Populaire).

POURQUOI?

Le Théâtre National Populaire ne paraît pas avoir démérité en 1953

– Il est le seul Théâtre national où il n'y a pas eu d'incidents susceptibles d'entraîner un ordre de « lock-out » du Gouvernement.

– Il a tenu ses promesses, et exécuté scrupuleusement les clauses de son Cahier des Charges (nombre de représentations populaires, créations, engagement de lauréats du Conservatoire, etc.).

– Il a offert à son public des spectacles dont tout le monde – et particulièrement la critique dramatique – s'accorde à reconnaître *la qualité : Le Cid – Lorenzaccio – L'Avare – Richard II – Le Médecin malgré lui – Meurtre dans la cathédrale – La Mort de Danton – Don Juan.*

– Il a été le grand instrument de *propagande dramatique française* à l'étranger, au cours de l'année 1953, et a notamment représenté la France aux Festivals de la Ruhr – de Berlin – de Venise et d'Édimbourg (sur la demande expresse du ministère des Affaires étrangères, en ce qui concerne ce dernier).

ALORS POURQUOI?

Réduire le budget du T.N.P. de

23 %

c'est mettre en péril son existence même.

Paris, 2 février 1954

Cher Jean Vilar,

Je suis au courant comme tout le monde, par la presse, du mauvais coup qui se prépare contre vous. Il sera sans doute un peu tard, lorsque ce mauvais coup sera fait, pour s'en plaindre; et nous aurons beau dire notre « indignation », cette indignation une fois de plus ne changera rien à rien. Mais peut-être est-il possible de parer le coup. L'État nous a habitués à voir la « charité » publique réparer ses basses conneries. Quand Versailles s'écroule, quand les gens n'ont que la rue pour dormir, quand les étudiants n'ont pas de quoi se loger, c'est à la charité que l'État fait appel. Ne croyez-vous pas – au cas où vos crédits seraient amputés comme ils menacent de l'être – que vous pourriez, vous aussi, faire appel à cette « charité », pour compléter la subvention qu'on vous écornifle. Je ne sais pas exactement les chiffres, mais je sais que vous avez beaucoup d'amis. En cas de souscription de cet ordre, je m'inscrirais avec joie pour 5 000 francs par mois. Je crois que contrer de la sorte les trucs salauds de vos aspirants-successeurs me donnerait pour 6 000 francs par mois de plaisir.

Je n'ai pas besoin de vous dire que cette lettre est *strictement* personnelle. Mais elle vous donnera peut-être plus de confiance pour mettre sur pied un système de souscriptions régulières. Que l'on vous contraigne à quitter le T.N.P. serait une saloperie qui me priverait quelque temps de sommeil.

Croyez, cher Jean Vilar, à ma très amicale admiration, et à ma déjà vieille estime.

JACQUES LEMARCHAND.

Arrivée
18/02/54 / 49

ARCHIVES
T.N.P.

Dimanche.

Cher Jean Vilar,

Je vous ai appelé ce matin mais vous dormiez. J'aurais aimé travailler ne serait-ce qu'une heure avec vous, car je vous l'avoue je suis très inquiète pour moi. En effet, je me sens perdue tout à fait.

J'ai besoin pour me sentir à l'aise de beaucoup travailler, de répétitions longues et dures.

Ruy Blas est une pièce très différente de toutes celles que j'ai jouées jusqu'ici. C'est ce qui m'a séduite, en dehors du plaisir que j'avais à l'idée de travailler avec vous.

Je passe des moments de travail merveilleux aux répétitions, mais hélas je les trouve trop courts.

Je n'ai pas l'habitude de Chaillot et je n'ai jamais joué auparavant avec mes actuels camarades.

Cher Jean, ceci est un cri d'alarme de ma part qui me paraît assez légitime à une semaine de la première représentation, car je n'ai eu jusqu'à présent que cinq répétitions et que je n'ai jamais répété un acte en entier.

Je sais bien que mes camarades sont logés à la même enseigne mais peut-être ont-ils une habitude de ces performances brillantes, que je n'ai pas hélas.

Ce que je vous demande à genoux et les mains jointes (Grâce pour lui !) c'est de consacrer un peu plus de temps à ma suppliante personne.

GABY SYLVIA.

Sanary s/Mer, août 1954.

Cher Jean Vilar,

Voici ma lettre annuelle. Profitons de l'absence de grèves des P.T.T.

Je suis rentré à Paris, et par la même occasion en clinique, ayant été saisi, la veille de mon mariage, d'une crise de je ne sais quoi, qui, si j'ai bien compris monsieur le neurologue devant lequel je me suis retrouvé, serait une étape normale pour un garçon de mon âge, de ma condition, et de mon époque.

Passons.

Pendant huit jours nous avons fait plus ample connaissance, lui, cette maladie qu'il nomme « hypersensibilitérentrée », et moi, et de ce fait vivons maintenant, elle et moi tout au moins en meilleurs termes.

Bien sûr, depuis deux jours ayant retrouvé ici une vie végétative, tout cela me semble incroyable, et les « problèmes si graves » presque risibles.

Je suis encore d'un commerce difficile mais les médicaments que l'on me fait prendre me laissent dans une douce béatitude. En tout cas, ils ont supprimé, pour l'instant, mon trop-plein d'imagination.

Pour la saison passée avec vous, j'ai trouvé ma pâture. Pas d'histoire. Si ce n'est de temps en temps la lassitude de porter trop de postiches (!).

Je n'ai qu'une grande ennemie, c'est cette foutue renommée dont je voudrais pouvoir me passer. Personne ne doit y échapper. Rassurez-vous, je termine, car nous nous sommes depuis longtemps compris.

Je vous rappelle que j'ai 32 ans.

Kipling l'a dit : personne ne peut rien pour ce passage difficile. Il faut que ça se passe.

Je vous hais et je vous estime vraiment comme un frère aîné.

La solitude de mes 20 premières années m'a empêtré dans une dissimulation maladive, une sorte d'orgueil mal placé. (Y a-t-il une place définie pour l'orgueil?)

Voilà ma lettre de vacances terminée.

Mon souvenir aux vôtres,
et aux nôtres.

Votre,

GEORGES WILSON.

TNP

RAPPORTS ENTRE LA DIRECTION GÉNÉRALE DES ARTS ET LETTRES ET LE THÉÂTRE NATIONAL POPULAIRE

– au sujet du renouvellement du Cahier des Charges –
entre le 3 février 1954 et le 15 mars 1955

ANNÉE 1953

Dès 1953, Jean Vilar réclame oralement, et à plusieurs reprises, la révision de son Cahier des Charges.

ANNÉE 1954

3 février

M. Coumet (Administrateur Civil chargé des Spectacles et de la Musique) reçoit Jean Rouvet, Administrateur Général du T.N.P. Discussion autour du premier projet du Cahier des Charges établi par le T.N.P.

M. Coumet critique certaines modifications apportées par ce projet, et en conseille la révision.

3 mars

Lettre de M. le secrétaire d'État aux Beaux-Arts à Jean Vilar.

accordant l'autorisation de « renoncer à donner en 1954 sur la scène du Palais de Chaillot des Spectacles Lyriques ».

12 mars

Lettre de M. le Directeur général des Arts et Lettres à Jean Vilar et arrêté ministériel.

envoi d'ampliation de l'arrêté en date du 26 février 1954, nommant M. Vilar, directeur du Théâtre National Populaire, pour une nouvelle période de trois ans.

11 mai

Lettre de Jean Vilar à M. le Directeur Général des Arts et Lettres, et nouveau projet du Cahier des Charges.

envoi d'un nouveau projet du « Cahier des Charges » élaboré par le Théâtre National Populaire.

17 mai

Lettre de Jean Vilar à M. le secrétaire d'État à l'Éducation nationale.

précisant une nouvelle fois les points les plus importants de l'ancien Cahier des Charges dont la modification est demandée par le T.N.P.

27 mai

M. le Directeur général des Arts et Lettres reçoit Jean Vilar et Jean Rouvet.

Discussion très courtoise. M. Coumet assiste à l'entretien. M. Jaujard entend les arguments du T.N.P. en faveur des modifications souhaitées et paraît d'accord.

28 mai

M. Coumet reçoit Jean Rouvet

nouvelle discussion concernant le deuxième projet déposé.

6 novembre

Lettre de M. Coumet à Jean Vilar et Arrêté ministériel.

envoi d'ampliation de l'Arrêté ministériel portant modification du Cahier des Charges du T.N.P.

12 novembre

Lettre de Jean Vilar à M. le ministre de l'Éducation nationale.

réponse à l'envoi de l'Arrêté modifiant le Cahier des Charges.

12 novembre.

Lettre de Jean Vilar à M. le Directeur général des Arts et Lettres.

accompagnée du double de la lettre à M. le ministre de l'Éducation nationale.

12 novembre

Lettre personnelle de Jean Vilar à M. le Directeur général des Arts et Lettres

critiquant point par point l'Arrêté de modification du Cahier des Charges.

13 novembre

M. le Directeur général des Arts et Lettres reçoit Jean Vilar et Jean Rouvet.

M. Coumet n'assiste pas à l'entretien. M. Jaujard se déclare en définitive d'accord sur tous les points de la lettre du 12 novembre.

3 décembre

Lettre de Jean Vilar à M. le Président du Conseil Mendès France.

signalant la situation anormale du Directeur du T.N.P.

5 décembre

Lettre du président Mendès France à Jean Vilar.

exprimant sa surprise de savoir ce problème du renouvellement du Cahier des Charges du T.N.P. non encore réglé.

6 décembre

Lettre de M. le Directeur du Cabinet du Ministre de l'Éducation nationale à Jean Vilar [1].

répondant à la lettre du 12 novembre 1954, et justifiant l'Arrêté de modification du Cahier des Charges.

10 décembre

Nouvelle lettre du président Mendès France à Jean Vilar [2].

annonçant une procédure plus rapide, et plus efficace.

ANNÉE 1955

19 janvier

M. Pernot, Attaché au Cabinet du ministre de l'Éducation nationale, reçoit Jean Rouvet.

1. Voir la copie de cette lettre p. 325.
2. Voir la copie de cette lettre p. 327.

un « document officieux transmis à titre strictement personnel » est alors remis à M. Rouvet par M. Pernot.
Il s'agit d'une « note au Ministre » signée par M. Jaujard.
M. Pernot tombe d'accord sur toutes les revendications du T.N.P. (particulièrement sur la possibilité de prélèvements du Directeur au triple titre de la Direction, de la mise en scène et du jeu), à l'exception de la demande concernant les Assurances.
Il demande à M. Rouvet d'élaborer après cette conversation, ce qu'il appelle un *dernier projet*.
(Il y a lieu de noter que M. Pernot chargé d'une sorte d'arbitrage dans cette affaire, n'était pas en possession du deuxième projet du Cahier des Charges et avait travaillé sur le premier projet.)

1er février

Lettre de Jean Vilar à M. le Directeur général des Arts et Lettres et nouveau projet du Cahier des Charges.

envoi d'un troisième projet du Cahier des Charges élaboré par le T.N.P.

2 février

Lettre de Jean Vilar à M. le ministre de l'Éducation nationale.

demandant la prolongation de son nouveau mandat pour une durée de cinq années.

7 février

Lettre de M. le Directeur du Cabinet du ministre de l'Éducation nationale à Jean Vilar.

réponse à la lettre du 2 février 1955.

Lettre de M. le Directeur du Cabinet du ministre de l'Éducation nationale à Jean Vilar.

accusant réception de l'envoi du troisième projet du Cahier des Charges.

1er mars

Réception – par erreur – et sous enveloppe portant le nom de M. Vilar d'une lettre adressée à M. le Président du Comité des Jurisconsultes.

Cette lettre – que le T.N.P. a d'abord pris pour une copie à lui adressée – demandait l'avis du Comité des Jurisconsultes sur le dernier projet du Cahier des Charges présenté par le T.N.P. Elle était accompagnée du troisième projet du Cahier des Charges, du Cahier des Charges 1951-1954, de l'Arrêté ministériel portant modification de ce Cahier, de la « Note au ministre », à l'exclusion de toute lettre ou mémorandum, émanant du T.N.P., et apportant l'avis de ce dernier concernant le problème controversé.

15 mars

Visite rendue par Jean Vilar et l'Administrateur général du T.N.P. à M. Puget, président du Comité des Jurisconsultes.

Remise à M. Puget de la lettre parvenue par erreur au T.N.P. Exposé sommaire du point de vue du T.N.P. concernant le renouvellement du Cahier.

Accueil très courtois de M. Puget...

Cabinet
du Ministre
de l'Éducation nationale

D.G.A.L. – Spectacles

Paris, le 6 décembre 1954

Monsieur le Directeur,

J'ai bien reçu votre lettre du 12 novembre 1954 concernant votre Cahier des Charges.

Vous savez que les services des Arts et des Lettres sont toujours disposés à étudier avec vous, ainsi d'ailleurs que M. le Directeur Général vous l'a dit lors de vos entrevues, les modifications qu'il peut paraître souhaitable d'apporter à ce document et je regrette, pour ma part, que vous n'ayez pas cru devoir répondre aux invitations qui vous ont été faites par téléphone, dès votre retour à Paris, les 3 et 4 novembre derniers.

Je ne crois pas que le Cahier des Charges actuel, qui était au mot près celui de vos prédécesseurs, constitue pour vous un obstacle à l'exploitation de la salle de Chaillot ni que l'application qui en a été faite à votre égard depuis trois ans ait été trop rigoureuse. Le magnifique succès que connaît le Théâtre National Populaire sous votre direction peut en témoigner. Aussi, je doute qu'une révision totale apparaisse aujourd'hui nécessaire.

J'ajouterai, pour dissiper tout malentendu, qu'il ne faut pas vous étonner du « caractère unilatéral » de ce Cahier; ce procédé que connaît tout concessionnaire d'un service public, tient à la nature juridique de la concession.

Le Cahier des Charges n'est pas un « contrat », au sens civil du terme, mais un acte de l'autorité publique fixant les conditions de gestion du service. Cela dit, il est sans doute possible d'adapter quelques-unes des clauses de ce document à certains de vos désirs. Je souhaiterais que vous en discutiez avec le service compétent.

Veuillez agréer, Monsieur le Directeur, l'assurance de ma considération distinguée.

Pour le Ministre et par Délégation
Le Directeur du Cabinet
MATTEO COUMET

A Monsieur Jean Vilar
Directeur du Théâtre National Populaire

AN/CP

PRÉSIDENCE DU CONSEIL

LE PRÉSIDENT

10 déc. 1954

Cher Monsieur,

J'ai été navré d'apprendre le retard apporté à la mise en place de votre nouveau Cahier des Charges et j'ai aussitôt demandé que l'étude de cette affaire soit accélérée selon une procédure plus rapide, et je le souhaite, plus efficace.

Je me plais à espérer que le repos que vous prenez aura vite effacé les traces de votre surmenage et vous prie de croire en mes sentiments les meilleurs.

MENDÈS FRANCE

Monsieur Jean Vilar,
Directeur du Théâtre National
Populaire,
Palais de Chaillot
Paris.

THÉÂTRE NATIONAL POPULAIRE

JEAN VILAR

Lundi 20 décembre 1954.

Cher Jean Giono,

Vous souvenez-vous de ma proposition? Il y a plus d'un an de cela. C'était à Avignon, après une représentation de D. Juan, je crois. Oui, pourquoi ne faites-vous pas une pièce pour nous, que ce soit T.N.P. ou Avignon?

Ne pourrions-nous commencer – et permettez-moi de vous proposer une idée – par une sorte de traitement très libre d'un grec ancien (Euripide, peut-être; plus adaptable que Sophocle auquel, scéniquement et dans le texte et dans la construction on peut si difficilement toucher; Euripide, dont on peut traiter les chœurs alors qu'on le peut si difficilement dans Eschyle). Les chœurs sont presque impossibles à *dire* par les acteurs en langue française. J'ai fait *Meurtre dans la Cathédrale,* et j'en tremble encore. Faire parler 7 garçons ou 7 filles en même temps, ça va bien un soir, ça va mal le lendemain. Malgré 50 répétitions sérieuses! Mais si le sujet grec vous paraît impossible pour d'autres raisons encore, pourquoi pas *partir* d'un thème espagnol.

Je crois qu'il est difficile pour un auteur de nos jours de *tout* trouver : le style dramatique, les personnages, le thème. Les grands « créateurs » sans pudeur au théâtre se sont pillés les thèmes les uns les autres.

Je crois qu'en partant d'un grec, d'un espagnol *du siècle d'or,* vous pourriez comme en vous jouant faire un premier jet.

Il y a le sujet Alcerte – Euripide. En laissant tomber un peu Hercule. Où trouver un bel Hercule (+ talent) de nos jours? Pour Alcerte, j'ai Maria Casarès sous contrat en ce moment. Connaissez-vous Maria? C'est de l'avis de tous, la vraie, la seule rauque, forte tragédienne de ma génération. Et elle a 30 ans. Elle a été une admirable Lady Macbeth en Avignon et le crée avec nous à Chaillot / Paris le 15 janvier.

Que vous dirai-je? Oui, il y a les Espagnols. N'axez pas une pièce sur moi ou mon emploi, je n'en peux plus. Je ne ferai que la mise en scène.

La musique, d'une façon importante, pourrait intervenir.

Cher Jean Giono, ne dites pas : j'ai un roman en préparation. Nous, qui faisons un travail honnête au théâtre, ne nous laissez pas seuls ! Je n'ai rien ! Pas d'auteur ! Ou alors, pas de style. Il faut que vous fassiez quelque chose.

Le fait de prendre le sujet *ailleurs,* de le suivre à votre volonté et de croire, si vous le voulez bien, à tout mon dévouement pour ce que vous ferez, devrait vous inciter à me répondre oui et à me dire pour quand.

De toute façon, je vous en prie, répondez-moi.

Votre,

JEAN VILAR.

Le 24/12/54

Cher Jean Vilar,

Votre lettre me bouleverse, car il m'est absolument *impossible* de travailler pour le théâtre maintenant et jusque vers le milieu de l'an prochain. Je n'ai pas un roman en préparation, j'ai un roman *en train* et il n'est pas possible d'interrompre un travail sur lequel on est jour après jour depuis deux ans pour passer à autre chose. Ce ne serait pas *physiquement* possible; tout l'intérêt de ma vie actuellement est dans le roman que j'écris. J'ai le tort de ne pas savoir écrire suivant les méthodes parisiennes ou américaines. Je ne peux pas changer brusquement d'intérêt. J'ajoute que si, me forçant, j'essayais ce serait de façon certaine faire un mauvais travail. Mais non, au moment même où j'écris cette phrase tout en moi se révulse à la pensée d'abandonner ce que je fais pour faire autre chose.

J'ai pensé à notre rencontre d'Avignon. Peu à peu l'idée d'une pièce de théâtre viendra s'imposer à moi. Après y avoir pensé longtemps je l'écrirai vite. C'est ma seule manière de travailler. Je suis désespéré de n'être pas taillé sur un grand modèle et de ne pas être capable de faire ce que vous me demandez. J'ai pour vous la plus grande amitié, la plus vive admiration pour vous et pour le T.N.P.

Ma seule consolation est de savoir que mes réserves, mon refus finiront par vous servir vous et le T.N.P.

Je le ferai mais je ne peux le faire qu'à mon rythme.

Toute mon amitié.

JEAN GIONO.

Jeudi 17 nov. 1955

Mon cher Jean,

J'ai mis quelques jours à te répondre au sujet des propos de monsieur A. Massis, parce que je ne sais quoi te dire.

Pour ma part, j'ai tellement fait effort pour m'habituer aux propos diffamatoires qui circulent sournoisement sur nous, de temps à autre, mais régulièrement, et provenant de toutes sortes d'endroits, même les plus inattendus que je me suis fait une règle de ne jamais relever toute insinuation de ce genre.

Peut-être, serait-ce suffisant que tu communiques objectivement la lettre de ton témoin honnête à Jaujard, sans y ajouter de commentaire, en ajoutant simplement que tu m'as mis au courant.

Voyons-nous un soir, nous reparlerons de tout cela, et..., peut-être qu'en bavardant ensemble tu finiras par me connaître et tu n'éprouveras plus le besoin de te « contraindre » à l'amitié!!

(Je dis cela en riant car je n'ai pas cru un mot de ce que te prêtait Paris-Presse l'autre jour!!...

S'il fallait prendre à la lettre tout ce qui se dit!!!).

Mon amitié de 25 ans.

JEAN-LOUIS BABA.

Lettre autographe de Jean-Louis Barrault à Jean Vilar à propos d'une « querelle »...

Lettre autographe d'André Malraux
à propos des représentations de Marivaux.
Arrivée le 4/2/56.

19*bis* AVENUE VICTOR-HUGO
BOULOGNE S/ SEINE

Le 1er février

Cher Jean Vilar,

A propos du Marivaux, j'ai entendu des cantiques. On me dit que vous y jouez comme Braque peint; et les femmes, comme des personnages de Mozart. Que cette rumeur vous soit transmise, avec mon amical souvenir.

ANDRÉ MALRAUX.

Lettre autographe
du président Daladier, maire d'Avignon,
à propos du trafic des billets.
Arrivée au T.N.P. le 9/11/56.

ASSEMBLÉE NATIONALE

Paris, le 8 novembre 1956.

Cher Monsieur Jean Vilar,

J'ai été indigné comme vous-même de ce honteux trafic de cartes que vous m'avez signalé. Comment le briser? J'ai consulté autour de moi. Il est certain que c'est difficile. Si les auteurs en sont des employés d'hôtel, de restaurant ou de café, ils ne peuvent l'être qu'à Avignon et on peut mobiliser les inspecteurs de la Sûreté dont je dispose pour exercer une surveillance autour des guichets et faire savoir que nous avons pris des mesures et prévu des poursuites. Mais si ces tristes sires sont étrangers à Avignon, c'est-à-dire des inconnus, ce sera naturellement plus difficile. Mais il faut tout tenter et surtout publier *largement* que nous sommes au courant et que nous avons pris nos dispositions.

2° Commencer la location le plus tôt possible et ne pas hésiter à insister sur son intérêt afin précisément que les admirateurs du Festival ne soient pas victimes de cet ignoble procédé.

3° Peut-être placer les guichets sur la place du Palais elle-même, et, de préférence après la barrière où on pointe actuellement les billets, soit à droite, soit de préférence à gauche, et ne plus laisser sortir personne. Le Festival suscite une telle ferveur que si on explique les raisons de cette disposition – personne ne se plaindra.

Je manque sans doute d'imagination et je m'en excuse, mais je suis si désireux de faire cesser ce scandale que j'emploierai n'importe quels moyens, et surtout les plus rigoureux. Vous pourriez le moment venu inviter Rouvet à venir me voir et nous rechercherons sur place les meilleurs moyens de mettre un terme à ces honteux trafics.

Toute mes félicitations de votre splendide et triomphal voyage européen.

Bien vôtre,

ED. DALADIER

La Revue Parlementaire *n° 161 du 20 avril 1953*

LIBRES OPINIONS

UNE LETTRE DE JEAN VILAR

A la suite de l'article de notre collaborateur Raoul Rouzaud, publié dans la *Revue Parlementaire* du 20 février et intitulé « Jean Vilar s'est discrédité », le Directeur du Théâtre National Populaire vient de nous adresser une lettre en date du 14 avril, dont on trouvera le texte intégral ci-après.

Monsieur le Directeur,

Je viens de prendre connaissance de l'article intitulé « Jean Vilar s'est discrédité », signé Raoul Rouzaud, que vous avez pris la peine de me consacrer dans la *Revue Parlementaire* du 20 février dernier.

Je n'aurais pas répondu à ces critiques si elles n'avaient porté que sur les qualités ou les défauts artistiques de l'entreprise que j'ai l'honneur de diriger, et si de telles informations ne parvenaient, à la longue, à surprendre l'opinion.

Mais votre collaborateur étaie ses dires par des chiffres erronés et je me dois de rectifier quelques-unes des contre-vérités qu'il a cru devoir répandre.

1° En ce qui concerne le nombre de représentations données à tarif dit « populaire », je considère, jusqu'à preuve contraire, avoir totalement satisfait aux obligations qui m'étaient imposées.

Que l'on considère, en effet, l'année théâtrale comme allant du 1er novembre 1952 – nommé le 1er septembre 1951, j'ai reçu de la Direction générale des Arts et des Lettres, l'autorisation de ne commencer ma première saison que le 17 novembre –, et l'on aboutit au total général de :

177 représentations données en conformité avec les exigences du Cahier des Charges; ou bien l'année budgétaire 1952 – attitude plus normale et adoptée par les milieux officiels – et ce chiffre devient :

189 représentations données en conformité avec les exigences du Cahier des Charges.

Il y a lieu de noter, en outre, que le tarif « spécial » appliqué au Théâtre des Champs-Élysées, en février-mars 1952, a été non seulement autorisé par lettre de M. le secrétaire d'État, en date du 1er février 1952, mais conseillé par la Direction générale des Arts et des Lettres.

2° « Les concerts – dites-vous – ne sauraient être incorporés à cette liste (des représentations données dans le cadre de l'application du Cahier des Charges). »

C'est là ignorer l'article 27 du Titre II de ce Cahier :

« Le directeur du Théâtre National Populaire est tenu d'organiser chaque année, un minimum de 200 représentations théâtrales ou concerts symphoniques » (vous avez très bien noté, d'ailleurs, que ce chiffre de 200 « par suite de la réduction de la subvention », effectuée en cours d'année, en application des décrets, dits d'« économie », a été officiellement ramené à 175).

Les Concerts de Jazz (4 pour l'exercice 1952) n'ont pas été (par souci de stricte observance des dispositions du Cahier des Charges) comptés dans les totaux annuels ci-dessus mentionnés.

3° « Nous aurions quelque satisfaction si les bénéfices étaient réemployés par le T.N.P. » affirme d'ailleurs le signataire de l'article.

Il y aurait beaucoup de choses à écrire – et sans doute le ferai-je un jour, documents en main – sur l'état de dénuement dans lequel le Théâtre m'a été remis (notamment en ce qui concerne le matériel de scène, les costumes et le matériel de bureau).

Mais je vous prie de noter, sans attendre, que, pour le seul exercice 1952, j'ai dû investir une somme totale de dix-neuf millions en achats de matériels immédiatement nécessaires à l'exploitation continue de ce Théâtre (soit 40 % du montant de la subvention annuelle allouée par le ministère de l'Éducation nationale). Ce matériel est, vous le savez, automatiquement acquis à l'État.

Voilà, Monsieur le Directeur, comment ont été réemployés les bénéfices de l'exercice 1951.

4° Il est faux que j'aie joué autant de pièces étrangères que de pièces françaises. *La Nouvelle Mandragore* – je le soutiens devant qui que ce soit –, si elle utilise, d'une manière extrêmement libre, un canevas de Machiavel, est vraiment une œuvre de Jean Vauthier, au même titre que les Antigone et Œdipe divers de nos auteurs contemporains, auxquels je ne sache pas qu'on ait jamais fait ce procès stupide.

En seize mois, le T.N.P., donc, a inscrit à son répertoire cinq pièces françaises contre trois œuvres étrangères. Il serait bon de considérer qu'il a offert à son public, pendant cette période :

158 représentations de ces œuvres françaises (groupant 202 074 spectateurs), contre 106 représentations des œuvres étrangères (groupant 118 896 spectateurs).

5° *Nucléa* aurait coûté « à elle seule plus que *Le Cid* et *Le Prince de Hombourg* réunis ».

Cela est faux. Voici les chiffres :

– la création du *Cid* a coûté : 1 123 013 francs;
– celle du *Prince de Hombourg :* 1 711 674 francs;
– et celle de *Nucléa :* 1 528 250 francs.

L'immensité du plateau de Chaillot contraint à ces chiffres, fort près l'un de l'autre, quelle que soit la pièce considérée : plus que l'œuvre, le plateau, ici, impose le coût.

L'adjonction de la dépense résultant de l'installation stéréophonique à celui de la création de cette dernière œuvre eût, je le sais, servi votre raisonnement. Mais le fait que l'installation stéréophonique ait été considérée par la Direction des Arts et des Lettres comme un appareillage « immobilier », destiné à l'amélioration d'un Théâtre national (et dont les frais ont été, à ce titre, couverts par une subvention spéciale dite « d'équipement »), et, encore, mon affirmation nette que cette installation n'a jamais été, dans mon esprit, destinée à la seule œuvre de *Nucléa* – et les spectateurs ont pu juger de son utilisation au cours des représentations de *Mère Courage* et *Lorenzaccio* –, interdisent cette interprétation.

Il reste, Monsieur le Directeur, que dans ce domaine des résultats comptables de mon exploitation, je demande quels éléments (et de quelle provenance) autorisent à écrire d'une manière aussi péremptoire de telles invraisemblances.

6° Et ma question vaut pour cette nouvelle affirmation, plus surprenante et plus gratuite encore : « Jean Vilar a donné plus de représentations à l'étranger qu'en France. » Jugez plutôt :

– du 1er novembre 1951 au 31 décembre 1951 : 33 représentations et 4 concerts en France pour 4 représentations à l'étranger;

– du 1er janvier 1952 au 31 décembre 1952 : 198 représentations et 11 concerts en France pour 32 représentations à l'étranger.

J'aurais encore beaucoup à dire, Monsieur le Directeur, pour réfuter les autres arguments de mauvaise foi de M. Rouzaud : cette subvention de 100 millions (pourquoi ce chiffre plutôt qu'un autre?) dont le montant exact, pour l'exercice 1952 – compte tenu du bénéfice résultant de la location de la salle – s'est élevé à 55 millions; ma non-observation des clauses du Cahier des Charges concernant les œuvres lyriques (une autorisation particulière m'avait été donnée sur ce point par M. le secrétaire d'État aux Beaux-Arts pour l'année 1952) et l'engagement des lauréats du Conservatoire (deux des lauréats 1951 font actuellement partie de ma Compagnie !)...

Mais à quoi bon. Nous ne devons pas, M. Rouzaud et moi, avoir la même conception et connaissance d'un métier, fort douloureux parfois, qui est le mien depuis vingt ans.

Son dernier argument est une offense à l'amitié (peut-être est-ce le seul dont je lui en veuille vraiment, au fond): Il me contraint à citer ici ce télégramme de Mexico dont le texte, joint à toutes les marques d'affection dont mon Théâtre est actuellement l'objet, me fera lire avec sérénité beaucoup d'autres « papiers » semblables à celui de M. Rouzaud :

« Fr 9 Mexico DF Ordy 7 139
– Bonnes Pâques Jean – Tant que tu voudras nous serons auprès de toi – Je suis avec vous tous pour Danton – Affectueusement. Gérard. »

Je vous prie, Monsieur le Directeur, conformément à la loi, de bien vouloir publier cette lettre aux lieux et places de l'article incriminé, et dans les mêmes caractères.

Dans cette attente, et en vous affirmant mon intention de réserver tous mes droits en cette affaire, je vous prie, Monsieur le Directeur, de croire à l'assurance de ma parfaite considération.

JEAN VILAR

N.D.L.R. – Nous avons communiqué ce texte à notre collaborateur. Éloigné de Paris par ses obligations personnelles, M. Rouzaud nous a seulement prié de dire qu'il confirmait les informations données dans son article, en se réservant le droit de répondre à M. Vilar, dans un prochain numéro de la *Revue*.

Pratique du Théâtre

Collection publiée sous la direction d'André Veinstein

Essais, conférences, notes, manifestes, articles, correspondances : les hommes de théâtre, depuis la fin du siècle dernier, soumettent la pratique de leur art à un incessant effort d'élucidation.

Cet imposant ensemble d'écrits, intimement liés à leur travail, ne contient pas seulement, pour les esthéticiens, les psychologues et les sociologues, des observations brutes du plus haut intérêt. Il apporte encore, à notre jeune théâtre, parmi les témoignages incomplets et pâlis qui subsistent après le spectacle, nombre de ses motifs d'inspiration les plus féconds. Derrière les noms de Craig, de Copeau et d'Artaud, par exemple, a-t-on jamais songé à déterminer la part primordiale d'influence qui revenait à leurs réflexions, par rapport à leurs productions?...

Pratique du Théâtre se propose de grouper, sans distinction de tendance, de nationalité ou d'époque, les meilleurs de ces écrits. Au programme de cette tentative de confrontation des réflexions les plus marquantes des artisans du théâtre : Auteurs dramatiques, Metteurs en scène, Acteurs, Décorateurs, et des Arts du spectacle voisins : Mimes, Danseurs, Marionnettistes, figurent les noms d'Eugène Ionesco, de Dürrenmatt, de Jacques Copeau, d'August Strindberg, d'Étienne Decroux, de Meyerhold, d'Arthur Adamov, de Louis Jouvet, de Charles Dullin, de Paul Claudel, de Luigi Pirandello, de Lee Strasberg, de Jean Vilar, de Julian Beck.

Volumes parus :

EUGÈNE IONESCO : *Notes et contre-notes.*
ÉTIENNE DECROUX : *Paroles sur le mime.*
VSEVOLOD MEYERHOLD : *Le théâtre théâtral.*
EDWARD GORDON CRAIG : *Le théâtre en marche.*

ARTHUR ADAMOV : *Ici et maintenant.*
AUGUST STRINDBERG : *Théâtre cruel et théâtre mystique.*
LOUIS JOUVET : *Molière et la comédie classique.*
Tragédie classique et théâtre du XXe siècle.
PAUL CLAUDEL : *Mes idées sur le théâtre.*
CHARLES DULLIN : *Ce sont les dieux qu'il nous faut.*
JACQUES COPEAU : *Registres I : Appels.*
Registres II : Molière.
Registres III : Les Registres du Vieux Colombier.
JEAN VILAR : *Le théâtre, service public.*
JULIAN BECK : *La vie du théâtre.*

Cet ouvrage
a été composé
et achevé d'imprimer
par l'Imprimerie Floch
à Mayenne le 30 juin 1981.
Dépôt légal : 2e trimestre 1981.
N° d'édition : 28598.
Imprimé en France.
(19106)

28598